# 釣った魚が必ずわかる
## カラー図鑑

永岡書店
編集部・編

永岡書店

# 釣った魚が必ずわかる カラー図鑑

## CONTENTS

| | |
|---|---|
| 本書の特徴と効果的な使い方 | 4 |
| 知っておきたい魚体各部の名称 | 6 |
| 河川・上～中流域の魚 | 12 |
| 河川・中～下流域の魚 | 30 |
| 湖沼の魚 | 74 |
| 砂浜の魚 | 102 |
| 沿岸・岩礁域の魚 | 136 |
| 沖磯の魚 | 206 |
| 沖の魚 | 264 |

### 釣魚料理ダイアリー　四季の旬を楽しむ

**春**
| | |
|---|---|
| マダイのソーメン蒸し | 382 |
| メバルのサンショウ焼き | 383 |
| イトヨリの野菜ロール | 384 |
| イサキのワイン蒸し | 385 |

**夏**
| | |
|---|---|
| シロギスの火取り椀 | 386 |
| メゴチの酢味噌あえ | 387 |
| カサゴの白味噌たたき | 388 |
| アナゴの博多風天ぷら | 389 |
| コチの盛夏炊き | 390 |
| アユの甘露煮 | 391 |

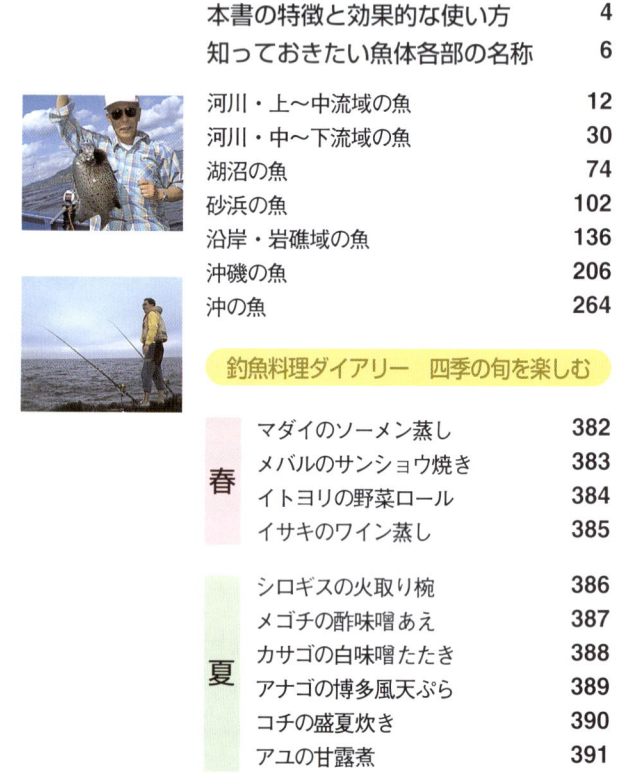

| | | |
|---|---|---|
| 秋 | スズキの広東風うま煮 | 392 |
| | 錦秋イナダのユッケ | 393 |
| | イワシの長芋サンド | 394 |
| | イカのカキソース炒め | 395 |
| | バッテラ | 396 |
| | クロダイのカブト煮 | 397 |
| 冬 | アイナメの炊き合わせ | 398 |
| | メジナの清蒸し福建風 | 399 |
| | ワカサギの天丼 | 400 |

魚の締め方と血抜きについて　　401

## 知っておきたい結びの基本
| | |
|---|---|
| まずはスプールにラインを結ぼう | 403 |
| 連結具とライン | 404 |
| 枝ハリスの出し方 | 405 |
| ラインとラインの結び方 | 406 |
| ワイヤとハリの結び方 | 407 |
| ルアーとラインの結び方 | 408 |
| ラインの補強 | 409 |

釣魚索引　　410

## 本書の特徴と効果的な使い方

**本**書は、釣り人がフィールドで出会うさまざまな魚を知ることを主な目的に企画されました。そのため、フィールド・ノートとして常時携行できるポケット・サイズとし、一般になじみの魚だけではなく、できるだけ多くの外道魚（言葉はあまりよくありませんが、目的とする魚以外が釣れた場合、釣り人はその魚をこう呼びます）も紹介するように努めました。なぜなら、一般にあまり接する機会の少ないそういう魚たちの情報こそが、フィールドでは必要とされると考えたからです。

**釣**魚の紹介にあたっては、分類学的グループよりも、できるだけ同一フィールドで釣れる確率の高いものをグループ化し、その釣り場、もしくは釣法で釣れる"外道魚"をその近くに配置しました。これにより、名前の分からない魚でも、近くのページを探すことにより検索が可能となり、それぞれの釣魚の生息環境をもイメージできるように心がけました。また、釣魚写真は、釣り上げた直後、もしくは水中写真のみとし、死後、かなりの時間を経たものは掲載しておりません。魚は死後の体色変化が著しく、できるだけ釣り人がキャッチした、その瞬間の感動を本書も共有したいと考えたからです。

**ま**た、釣魚写真と解説の他にできるだけ多くの情報を提供するためにコラムを用意し、さまざまな角度から対象魚の理解を深められるように工夫しました。このコラムだけを読んでも十分満足されることでしょう。

## ●釣魚の名前について

　原則として標準和名を使用しました。ただし、一部の魚については通称名を使用し、外来淡水魚については原産地名や英名をそのまま使用しているものもあります。和名の典拠については『日本産魚名大辞典』(三省堂)を参考にしました。

## ●分類について

　目、科のみを紹介しました。

## ●全長について

　魚体の大きさはかなり個体差がありますが、本書では、成魚の平均体長と最大体長の中間を目安に、できるだけ各釣魚のベスト・シーズンに多く目にするサイズの紹介に努めました。

## ●分布について

　一般的によく釣れる水域を主体に紹介しました。潮流および放流によって、意外な場所で釣れるケースもありますが、あくまでも確率的な分布図と考えて下さい。

## ●釣り場について

　河川、湖沼、砂浜、防波堤、磯、沖等を一応の目安にしましたが、海水魚に関しては、地域により、防波堤、磯、沖の区分がかなり曖昧になるところもあります。

## ●地方名について

　スペースの関係で多くを紹介できませんでしたが、地方名は各魚種ともかなりのバリエーションがありますので、これはあくまでも参考地方名にすぎません。

## ●釣期について

　それぞれの釣魚が最もよく釣れる時期をおおよその目安で示しました。その年の気候、海流の変化および地域によってかなりの差があることはいうまでもありません。

　釣期の色分けについては、一般的に釣期とみなされる期間を　　　　で示し、ベストシーズンを　　　　で示しました。　　　　で示したものは、その釣魚が狙って釣れる魚ではないため外道魚として釣れることの多い期間と考えて下さい。釣期の入っていない魚種は、天然記念物や絶滅危惧種、もしくは釣れることがまれな魚種のため、あえて釣期は示しておりません。

# 本書を読むうえで知っておきたい
# 魚体各部の名称

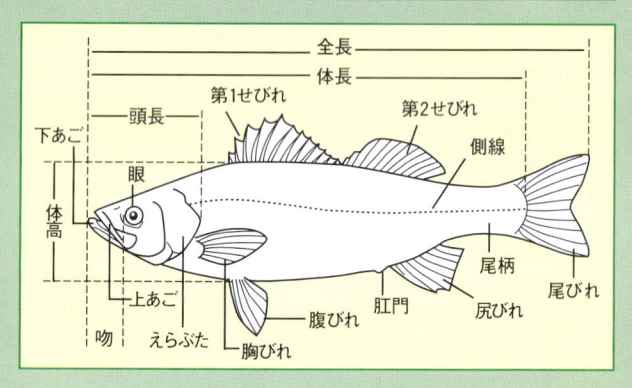

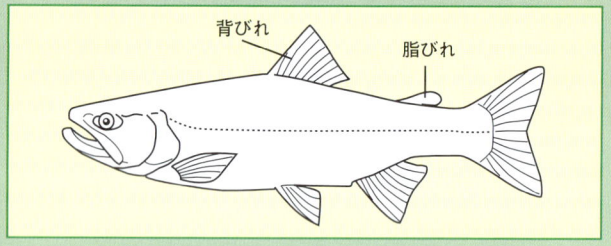

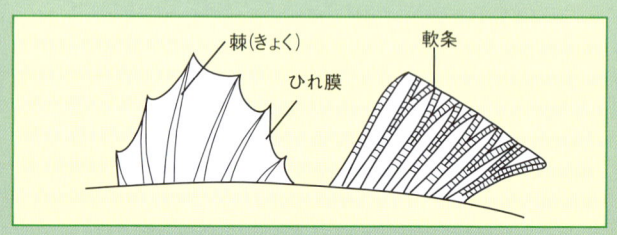

図1:
- 全長
- 体長
- 頭長
- 第1せびれ
- 第2せびれ
- 側線
- 下あご
- 眼
- 体高
- 上あご
- 吻
- えらぶた
- 胸びれ
- 腹びれ
- 肛門
- 尻びれ
- 尾柄
- 尾びれ

図2:
- 背びれ
- 脂びれ

図3:
- 棘(きょく)
- ひれ膜
- 軟条

## 淡水の魚

# 河川・上中流域の魚

　渓流魚の中でも最も上流域にすむイワナから、夏の清流の風物詩でもあるアユ釣りまで、その対象魚と釣り場は変化に富んでいます。沢登りの技術が必要となる峻渓から気軽にチャレンジできる管理釣り場まで、そのフィールドを熟知することは釣果に大きく反映します。

淡水の魚

# FIELD IMAGE

河川・上中流域の魚

## 河川・上中流域

源流域に近づくと、空気はますます清澄になり、水音に心が洗われる。

淡水の魚

河川・上中流域の魚

時には沢登りの技術が必要となる峻渓に分け入り、竿を出すこともある。

**淡水の魚**

# ニッコウイワナ
## ［日光岩魚］

●サケ目サケ科　●全長：25cm
●分布：東北から山陰の日本海側、滋賀県と関東の北部
●釣り場：上流、湖沼、ダム

## 源流にすむ渓流釣りの代表魚

　ヤマメと並ぶ渓流釣りの人気対象魚であるイワナには4つのタイプがあり、本州各地に分布している陸封型をニッコウイワナと呼ぶ。背部の白色斑がやや小さく、体側下部に黄色または橙色の斑点が散在する。夏でも水温が13～15℃以下の河川にすみ、東北地方の日本海側から北陸・山陰地方、また滋賀県と関東地方の河川上流に分布。3～4年で全長16～25cmになり成熟する。産卵期は生息域の紅葉時期にほぼ一致し、9月下旬から11月上旬。渓流では40cmまでが普通だが、ダム湖である奥只見湖で79.5cmに巨大化した例がある。

### 初夏から秋は毛バリ釣りがおもしろい

　ミミズや川虫を用いたエサ釣りの他に、フライフィッシングを含めた毛バリ釣り、ルアーフィッシングでも楽しめる。春の解禁直後は、エサ釣り派が多いが、初夏から秋にかけては毛バリ釣りがおもしろい。水量の多い河川や湖沼ではルアーフィッシングの人気が高く、初夏には大型が狙える。

釣期
| 1月 |
| 2月 |
| 3月 |
| 4月 |
| 5月 |
| 6月 |
| 7月 |
| 8月 |
| 9月 |
| 10月 |
| 11月 |
| 12月 |

## 河川・上中流域の魚

# ヤマトイワナ
## [大和岩魚]

- サケ目サケ科
- 全長：25cm
- 分布：本州中部、紀伊半島中部
- 釣り場：上流
- 地方名：キリクチ（紀伊半島）

## 世界最南限に分布する貴重な存在

　本州中部の太平洋側および紀伊半島中央山岳部の河川上流に生息。中でも紀伊半島に生息するこの魚（キリクチと呼ばれる）は、世界中のイワナ属の分布域の最南限として生物学上、たいへん貴重な存在だが、開発による生息環境の悪化と乱獲により、和歌山県日高川源流ではすでに絶滅し、奈良県十津川水系でも激減。近年はその存続が危ぶまれており、人工増殖による資源復活が試みられている。背中の白色斑点は一般に小さく不明瞭であり、中にはないものもいる。体側には橙色か鮮紅色のやや小さい斑点が存在する。生態はニッコウイワナと同様だが、河川上流域での競合相手はアマゴである点が異なる。サケ・マスの仲間は海に降りて回遊し、大きくなってから産卵のために川に帰ってくる降海型の性質を基本的にもっている。ヤマトイワナは実際は陸封型だが、人工的に環境を整えてやれば、海水中で飼育できることが知られている。今でも降海するための潜在能力はもち続けているのだ。

| 釣期 |
|---|
| 1月 |
| 2月 |
| 3月 |
| 4月 |
| 5月 |
| 6月 |
| 7月 |
| 8月 |
| 9月 |
| 10月 |
| 11月 |
| 12月 |

淡水の魚

# アメマス
[雨鱒]

● サケ目サケ科　●全長：35cm
● 分布：東北と北海道全域
● 釣り場：上流、北海道では河川全域、沿岸、内湾部の浜付近

## イワナの降海型だが陸封型も存在

　アメマスはイワナの降海型であり、淡水で一生を過ごす陸封型はエゾイワナと呼ぶ。アメマスは雌が多く、エゾイワナは雄が多い。背中や体側の白色斑点がはっきりしており、成長とともに大きくなる。東北地方および北海道全域、朝鮮半島東北部より沿海州・樺太・千島列島・カムチャツカを経てナワリン岬に分布。ふ化後3年目の4～6月に海に下り、沿岸域で成長する。5年目の秋、多くは闇夜に川へ遡上。9月末～11月に瀬脇の緩流部で産卵する。全長70cm以上に育つことがあり、支笏湖では74cmが記録されている。

釣期
| 1月 |
| 2月 |
| 3月 |
| 4月 |
| 5月 |
| 6月 |
| 7月 |
| 8月 |
| 9月 |
| 10月 |
| 11月 |
| 12月 |

### 道南ではルアーフィッシングが人気

　2～3月には道南でルアーフィッシングが盛んだ。ミノープラグ、スプーン、スピナーで狙うと果敢にアタックしてくる。フライフィッシングなら大型のストリーマーやウエットがいい。川では3～5月に釣れるところが多く、エサ釣りから近年はルアーで狙う釣り人が増えているようだ。

河川・上中流域の魚

淡水の魚

# ヤマメ
[山女魚]

●サケ目サケ科　●全長：30cm
●分布：九州の一部、関東以北の太平洋側、日本海側全域、北海道
●釣り場：河川、湖沼、ダム

## 釣り人を惑わす渓流魚の女王

　イワナ同様、渓流ファンに人気の釣魚だ。サクラマスの陸封型で、体側に10個ほどあるパーマークが特徴。近種のアマゴに見られる朱点がないため、識別は簡単だ。九州の一部を含む日本海側全域と北海道、関東地方以北の太平洋側に分布。以前は神奈川県酒匂川以北の太平洋側はヤマメ圏といわれたが、移植放流が盛んに行われた結果、一部でアマゴとの混生が確認され、境界が不明確に。上流にすみ、縄張りをもつことが多く、瀬のような開けた場所を好む。水生・陸生昆虫の他に甲殻類や小魚も捕食。東北や北海道ではヤマベと呼ぶ。

釣期
| 1月 |
| 2月 |
| 3月 |
| 4月 |
| 5月 |
| 6月 |
| 7月 |
| 8月 |
| 9月 |
| 10月 |
| 11月 |
| 12月 |

### 長サオを使った本流釣りで大ヤマメ狙い

　川虫やミミズ、イクラなどを使う従来からのミャク釣りに加え、水流の豊富な河川の大ヤマメを長サオで狙う本流釣りも登場。テンカラ釣りやルアー＆フライフィッシングの人気も根強く、フライではヤマメにマッチした日本ならではのスタイルが確立されている。山間の渓流で食べる塩焼きは最高の味。

# サクラマス
[桜鱒]

●サケ目サケ科 ●全長：60cm
●分布：九州の一部、関東以北の太平洋側、日本海側全域、北海道
●釣り場：本流、河口、沖

**河川・上中流域の魚**

## 釣り人を魅了するビッグフィッシュ

　川で生まれ、2年目に降海。1年後の翌春に遡上を始めるサクラマス。渓流からダム湖に降りて巨大化し、湖沼型のサクラマスが出現することもある。河川型のヤマメはほぼ雄であるため、降海型のサクラマスは雌がほとんどだ。しかし、北海道では一部の雄を残しほとんどが海に降りるので、この魚は北へ行くほど本来の本性を取り戻し、降海するのではないかと推測される。降海直前の若魚は体高が低く、体側のパーマークがなくなり銀白色に変わるためギンケなどと呼ばれる。海へ下ると成長が早く、小魚や浮遊性の甲殻類を食べマス化。特に体高の高いものはイタマスとも呼ばれる。サケとは違いエサをとりながら上流を目指すため、ビッグサイズを狙う釣り人の格好のターゲットとなっており、中でもルアー＆フライフィッシングが盛んだ。太平洋側では関東地方以北、日本海側では九州の一部を含む全域および北海道に分布する。富山県名産の鱒ずしに使われるほどの美味。

| 釣期 |
|---|
| 1月 |
| 2月 |
| 3月 |
| 4月 |
| 5月 |
| 6月 |
| 7月 |
| 8月 |
| 9月 |
| 10月 |
| 11月 |
| 12月 |

淡水の魚

# アマゴ
[天魚]

●サケ目サケ科 ●全長：30cm
●分布：神奈川県以西の太平洋側、四国、九州の一部
●釣り場：上流・中流

## ヤマメの近種は朱色の斑点が特徴

アマゴは河川の上流域にすみ、ヤマメとほぼ同じ生態の魚だ。違いは体側に鮮やかな朱色の斑点がある点と分布域。ヤマメより南側に生息し、神奈川県以西の太平洋側と四国全域、大分県大野川以北の九州瀬戸内海側の各河川に分布する。しかし、最近はヤマメ圏でも釣れる。産卵期は10月上旬から11月下旬。水温10℃前後で盛んに行い、体側に婚姻色として黒色の縦帯が現れる。産卵床は浅い平瀬の小石底につくられる。地方名にアメゴ（近畿・四国）、アメノイオ（滋賀・京都）、タナビラ（長野）、エノハ（九州）などがある。

釣期
| |
|---|
|1月|
|2月|
|3月|
|4月|
|5月|
|6月|
|7月|
|8月|
|9月|
|10月|
|11月|
|12月|

### 塩焼き、バター焼きがおすすめ

釣り方はヤマメと同じだ。エサ釣りをはじめ、テンカラ釣り、フライ＆ルアーフィッシングがある。ヤマメに比べると、積極的にエサを捕食し、警戒心も弱く大胆なので、釣りやすい一面があるが、捕食範囲は狭いようだ。非常においしい魚で、塩焼きやバター焼きがよい。ふき味噌焼きも美味だ。

### 河川・上中流域の魚

# サツキマス
## [五月鱒]

- サケ目サケ科 ●全長：50cm
- 分布：伊勢湾、紀伊半島の一部
- 釣り場：本流、河口、沿岸
- 地方名：カワマス（岐阜・愛知）

## アマゴの降海型は絶滅危惧種の一つ

　ヤマメの降海型がサクラマスなら、アマゴの降海型がサツキマスだ。世界中で日本だけに存在する希少種で、伊勢湾に注ぐ岐阜県長良川の魚が有名。伊勢湾以外ではほとんど見られず、紀伊半島の熊野川にノボリと呼ばれる降海型がいるともいわれる。冬の長良川でよく知られるシラメとはアマゴがスモルト（銀毛）化したもの。体側が銀白色になりパーマークは薄れるが、朱点ははっきりと残る。その後海に出て成長し、半年ほどで川に戻るが、朱点は消えない。伊勢湾に流れ込む長良川、木曽川、揖斐川の木曽三川のうち、木曽と揖斐の2河川では上流にダムが建設されて以来、魚が遡上できなくなったため、個体数が著しく減少した。残された長良川も河口堰が建設されたために絶滅の危機にひんしている。最近はアマゴの稚魚放流が盛んな河川で、まれに降海型が現れることもある。ドバミミズを用いた本流釣りが盛んだが、ルアーやフライでチャレンジするアングラーも増えている。

釣期
| |
|---|
|1月|
|2月|
|3月|
|4月|
|5月|
|6月|
|7月|
|8月|
|9月|
|10月|
|11月|
|12月|

**淡水の魚**

# ニジマス
[虹鱒]

●サケ目サケ科 ●全長：40cm
●分布：日本各地、熱帯以外の各地 ●釣り場：上流・中流、湖沼
●別名：レインボートラウト

## ルアー&フライフィッシングの好敵手

　管理釣り場では誰もが楽しめるニジマスだが、渓流や山上湖で野生化した魚はなかなか手ごわく、ルアー&フライフィッシングの好対象魚となっている。1877年にアメリカのカリフォルニアで採卵されたものを移入したのが始まりだといわれる。成長が早く、人工ふ化が簡単で高水温にも強いため、日本各地で盛んに養殖や放流が行われ、今では管理釣り場の主力魚種になり、食用として食卓でもなじみとなった。しかし、河川や湖沼などへ盛んに放流されたにもかかわらず、自然繁殖はごくわずかな地域でしかできなかったようだ。勾配の急な本州の河川がニジマスの生息に適さず、また在来種であるヤマメ、イワナなどとの生存競争に負けたからではないかと推測される。全長が20cmくらいになると体側に虹色の帯が現れる。魚名の由来はここにある。産卵期になると、体色が黒ずみ、虹色が特に鮮やかになり、美しい魚体を見せる。陸封型だがスチールヘッドトラウトと呼ばれる降海型も確認

釣期
| 1月 |
| 2月 |
| 3月 |
| 4月 |
| 5月 |
| 6月 |
| 7月 |
| 8月 |
| 9月 |
| 10月 |
| 11月 |
| 12月 |

# 河川・上中流域の魚

されており、1mを超えるものもいて、日本では北海道阿寒湖などに放流されている。河川上流・中流域にすみ、縄張りをつくることが多く、湖沼では沿岸の地形が複雑なところを好む。好適水温は20℃前後だが、温度変化に対する適応力が強く、5〜24℃は活動水温だ。日本各地の渓流、湖沼、ダムに生息しており、北海道では多くの河川で自然繁殖している。原産地のアラスカからロッキー山脈を経たメキシコ北西部はもちろん、ヨーロッパ、アフリカ、南アメリカ、オーストラリア、ニュージーランドなどへも移殖されている。

　雑食性で水生・陸生の昆虫、小型甲殻類、貝類、小魚などを捕食。産卵期は一般に12〜3月だが、寒い地域では5〜6月になる。管理釣り場ではミミズやイクラなどのエサや養殖用のペレットで釣るが、ルアー＆フライフィッシングで狙うのもおもしろい。ルアーなら、スプーン、スピナー、ミノープラグなどをライトタックルで、フライならドライ、ニンフ、ウエット、ストリーマーをコンディションに合わせて使いこなしたい。放流したての魚は簡単に釣れるが、日に日に賢くなるのでおもしろい。

ニジマスのアルビノ

## 燻製にチャレンジしてみよう

　フライやムニエルなどの洋風料理が有名だが、アウトドアで味わう燻製は格別だ。市販の燻製器と香りつけのチップを用意。粗塩をすり込んだ魚をできれば一晩冷蔵庫で寝かせる。真水で洗い塩抜きをして水気を取り、風通しのよい日陰で30分ほど干す。チップを入れた燻製器に吊るして1〜2時間いぶせば完成。

淡水の魚

# アユ
[鮎]

●サケ目アユ科 ●全長：25cm ●分布：北海道の一部を除く日本各地 ●釣り場：上流・中流・下流、湖沼 ●地方名：アイ（各地）、アイノウオ（岐阜）、アユゴ（熊本）など

## 日本の初夏を彩る清流魚

　6月1日を境に生活パターンが変化する人が日本には大勢存在する。この日は、アユ釣り解禁日の河川が多いからだ。一斉に清流へ繰り出すアユファンの光景は初夏の風物詩であり、新聞やテレビで目にする機会も多い。実に季節感あふれる魚だ。秋に川でふ化した稚アユは、一度海へ下り、春になって水温が上がり始めると川の上流へ遡上。夏に清流や渓流で著しく成長し、秋には下流に降りて産卵する。わずか1年で一生を終えるため、『年魚』と呼ばれ、越年するものもごくまれにいるが、ほとんどは1年で寿命を終える。他にも、藻類を食べ独特の香りをもつことから『香魚』、産卵のために川を下るものを『落ちアユ』『くだりアユ』、越年するわずかな雌を『とまりアユ』と異名が多いのは、日本人に深く愛されているからだろう。アユは独特の食性、習性をもっている。沿岸で動物性プランクトンを食べて育った稚魚は、川と海の水温がほぼ等しくなると川へ遡上する。中流域に上がると瀬

釣期
1月
2月
3月
4月
5月
6月
7月
8月
9月
10月
11月
12月

## 河川・上中流域の魚

に1m²ほどの縄張りをつくり、付着藻類を主食として育つ。このときに縄張りへの侵入者を激しく追い払う性質があり、これを利用したのが友釣りだ。おとりアユを縄張り

荒川

に侵入させ、あるじを挑発してハリがかりさせるものだ。夏から秋にかけては20cm前後となり、中には30cmを超えるものもいる。日本各地の清流に分布しており、朝鮮半島、台湾、中国にも生息する。琵琶湖には陸封型の湖産アユが生息しており、春に流入河川へ遡上するものがいる。この種は通常のアユより縄張り意識が強く釣りやすいため、友釣りが盛んな各地の清流へ放流されている。奄美大島などにはリュウキュウアユと呼ばれる亜種が生息するが、数が激減しているようだ。釣り方には、毛バリを使うドブ釣り、毛バリの流し釣りであるチンチン釣り、シラス干しなどを使うエサ釣りなどがあるが、友釣りが主流だ。アユの縄張りへいかにうまくおとりアユを入れ、挑発できるかが釣果を左右する。サオだけに限らず、ハリやイトなど友釣りに関する道具の進歩は目ざましく、その技術水準の高さは他の釣り具にまで影響を及ぼすほどだ。

渡良瀬川

### 天然アユの独特の味と香りを堪能しよう

　日本の夏の清涼剤として、食卓でも人気のアユ。伝統的な料理方法は塩焼きで、香りを楽しみながらほくほく食べる焼きたては格別だ。煮物、揚げ物にしてもよく、釣りたてなら刺し身（背ごし）もいい。骨ごと食べるので、骨が軟らかい7月中の若アユが適している。落ちアユは田楽にするとうまい。

**淡水の魚**

# ブルックトラウト
[河鱒]

- サケ目サケ科　●全長：35cm
- 分布：日光、上高地、北海道など
- 釣り場：上流、湖沼
- 別名：かわます

## アメリカ原産のイワナの仲間

　かわますとも呼ばれるブルックトラウト。イワナの仲間であるにもかかわらず、トラウトという名がついている。原産地はカナダとアメリカ東部で、1902年に日本へ移殖され、各地で養殖、放流が行われているが、自然繁殖する例は少なく、日光の湯ノ湖・湯ノ川、上高地の明神池・梓川、北海道の摩周湖付近の河川などで確認されている。体側上部に虫食い状の模様があり、腹と尻のヒレの白縁が目立つ。体側には鮮やかな朱点が存在する。暗い場所を好み、日中は岩陰や倒木の下などに潜んでいることが多い。

釣期
1月
2月
3月
4月
5月
6月
7月
8月
9月
10月
11月
12月

### フライフィッシングの格好のターゲット

　イワナに比べ、流れの緩い川や湖を好み、湯ノ湖や湯ノ川が有名な釣り場だ。昆虫から小魚まで何でも食べ、大型はネズミなどを食べる場合もある。渓流では特に水生昆虫を好んで食べるため、フライフィッシングの対象魚として人気が高い。もちろん、ルアーフィッシングやエサ釣りでも楽しめる。

## 淡水の魚

# 河川・中下流域の魚

　河川の中〜上流域には、さまざまな釣りの対象魚がいます。コイやソウギョといった大型魚からフナやナマズまで、体型もそれぞれに大きく異なりますが、それは釣趣にもいえることで小川のタナゴ釣りなどはその繊細さが魅力です。ただ、護岸工事などで釣り場は減少の一途をたどっています。

淡水の魚

# FIELD IMAGE

## 河川・中下流域の魚

## 河川・中下流域

**釣趣溢れる清流の代表魚はヤマベ、ハヤとも呼ばれるオイカワとウグイ。**

淡水の魚

河川・中下流域の魚

河川中流域のさまざまな対象魚は、
ウィークエンドに気軽に楽しめる。

淡水の魚

# カジカ
[鰍]

- ●カサゴ目カジカ科
- ●分布：日本各地
- ●全長：15cm
- ●釣り場：上流・中流・下流
- ●地方名：オコジョ（愛知）、ゴリ（北陸）

## 川底で愛嬌を振りまく底生魚

　地域により、ハゼ科のドンコ、ゴリなどと混同されやすいカジカ科の魚だが、区別は意外に簡単で、腹を見ればわかる。ハゼ科の魚には吸盤があり、カジカ科にはない。日本の淡水産カジカは7種。カジカ科の魚は海水産がほとんどだ。海と川を行き来する両側回遊性が多いが、一生を河川で過ごす河川型も存在し、河川の礫底にすむことが多い。淡褐色から暗褐色の体色をもち、黒色の斑紋がいくつかある。食性は幅広く、肉食性で水生昆虫の幼虫を主に食べるが、小魚を襲うこともある。

### 北陸では有名なゴリ料理

　川虫を用いたエサ釣りがいいだろう。川虫を底にはわせると容易に釣れる。見かけによらず美味で、北陸ではゴリ料理として賞味されている。同じカジカ属のカマキリは、アラレガコの名で福井県九頭竜川の初冬の名物となっている。この魚は区域を限って天然記念物に指定されている日本特産種だ。

釣期：3月～9月

# アブラハヤ
[油鮠]

**河川・中下流域の魚**

- コイ目コイ科 ●全長：15cm
- 分布：青森県以南の本州
- 釣り場：上流・中流
- 地方名：ヤナギバエ（長野）など

## 流れの緩やかなところを好む

　ミミズや川虫をエサに、釣りイトをたれると簡単に釣れるので、少年時代に遊んだ人も多いだろう。仲間には中部以西に生息するタカハヤと北海道だけに生息するヤチウグイがおり、アブラハヤの3種を合わせて『アブラッパヤ』と釣り人たちは総称するようだ。体は細長く、口ひげはない。体側に不規則な暗色の斑点が散在し、特に体側中央部に集中している。日本では青森県以南の本州におり、分布は朝鮮半島から沿海州までと中国東北部、モンゴル、シベリアまで及ぶ。河川の上流・中流域、あるいはわき水を水源とする細流などに生息。流れの緩やかな部分にすむ。雑食性で水生昆虫や付着藻類などを食べる。産卵期は3～8月で、盛期は4～5月。やたらに釣れる魚だけに、家族連れのキャンプなどで子供たちが釣るくらいなら楽しめるが、渓流釣りのどんなエサにも食いつくので、ヤマメ狙いの釣り人からは外道として邪魔もの扱いされる。フライフィッシングでも釣れないことはない。

釣期

| 1月 |
| 2月 |
| 3月 |
| 4月 |
| 5月 |
| 6月 |
| 7月 |
| 8月 |
| 9月 |
| 10月 |
| 11月 |
| 12月 |

淡水の魚

# タカハヤ
[鷹鮠]

●コイ目コイ科　●全長：15cm
●分布：中部以西の本州、四国、九州　●釣り場：上流・中流
●地方名：ネコマタギ（各地）など

## アブラハヤによく似た近縁種

　アブラハヤとは同属で、生態や姿形がよく似た近縁種だが、尾柄が太く、体側の暗色斑点が背中や体側中央に散在しているので区別できる。本州の中部地方以西、四国、九州に分布し、河川の上流や中流域に生息する。アブラハヤとほぼ同様の生活をするが、両種が混生する中部地方、近畿地方の河川では、タカハヤのほうが上流に生息することが知られている。流れのやや緩い岩陰や倒木の下などの物陰に多く、水生・陸生昆虫の幼虫・成虫に加え、付着藻類なども食べる雑食性だ。15cmくらいまで大きくなるものもいる。

釣期
| 1月 |
| 2月 |
| 3月 |
| 4月 |
| 5月 |
| 6月 |
| 7月 |
| 8月 |
| 9月 |
| 10月 |
| 11月 |
| 12月 |

### あえてフライフィッシングで挑戦

　エサであれば何にでも飛びついてくる貪欲さをもつため、子供には人気があるが、渓流ファンにとっては迷惑な魚となる。疑似餌となるとむやみやたらに釣れるものではないので、あえてフライフィッシングで狙ってみるのもおもしろいだろう。うまい魚ではないが、空揚げや天ぷらにして食べられる。

32

## 河川・中下流域の魚

# ウグイ
## ［石斑魚］

- ●コイ目コイ科 ●全長：45cm
- ●分布：琉球列島を除く日本各地
- ●釣り場：上流・中流・下流、湖沼 ●地方名：ハヤ（関東）、アカハラ（北海道）など

婚姻色

## 酸性度の高い湖沼にも生息できる適応力

　ほぼ日本中に分布しているウグイには淡水型と降海型があり、北に行くほど降海比率が高くなるといわれる。東北地方と北海道の淡水域に生息するエゾウグイ、東京湾と富山湾以北の大河川に生息する降海型のマルタ、阿賀野川と信濃川のみに生息するウケグチウグイはこの仲間だ。春から夏にかけて産卵するが、この時期には各種に特有の婚姻色が現れる。ウグイには体側に3本の赤い帯が現れるが、マルタは1本、エゾウグイは頭と腹に赤みがややさすくらいなので、はっきりと見分けられる。環境適応力が高く、酸性度の高い火山周辺の湖のようなところから、汽水・海水域にまで生息。日本中で釣れるため、雑魚扱いされることも少なくないが、専門に狙う人も多く、北関東や信越地区では人気がある釣り魚だ。川虫、サナギはもちろん、魚肉ソーセージ、パンなどでも釣ることができ、エサには事欠かない。ややくせのある魚だが、冬から初夏の産卵期までがうまい。

| 釣期 |
|---|
| 1月 |
| 2月 |
| 3月 |
| 4月 |
| 5月 |
| 6月 |
| 7月 |
| 8月 |
| 9月 |
| 10月 |
| 11月 |
| 12月 |

## 淡水の魚

# カワムツ
### [川鯥]

●コイ目コイ科 ●全長:15cm
●分布:中部以西の本州、四国、九州 ●釣り場:上流・中流、湖沼

## エサが来るのをじっと待つ忍耐型

　雄の背ビレ・尻ビレの大きさや、体色が派手な点がオイカワに似ているが、頭や口が大きめで、体側に幅広い青紫色の縦帯があるので区別できる。分布は本州の中部以南、四国、九州から、朝鮮半島、台湾、中国にまで及ぶ。紀伊半島や四国、九州ではアマゴ圏の渓流にまで進出することがある。しかし、河川の中流域や湖沼を好み、緩やかな流れの物陰に身を潜め、エサを待ち伏せする習性をもつ。雑食性だが、大型の水生昆虫などを好んで捕食する貪欲さをもっている。産卵期は5〜8月で、雄は頭部下面や腹部に赤みを帯びる。

### 好物の川虫で釣り上げよう

　川虫を好むのでエサ釣りがいいだろう。待ち伏せ型の習性があるので、ポイント選びが重要となる。流れが緩やかで倒木や岩など、カワムツが身を隠せる物陰のあるところが狙い目だ。水量のあるところでは小型のルアーにも飛びついてくる。味はよいとはいえないが、揚げ物にできる。

釣期

| 1月 |
| 2月 |
| 3月 |
| 4月 |
| 5月 |
| 6月 |
| 7月 |
| 8月 |
| 9月 |
| 10月 |
| 11月 |
| 12月 |

# ムギツク
[麦突]

**河川・中下流域の魚**

- コイ目コイ科 ●全長：15cm
- 分布：近畿以西の本州、四国の一部、九州北西部
- 釣り場：中流

## 石に付着する水生昆虫が好物

　川底の石についたユスリカやトビケラなどの水生昆虫を主食とする。細長い頭についた小さな口でエサをつつくように食べることから、京都ではイシツツキ、関西ではクチボソと呼ばれている。他の地方名には兵庫のイッポンスジなどがある。体は細長く、頭の先が細くとがったスリムな体型をもつ。体側中央にある1本の太い黒褐色の縦帯が特徴。口には1対のヒゲがあり、くちびるの側部が肥厚している。琵琶湖・淀川水系以西の本州、および四国の香川県・徳島県、九州北西部に分布。朝鮮半島にも存在する。河川中流域の緩流部を主なすみかとし、石の多い場所やよどみが好きだ。5〜6月が産卵期で、石の下や切れ目に産卵する。全長は10〜15cmに成長する。敏感な魚で、人陰や物音を感知するとすぐに釣れなくなるが、それに注意すれば釣りを覚えたての子供にも容易に釣れる魚だ。トビケラなどの水生昆虫をチョンがけしたエサ釣りで狙える。オイカワ釣りの外道で釣れることが多い。

**釣期**

| |
|---|
| 1月 |
| 2月 |
| 3月 |
| 4月 |
| 5月 |
| 6月 |
| 7月 |
| 8月 |
| 9月 |
| 10月 |
| 11月 |
| 12月 |

淡水の魚

# オイカワ
[追河]

●コイ目コイ科 ●全長：13cm
●分布：本州、四国、九州
●釣り場：中流・下流、湖沼
●地方名：ヤマベ(関東)など

オス
メス

## 北海道を除く各地にいる淡水魚

　日本各地で親しまれている代表的な釣り魚で、北海道を除く東北以南に分布する。元は琵琶湖をはじめとする関西方面に分布していたが、琵琶湖産稚アユの放流に伴い、オイカワの稚魚が混じる形で各地に広まったようだ。朝鮮半島、台湾、中国にも分布している。関東ではヤマベ、長野ではジンケンと呼ばれており、さすがに関西では、ハエ、ハイジャコ、ハス、シラハエと他の呼び名は多い。体は細長く、口ヒゲはない。側線がはっきりしており、腹部に湾曲。体側にやや不明瞭だが、幅広い数条の横帯が存在する。雄は雌より大きくなり、背ビレと尻ビレが厚く、大きくなる。5月下旬から8月下旬に迎える産卵期になると、雄の婚姻色が目立つようになり、頭は黒ずみ、体側に青緑色、腹に赤色が現れ派手になる。一方の雌は体側が虹色がかるが目立つほどではない。河川の中流・下流域に生息し、平瀬から淵まで生息域は広い。雑食の食性をもち、水生昆虫の幼虫・成虫、陸生昆虫、プランクト

釣期
1月
2月
3月
4月
5月
6月
7月
8月
9月
10月
11月
12月

## 河川・中下流域の魚

五行川

ンから付着藻類まで、生息環境に合わせて何でも食べる。だから、日本各地に分布を拡大できたのだろう。1年魚で全長は10cmほど、2年魚で12cm、3年魚で約13cmに成長するといわれるが、大物は雄に多く、京都の宇治川などでは20cm弱の大型が確認されている。数釣りが楽しめる魚で、エサ釣りでは、ミミズや赤虫をはじめ、サシなど陸生昆虫の幼虫類、クロカワ虫など水生昆虫の幼虫類の他に、うどんやスパゲティなどを季節や条件に応じて使い分けよう。近年はまき餌を用いた練りエサ釣りが盛んだ。毛バリ釣りも行われている。

入間川

### 南蛮漬けや甘露煮で食す

フライや天ぷらなどが人気だ。しかし骨が硬く内臓に苦みがあるため、内臓を取り除いて南蛮漬けや甘露煮にしてみよう。南蛮漬けは、内臓を取り除いてよく洗い、水気を取ったら小麦粉をまぶして油で二度揚げ。煮立った合わせ酢に長ネギなどを入れ、魚にかける。レモンなどはお好みで。

## 淡水の魚

# ニゴイ
## [似鯉]

- コイ目コイ科　●全長：30cm
- 分布：本州、四国、九州
- 釣り場：中流・下流、湖沼
- 地方名：キツネゴイ（大阪）など

## 日本特産の温帯性淡水魚

　コイに似た姿形をしていることから、この名がついたといわれる。ニゴイのほうが体は細身で、頭は細長くとがっている。背ビレが小さく、コイには2対ある口ヒゲが1対しかないので見分けは容易。体色もシルバーがかっている。ほとんどの地域に分布し、本州各地と四国、九州にいる。日本だけに生息する温帯性の淡水魚だ。河川の中下流や平野部の湖沼の底部に生息し、やや濁った水を好む。産卵期は5〜6月。全長は30cm以上に達し、60cmの大物に成長するものもいる。関東ではサイ、琵琶湖ではミゴイとも呼ばれる。

### 淵に集まる大型は投げ込み釣りで

　肉食性で、ゴカイやミミズ、小貝、水生昆虫の幼虫などの底生小動物が主食。小魚などを捕食する場合もあり、河川でのブラックバス釣りのワームに食ってくることもある。簡単なウキ釣りでよく釣れるが、投げ込み釣りで淵に集まる大物を狙うのも楽しい。早朝や夕方、水がささ濁りのときが狙い目。

釣期
1月
2月
3月
4月
5月
6月
7月
8月
9月
10月
11月
12月

# 河川・中下流域の魚

# マルタ
[丸太]

- ●コイ目コイ科 ●全長：50cm
- ●分布：北海道、中部以北の本州
- ●釣り場：中流・下流、河口、内湾
- ●地方名：アカハラ（青森）など

## 50cmを超えるウグイの仲間

　北海道と本州の中部以北に分布。南限は東京湾とも富山湾ともいわれ朝鮮半島から沿海州、樺太と北方にすんでいる。降海型で、ふだんは河口や内湾付近にすむが、春から初夏にかけての産卵期は河川の中流まで上がり、産卵する。この時期には体側に1本、赤帯の婚姻色が現れる。ウグイは3本現れるので区別は簡単だが、それ以外の時期に見分けるのは難しいほどウグイとよく似ている。青森ではアカハラ、オオガイとも呼ばれるが、いずれもウグイとの混称だ。ウグイより大きくなることが知られており、全長50cmを超えるものも少なくない。主に水底にいるゴカイや二枚貝の幼貝を食べて生活しており、内湾ではクロダイ釣り、河川ではウグイやオイカワ釣りなどの外道として釣れることがある。魚の内臓をエサにしても釣れる雑食性だ。食べる場合はウグイと同じだが、マルタよりもウグイのほうが味はいいようだ。煮びたしや田楽などに料理できる。

釣期

| 1月 |
| 2月 |
| 3月 |
| 4月 |
| 5月 |
| 6月 |
| 7月 |
| 8月 |
| 9月 |
| 10月 |
| 11月 |
| 12月 |

淡水の魚

# ハス
[鰣]

- ●コイ目コイ科 ●全長：30cm
- ●分布：北海道を除く日本各地
- ●釣り場：中流、湖沼
- ●地方名：ケタバス（大阪）など

## コイ科に珍しい魚食性淡水魚

　横から見て「へ」の字形の大きな口をもつ、いかつい顔つきのハス。体は銀白色で、背中は青緑色をしている。日本のコイ科の魚では珍しい魚食性で、小魚やエビ類を好んで食べるが、河川では水生昆虫などもよく食べる。北海道以外の日本各地で見られるが、本来は琵琶湖・淀川水系と福井県三方湖にしかいなかった魚で、オイカワ同様、琵琶湖産稚アユの放流に伴い、各地に繁殖したようだ。河川や湖沼を群れで遊泳し、表中層に生息。琵琶湖では、アユやヨシノボリ、コイ科の稚魚をよく食べるという。産卵期は5月中旬から7月中旬。雄のほうが雌よりも大型化する。

### 擬似餌に適した攻撃的性格

　攻撃的性格をもつフィッシュイーターなので、ルアーやフライフィッシングで釣れる魚だ。ブラックバスやトラウト狙いの外道として釣れることがある。エサ釣りなら、虫エサから練りエサまでどんなエサにも飛びかかってくる。原産地の琵琶湖では珍重されるほど美味な魚で、刺し身や空揚などにされる。

釣期
| 1月 | 2月 | 3月 | 4月 | 5月 | 6月 | 7月 | 8月 | 9月 | 10月 | 11月 | 12月 |

### 河川・中下流域の魚

# モツゴ
## [持子]

- ●コイ目コイ科 ●全長：8cm
- ●分布：本州、四国、九州
- ●釣り場：中流・下流、湖沼、池
- ●地方名：クチボソ（関東）など

## 小さな口のエサ取り名人

　関東ではクチボソと呼ばれるモツゴは、元をたどれば土佐地方の呼び名。他にツラアラワズ（秋田）、ヤナギバヤ（群馬）、イシモロコ（琵琶湖）といった地方名がある。やや上向きの小さな口で素早くエサをかすめ取るため、釣り人からエサ取り名人と呼ばれている。この巧みさにおいては、モツゴに匹敵する淡水魚は他にいない。本州から九州にまで分布。平野部の池・沼、細流の水草がよく繁った泥底に小さな群れをつくり、表中層を泳いでいる。付着藻類、動物プランクトン、ミミズ、赤虫などを食べる。4～8月に産卵する。

### エサ釣りで数釣りを楽しもう

　モツゴは雑食性で、ミミズや赤虫などの小動物、ミジンコやケンミジンコなどの動物プランクトン、各種の付着藻類など何でも食べるので、エサには不自由しない。注意したいのは、エサ取り上手なので、小さなアタリを逃さないことだ。5～8cmの小魚だが、数釣りが楽しめるだろう。

釣期
| 1月 |
| 2月 |
| 3月 |
| 4月 |
| 5月 |
| 6月 |
| 7月 |
| 8月 |
| 9月 |
| 10月 |
| 11月 |
| 12月 |

**淡水の魚**

# ワタカ
[鰙]

- ●コイ目コイ科　●全長：20cm
- ●分布：関東以南
- ●釣り場：中流・下流、湖沼
- ●地方名：ウマウオ（奈良・滋賀）

## 水草を主食にするコイ科の淡水魚

　ハスやオイカワと同じように、もともとは琵琶湖・淀川水系の固有種だったが、各地に移殖、放流された琵琶湖産稚アユの中に混じり、関東地方の平野部以南の日本各地に広がったようだ。頭が小さく、口はやや上向きに開き、口ヒゲはない。側線は完全で、腹側に強く湾曲している。岸際の水草が密集したところに小さな群れをなしてすみ、成魚は主として水草を好んで食べる。冬には枯れた水草まで食べるというからよほど好きなのだろう。しかし、水生昆虫や動物プランクトンも食べるので、オイカワやウグイの釣り方が流用できる。赤虫やトビケラ、カゲロウのような水生昆虫の幼虫などを用いたエサ釣りがいいだろう。全長20〜30cmの大型に成長する場合もあるので、なかなかの引き味を見せる。鮮度が落ちやすく、それほどおいしい魚ではないが、食用にしているところもある。産卵期は6月下旬から7月中旬。釣ろうと思えば周年にわたり釣れる魚だ。

釣期：1月／2月／3月／4月／5月／6月／7月／8月／9月／10月／11月／12月

## 河川・中下流域の魚

# タナゴ
[鱮]

- ●コイ目コイ科 ●全長：10cm
- ●分布：関東以北の本州太平洋側
- ●釣り場：中流・下流、湖沼
- ●地方名：アカベラ（茨城、雄）など

## 釣り人に古くから愛された小魚

　マブナとともに古くから人気の釣魚で、江戸時代にはぜいたくな釣りだったという。特に関東で人気が高い。日本には15種のタナゴの仲間がすんでおり、タナゴはこの代表種だ。体側に黒青色の縦帯がある。関東・東北地方の太平洋側の平野部に分布し、浅い湖沼やこれに通じる水路など、流れの緩やかなところに生息。水草の繁茂する場所には特に多く見られる。産卵期は春で、他のタナゴ属同様、カラスガイやタガイなど、二枚貝のエラ内に産卵する特性をもつ。雑食性で、底生動物や付着藻類などを食べる。茨城では雌をシロタナゴという。

### 小さな魚体に合わせた繊細な仕掛けで

　ハリは極小、サオは短く、仕掛けは繊細なタナゴ釣り。がっさい箱と呼ぶイス兼用の道具箱の中にすべてが収納できるようミニサイズになっている。イガラの幼虫である玉虫という独特のエサなどが少量使われるミャク釣りが有名だ。特に関東では昔から人気が高く、専門の釣り会もあるほどだ。

釣期

| 1月 |
| 2月 |
| 3月 |
| 4月 |
| 5月 |
| 6月 |
| 7月 |
| 8月 |
| 9月 |
| 10月 |
| 11月 |
| 12月 |

淡水の魚

# ヤリタナゴ
[槍鱮]

- ●コイ目コイ科 ●全長：10cm
- ●分布：本州、四国、九州
- ●釣り場：中流・下流、湖沼
- ●地方名：ニガタ、ボテ(各地)など

## 清楚な美しさで観賞魚として人気

　小型にもかかわらず、清楚な美しい魚体をもち、観賞魚としての人気も高いヤリタナゴ。タナゴの仲間内で最も分布域が広く、本州、四国、宮崎と鹿児島以外の九州に加え、朝鮮半島でも確認されている。河川の中下流域、および湖や沼に生息。春から秋にかけては、小さな群れで活発に泳ぎ回りながらエサを食べるが、単独で行動することもある。釣りの最盛期である冬には、河川や湖沼に流入する細流（ホソと呼ばれる）を釣り人が埋め尽くすこともある。関東の釣り人は、タナゴ、アカヒレタビラと合わせてマタナゴと呼ぶ。

### 玉虫を使ったミャク釣りがおもしろい

　タナゴと同じ雑食で、赤虫、ミミズのような小動物や各種藻類を主食としており、釣り方もタナゴと同じだ。寒波が到来する初冬から厳寒の1〜2月が最盛期。玉虫を用いたミャク釣りがおもしろく、他にはウキ釣りも有名。冬のタナゴ釣りは繊細な釣りの極致といわれ、奥が深いのではまりやすい。

釣期
1月
2月
3月
4月
5月
6月
7月
8月
9月
10月
11月
12月

# カネヒラ
[兼平]

**河川・中下流域の魚**

●コイ目コイ科 ●全長：15cm
●分布：琵琶湖・淀川水系以西の本州、九州北西部 ●釣り場：中流・下流、湖沼

## タナゴの仲間で最も大きく成長

　全長10cm前後がほとんどである日本のタナゴの仲間で、最も大きくなる種で、15cmに育つものも少なくない。ひし形の体で体高があり、1対の口ヒゲをもつ。本来は琵琶湖・淀川水系以西の本州と九州北西部の西日本だけに分布するタナゴだが、近年は霞ヶ浦周辺でも釣れることがあり、関東でも見られるようになった。朝鮮半島にも分布している。水草類が繁茂した砂泥底上に生息し、ラン藻、ケイ藻、緑藻などの付着藻類を主に食べるが、動物プランクトンも食べているようだ。産卵期は秋で、他の仲間が春から夏に産卵することが多い点で異なる。産卵管を使ってタテボシ、セタイシガイなどの二枚貝の中に卵を産み、ふ化後もしばらくの間、稚魚は貝の中で過ごすという。この産卵特性は他のタナゴ属も同様で、外敵から稚魚を守れるからであろう。地方名には、岐阜のイタセンパラ、琵琶湖のヒラボテ、中国地方のクロタナゴがある。

釣期
1月
2月
3月
4月
5月
6月
7月
8月
9月
10月
11月
12月

**淡水の魚**

# イチモンジタナゴ
## [一文字鱮]

●コイ目コイ科 ●全長：8cm
●分布：濃尾平野、近畿
●釣り場：中流・下流、湖沼
●地方名：ミゼンパ（岐阜）など

## 最も体高が低いスマート種

体側前方上部から尾ビレの付け根まで、きれいな青緑色の縦帯が1本はっきりと走っている。イチモンジタナゴの名の由来はこの特徴にある。日本のタナゴの仲間では、いちばん体高が低く、細長い体をしておりスマートだ。中部地方の濃尾平野と近畿地方に分布。泥底や砂泥底を好み、流れの緩やかな河川の中下流や湖沼の水草や藻が繁茂した地帯に生息する。ラン藻、ケイ藻などの付着藻類を主食とし、ユスリカ類の幼虫である赤虫などの小動物も食べる雑食性。関東地方では他のタナゴとの混称でボテと呼ばれ、岐阜ではミゼンパと呼ばれ、地元の釣り人に親しまれている。全長は約8cmで、口が非常に小さいため、ハリがかりは悪い。しかし、釣りにくいものを釣りたくなるのが釣り人の悲しい（？）性だ。あれやこれやと思索にふけり、難しい魚を釣り上げたときの喜びは何ものにも替え難いものがあろう。飼育が難しく、普通は食べない魚であり、リリースするのがほとんどだろう。

釣期
1月
2月
3月
4月
5月
6月
7月
8月
9月
10月
11月
12月

# シロヒレタビラ

**河川・中下流域の魚**

●コイ目コイ科 ●全長：8cm
●分布：濃尾平野、琵琶湖・淀川水系 ●釣り場：中流・下流、湖沼 ●地方名：ボテ（関西）

## アカヒレタビラの近縁種

　シロヒレタビラは関東以北に分布するアカヒレタビラの近縁種で、濃尾平野と琵琶湖・淀川水系だけでしかお目にかかれない。河川の中流・下流域の緩やかな流れやよどみにすみ、水質のきれいな小川や湖沼の少し深めで水草が多い一帯に群れをなしている。はっきりとした暗色斑点が肩に1つ、体側には縦帯が1つあるのがわかる。4〜7月の産卵期になると、雄に婚姻色が現れ、腹ビレと尻ビレの外縁が白くなる。ここから名前が取られたようだ。他のタナゴ種と同じ雑食性で、ラン藻、ケイ藻などの付着藻類、水草各種、ミミズや赤虫のような底生動物も好んで食べる。他のタナゴとの混称で、関西地方にはボテと呼ぶところもある。観賞用に適したタナゴで、比較的丈夫かつ姿形が美しいため、水槽で飼育するといいだろう。食用には適しておらず、決してうまいとはいえないので、普通は食べない。タナゴの仲間で食べられるのは、タナゴとヤリタナゴくらいだろう。

| 釣期 |
|---|
| 1月 |
| 2月 |
| 3月 |
| 4月 |
| 5月 |
| 6月 |
| 7月 |
| 8月 |
| 9月 |
| 10月 |
| 11月 |
| 12月 |

淡水の魚

# アカヒレタビラ

- コイ目コイ科 ●全長：8cm
- 分布：関東、東北の日本海側
- 釣り場：中流・下流、湖沼
- 地方名：タナゴ（関東）など

## 産卵期に赤色に変わる雄のヒレ先

　シロヒレタビラの同属近縁種で、シロヒレタビラは西日本に分布するのに対し、アカヒレタビラは東日本に分布する相違がある。関東地方と東北地方の日本海側に見られることからわかるように、寒さに強く、釣り期は周年だが、最盛期は冬だ。流れの緩やかな中下流域、湖沼に生息する。生態や姿形はシロヒレタビラとほとんど変わらない。しかし、春から夏の産卵期には、雄に限って背ビレや腹ビレ、尻ビレの先が朱色に変化する点が違う。雌のヒレが変色しないのはアカヒレタビラも同じだ。

### マタナゴと呼ばれる関東の人気魚

　関東地方では他の仲間との混称でタナゴ、ヤリタナゴとタナゴとの混称でマタナゴと呼ばれる。地方名が多い魚は地元の釣り人や食材として愛されていることが多い。アカヒレタビラはタナゴ、ヤリタナゴと並び、関東地方では冬の釣魚として人気があるが、数はいちばん少なく、最もよく釣れるのはヤリタナゴだ。

釣期
1月
2月
3月
4月
5月
6月
7月
8月
9月
10月
11月
12月

# タイリクバラタナゴ

河川・中下流域の魚

- コイ目コイ科 ●全長：8cm
- 分布：関東、中部、近畿、四国
- 釣り場：中流・下流、湖沼 ●地方名：オカメタナゴ（関東）など

## 中国大陸からやってきた適応種

　中国大陸から移入されたソウギョやハクレンなどの稚魚に混じって入ったとされるタナゴ属の外来魚。バラタナゴの別名をもち、本来はアジア大陸東部に分布するが、日本の環境に適応して繁殖。現在では関東地方、中部地方、近畿地方、四国で分布が確認されている。タナゴ釣りが盛んな関東の利根川下流域では、ヤリタナゴやゼニタナゴの在来種を超える数に繁殖。オカメタナゴの名で釣り人の人気魚となった。体高が高いのが特徴。仲間のニッポンバラタナゴによく似ているが、雄の腹ビレ前縁が光沢のある白色をしているので、区別できる。水草の繁茂する流れのほとんどない川のよどみに生息。やや浅い泥底や砂底も好む。やはり雑食性で、水生昆虫の幼虫、付着藻類各種、動物プランクトン、植物プランクトンなどを、小さな口で吸い込むように食べる。3〜10月にかけて、イシガイなどの二枚貝の中に産卵する。他のタナゴとの混称で琵琶湖ではニガブナやボテと呼ばれる。

釣期

| 1月 |
| 2月 |
| 3月 |
| 4月 |
| 5月 |
| 6月 |
| 7月 |
| 8月 |
| 9月 |
| 10月 |
| 11月 |
| 12月 |

淡水の魚

# ゼニタナゴ
[銭鰱]

- ●コイ目コイ科 ●全長：8cm
- ●分布：中部以北の本州
- ●釣り場：中流・下流、湖沼
- ●地方名：オカメ（関東）など

## 激減している古くからの人気釣魚

　ファンの多い関東地方で、オカメの通称で昔から親しまれてきたタナゴ種だが、数が激減しており、対照的に増えてきた外来のタイリクバラタナゴにこの通称を奪われてしまった感がある。両種ともに体が平たくて体高が高く、口ヒゲがない点や生息場所など共通点は多いが、ゼニタナゴはウロコの縁が黒ずんでおり、全体が細かい網目模様に見えるので容易に見分けられる。ウロコは著しく側扁し、側線は不完全で、体側には縦帯がない。青森県を除く東北地方以南から中部地方に分布。主に平野部の浅い池や沼、細流に生息し泥や砂泥底で、水草がよく繁った流れのほとんどない場所を好む。付着藻類や柔らかい水草が主食で、大きさは全長6〜8cmになる。産卵期は秋で、イシガイ類に産卵する。千葉では他のタナゴとの混称でタナゴと呼ばれる。一年中釣れるが、特に冬が好期。おいしくないため、普通は食べないので、釣り上げてもリリースすることが多い。

釣期
1月
2月
3月
4月
5月
6月
7月
8月
9月
10月
11月
12月

# ミヤコタナゴ
[都鱮]

**河川・中下流域の魚**

- コイ目コイ科 ●全長：4cm
- 分布：茨城県以外の関東地方
- 釣り場：中流・下流、湖沼
- 地方名：ジョンピーなど

## 国の天然記念物に指定された絶滅危惧種

　澄んだ水の小川やわき水のある湖沼に生息する全長4cmほどの小型の魚。絶滅危惧種で国の天然記念物に指定されているため、誤ってハリがかりしたときは丁寧にリリースすること。1909年に東京で発見されたためにこの名がついた。茨城県を除く関東平野の川や湖沼に分布する。他の仲間と同様に雑食で、付着藻類や小型の底生動物、浮遊動物を食べることが多い。産卵期は5〜6月が盛期で、マツカサガイなどに産卵。この時期は雄の腹ビレと尻ビレの縁が橙色と黒色の婚姻色に変化し、実に美しい。

### 淡水・汽水域の絶滅危惧種は16種

　アユモドキ、アリアケシラウオ、アリアケヒメシラウオ、イタセンバラ、イワメ、ウシモツゴ、ギバチ（九州産）、キリクチ、サツキマス、スイゲンゼニタナゴ、ニッポンバラタナゴ、ネコギギ、ヒナモロコ、ミヤコタナゴ、ムサシトミヨ、リュウキュウアユが淡水・汽水域の絶滅危惧種に指定されている。(1991年)

淡水の魚

# ギンブナ
[銀鮒]

- ●コイ目コイ科　●全長：25cm
- ●分布：日本各地
- ●釣り場：中流・下流、湖沼など
- ●地方名：マブナ（各地）など

## マブナと呼ばれるフナの代表種

　ギンブナというより、マブナといったほうがわかりやすいだろう。日本各地でマブナと呼ばれるこの魚は、代表的なフナで、関東ではヒラブナ、琵琶湖ではヒワラとも呼ばれている。仲間のキンブナに似ているが、体高がやや高く大型で、背ビレの根元が長いので、見分けられる。河川の中下流や湖沼に生息。ほとんど雄が見られない不思議な特徴がある。しかし、子孫は残しており、受精しなくても精子の刺激があれば卵が発生する珍しいメカニズムをもった単為生殖種だ。そのため、コイやゲンゴロウブナの精子でも生まれる。

釣期
1月
2月
3月
4月
5月
6月
7月
8月
9月
10月
11月
12月

### 淡水で最もポピュラーな釣魚

　タナゴとともに古くから釣り人に愛されてきた魚だ。春先の巣離れ、春の乗っ込み、秋の秋ブナ、晩秋から初冬の落ちブナ、厳寒期の寒ブナと季節ごとに呼ばれ方はさまざま。ウキ釣り、ミャク釣りが一般的で、シモリ釣り、並べ釣りなどの釣り方がある。雑食性で、ミミズのような生きエサや練りエサでもよく釣れる。

52

# キンブナ
## [金鮒]

**河川・中下流域の魚**

- コイ目コイ科  ●全長：15cm
- 分布：関東以北の本州
- 釣り場：中流・下流、湖沼など
- 地方名：マルブナ（各地）など

## 日本に生息する最も小型のフナ

　全長15cmほどであり、日本のフナで最も小さい固有種だ。本来は本州の関東以北のみに分布する北方系の魚とされてきたが、西日本にオオキンブナと呼ばれる大型の近縁種が存在することが確認されている。こちらはオオキンブナと呼ばれるだけあり、30cm以上に育つ。他の仲間に比べ体高がやや低く、丸みを帯びたスマートな体型をしている。口ヒゲはなく、ウロコの外縁が金色をしているので、この和名がついたようだ。大きさと分布域以外はオオキンブナとほぼ同じだ。体色は黄褐色か赤褐色。河川の中流・下流、湖沼、池に生息し、泥底部を好むことが多い。3～7月が産卵期で、水草の葉や茎に産卵する。底生の魚で、群れをつくらず単独で活動し、ユスリカの幼虫のような底生動物や付着藻類などを食べる。他の地方名には、関東で呼ばれるキンタロウブナがある。秋から春にかけてが釣りの好期。ミミズや赤虫などの小動物でよく釣れる。ミャク釣りやウキ釣りで挑戦しよう。

**釣期**

| 1月 |
| 2月 |
| 3月 |
| 4月 |
| 5月 |
| 6月 |
| 7月 |
| 8月 |
| 9月 |
| 10月 |
| 11月 |
| 12月 |

## 淡水の魚

# コイ
[鯉]

●コイ目コイ科 ●全長：60cm
●分布：日本各地
●釣り場：中流・下流、湖沼、池
●地方名：マゴイ、ノゴイ（各地）

## 古くからなじみ深い川魚の王者

　風格ある魚体で釣り人はもちろん、観賞用、食用としても古くから親しまれてきた川魚の王者。なじみ深い証拠に、巨大なコイの腹の中から兵法書を手に入れる『太公望・呂尚』、滝を登りきったコイが竜に変身する『登竜門』など、伝説が多い。分布は、日本各地からアジア、ヨーロッパまで及び、平野部の湖沼や河川中下流域の緩流に好んですむ。水草が繁茂する底近くを群れて泳ぎ、やや濁った水を好む習性がある。温帯性の魚で、江戸時代から養殖が盛んに行われており、現在食用として市場に流通しているのはほとんどが養殖魚だ。

釣期
| 1月 |
| 2月 |
| 3月 |
| 4月 |
| 5月 |
| 6月 |
| 7月 |
| 8月 |
| 9月 |
| 10月 |
| 11月 |
| 12月 |

### あらい、こいこくで舌鼓

　手に入る食用のコイはほとんどが養殖もの。料理法はあらい、こいこく、あめ煮などがあり、淡水魚には珍しく焼き物のイメージがない。特有の臭みがあるからだろう。生きたものを使うのが鉄則で、さばくときに苦玉と呼ばれる胆のうをつぶさないよう注意。つぶすと苦みが消えなくなる。

## 河川・中下流域の魚

長野県佐久のコイは高級品として知られる。天然もので有名なのは利根川産。養殖魚は、体高は高いが幅は薄く、体全体が白みがかっている。一方、野生化したコイは、体高は低いが幅が厚く、黄色っぽいのが特徴だ。どちらにも口に2対のヒゲがある。野生のコイにはノゴイ、ジゴイの通称があり、ヤマトゴイとは養殖ゴイのことを指す。エビ、貝などの小動物、水生昆虫の幼虫、水草などを食べる雑食性で、口を突き出して吸い込むように食べる。貝が食べられるのは、のどの奥に丈夫な歯が並んでいるからで、これでかみ砕いて食べている。全長60cmほどまでが普通だが、中には1mを超える大物もいて、巨ゴイだけを専門に狙う釣りも人気がある。寿命が長く、数十年から、一説には100年以上ともいわれる。姿形が威風堂々としているのは年の功か。古来から世界中に移殖されてきたため、原産地は定かでなく、中央アジアとしかわかっていない。

首都圏郊外でもコイは気軽に狙える

### 投げ込み釣りで巨コイ狙い

利根川のような大河川や霞ヶ浦のような大湖に行くと、土手にたくさんのリールザオが並ぶ光景に出くわす。コイ釣りファンがじっとアタリを待っているのだ。各サオにはアタリ発信機が取り付けられ、どのサオにアタリが来たかすぐわかるようになっている。彼らの狙いは1mを超える巨コイで、決まった通り道やエサ場があるといわれる野ゴイの優良ポイントに、練りエサなどをつけた仕掛けを放り込む。エサに用いるイモの産地やふかす時間にもこだわるなど、奥が深い釣りで、各地に巨コイ専門の釣り会がつくられている。近年は身近で楽しめるフライフィッシングの対象魚としても注目されている。

淡水の魚

# ソウギョ
[草魚]

●コイ目コイ科 ●全長：1m
●分布：利根川水系
●釣り場：中流・下流、湖沼

# 中国から移殖された大型魚

　第二次世界大戦中に食用目的で移殖された外来魚で、原産地は中国。現在は利根川水系で自然繁殖したものが見られる。コイに類似するが、口ヒゲがなく、体が丸みを帯びているのでわかる。流れの緩やかな場所を好む習性があり、草食性で、マコモ、アシ、サンショウモ、セキショウモなどの水草に加え、スギナ、クローバー、オニノゲシなど岸辺に繁茂する草も食べる。ここから和名がつけられたのだろう。飼育用のエサに魚肉や練りエサも使われる。産卵期は6～7月下旬。普通は全長1mくらいまでだが、2mに達するモンスター級もいる。

釣期
| 1月 |
| 2月 |
| 3月 |
| 4月 |
| 5月 |
| 6月 |
| 7月 |
| 8月 |
| 9月 |
| 10月 |
| 11月 |
| 12月 |

## コイ釣りの要領で大物狙い

　中国では養殖池の周囲に稲や麦を植え、雑草と一緒に池に投げ込むと水面に浮いた草を噛むようにして食べるという。まるで草食獣のような豪快さだ。水草はもちろん、コイと同じ食性のため、淡水産の貝類やエビ、練りエサなども使われる。くちびるが軟らかいのでハリがかりがよい。

> 河川・中下流域の魚

# ハクレン
[白鰱]

●コイ目コイ科 ●全長：1m
●分布：利根川水系、江戸川水系、淀川、旭川
●釣り場：中流、下流、湖沼

## ヘラブナ釣りの困った外道

　ソウギョやコクレン、アオウオなどとともに、食用として第二次世界大戦中に中国から移入された魚が自然繁殖し、霞ヶ浦・北浦などの利根川水系に多い。体高が高く、頭が大きい。眼は小さく、頭部下部にあるのが目立つ。体色は青灰色で、ウロコが細かい。利根川水系の他に、江戸川水系、淀川、旭川といった大河川に分布。水面近くを群れで泳ぎ回り、植物プランクトンを好んで食べる。ヘラブナと同じ食性をもつため、ヘラブナ釣りの仕掛けにハリがかりすることがあるが、釣り人にはたまったものではない。1mもある魚なので、サオを折ったりすることもある。空気呼吸ができるため、水中の酸素欠乏に強い珍しい淡水魚だ。産卵期は6〜7月。近縁種には同じく移入されたコクレンがいる。外形はハクレンによく似ているが、全体が暗緑色で、腹ビレの位置がやや前方にあるので見分けがつく。コクレンも1mほどになる大型魚だが数は少ない。レンギョは、ハクレンとコクレンの混称。

釣期
1月
2月
3月
4月
5月
6月
7月
8月
9月
10月
11月
12月

**淡水の魚**

# アオウオ
[青魚]

●コイ目コイ科 ●全長：1m
●分布：利根川水系
●釣り場：中流・下流、湖沼

## アジア大陸のテイストをもつ外来魚

ハクレンなどとともに中国から移植されたものが放流されて自然繁殖。利根川や霞ヶ浦・北浦などの環境に合ったようで、分布が確認されている。前頭部がややとがり、口ヒゲはない。背中と体側が青黒色で紫がかっており、アジア大陸産らしいテイストの外見をもつ。肉食性で、主に底生動物を食べる。貝やエビ、水生昆虫などだ。コイに似た食性をもっているので、コイ釣りの外道で釣れることがある。しかし、くちびるが硬いため、ハリがかりは悪い。成長が早く、超大型に成長する種で、1.5mの魚が確認されている。

### 大物との格闘で味わう釣りの醍醐味

釣期
1月
2月
3月
4月
5月
6月
7月
8月
9月
10月
11月
12月

1mを超える淡水魚との格闘を愛する釣り人がいる。ターゲットはコイ、ソウギョ、ハクレン、そしてアオウオなどだ。強烈な引きと釣り上げるための魚との駆け引きなどに独特の魅力があるのだろう。アオウオは肉食なので、エビや大ミミズ、タニシなどをエサにした投げ込み釣りで釣れる。

## 河川・中下流域の魚

# カマツカ
### [鎌柄]

●コイ目コイ科 ●全長：15cm
●分布：青森・秋田以外の本州、四国吉野川水系、九州 ●釣り場：中流・下流、湖沼

## 水質汚染に敏感な底生魚

　河川の中下流や湖沼の砂または砂礫底にすみ、きれいな水を好むため、水質汚染が進んだ場所には生息しない。朝鮮半島、中国にもすんでおり、日本では青森県と秋田県を除く本州と四国の吉野川水系、九州に分布する。体は筒状で細長く、後部にいくほど細くなる。1対の口ひげがあり、上下のくちびるの下面は多数の乳頭状小突起で覆われている。肉食性で底生動物を主食にし、食べ方がユニーク。胸ビレを上手に使い水底の砂をかき分け、同時に口を突き出してエサを吸い込む。一緒に吸い込んだ砂はエラから吹き出して捨てるのだ。産卵期は3月下旬から6月中旬で、砂の中にうずめるように産卵する。普通は全長15cmほどの大きさになるが、中には25cmほどに大きくなるものもいる。地方名が多く、日本各地でスナホリ、東京と長野でスナムグリ、関西や九州でカワギス、兵庫ではスナフキと呼ばれる。オイカワやウグイ釣りに混じることが多い。

釣期

| |
|---|
| 1月 |
| 2月 |
| 3月 |
| 4月 |
| 5月 |
| 6月 |
| 7月 |
| 8月 |
| 9月 |
| 10月 |
| 11月 |
| 12月 |

淡水の魚

# オヤニラミ
[親睨]

- スズキ目スズキ科
- 全長：15cm
- 分布：琉球列島以外の関西以南
- 釣り場：中流
- 地方名：ミコテン（兵庫）など

## 日本に珍しいスズキ科の淡水魚

　スズキ科の淡水魚で、日本では珍しい。外見が海水のメバルに似ていることから、カワメバルとも呼ばれる。釣魚より観賞魚として親しまれていることが多い。体は暗青褐色で、体側には5〜6本の黒い横帯があるが不明瞭。エラの後部に黒色斑紋があり、目玉のように見えるので、関西などではヨツメと呼ばれる。大河川中流の水がきれいな緩流にすみ、浅場を好む。肉食性で、水生昆虫や小魚を捕食する。5〜6月になると雌雄がペアになって水草に産卵。卵やふ化した稚魚は雄が守る習性があり、縄張り意識が強い。

### 保護対策が望まれる希少種の一つ

　生きエサを丸のみする肉食性で、エビ、小魚、水生昆虫などを好んで食べるため、ミミズなどを使えば簡単に釣れる。しかし数が減少している希少種の一つであり、保護対策が望まれるため、むやみな乱獲は慎みたい。観賞魚としても知られる美しい魚体をもつオヤニラミを後世に残したいものだ。

河川・中下流域の魚

オヤニラミ生息地

## 水質の悪化で急激にその生息エリアが減少

　最近は河川改修や水質の悪化で、生息環境が著しく悪化し、生息数も非常に少なくなっている。淀川支流の保津川以西の太平洋側、由良川上流の音無瀬川以西の日本海側の本州と四国の香川県の一部、九州では大分県今川以北の東側、熊本県菊池川以西などがよく知られた分布域であったが、現在は……。

淡水の魚

# ヨシノボリ
[葦登]

- スズキ目ハゼ科　●全長：10cm
- 分布：日本各地
- 釣り場：中流・下流、湖沼、池
- 地方名：グズ（山陰）など

## 日本各地に生息する雑食性のハゼ

　各地の河川や湖沼に広く生息するヨシノボリ。斑紋や体色、卵の大きさの違いで7種に分けられ、分布域や生息環境が異なる。しかし、基本的にふ化した稚魚は海へ下り、しばらくしてから川へ遡上する両側回遊の習性をもつ。腹ビレが吸盤状で吸着力が強く、小石に吸いついて生活するため、スイツキなどの別名がある。4〜9月が産卵期で、小石の下に産卵し、ふ化するまで雄が卵を守る。雑食性で各種付着藻類や水生昆虫の幼虫などを好む。カジカ、チチブ、ドンコなどとの混称で、近畿・山陽でゴリ、愛媛でドンコと呼ばれる。

### 天ぷらや佃煮にしてみよう

| 釣期 |
|---|
| 1月 |
| 2月 |
| 3月 |
| 4月 |
| 5月 |
| 6月 |
| 7月 |
| 8月 |
| 9月 |
| 10月 |
| 11月 |
| 12月 |

　世界中に2000種ともいわれるほどハゼ科の仲間は多く、国内だけでも200〜300種といわれている。ハゼの料理法で有名なのは天ぷらだが、ヨシノボリも例外ではない。佃煮をつくってもよい。ウグイやオイカワ釣りの外道でハリがかりするので、この仕掛けが流用できるだろう。

## ウキゴリ
[浮鮴]

**河川・中下流域の魚**

- スズキ目ハゼ科  ●全長：10cm
- 分布：四国以外の日本各地
- 釣り場：中流・下流、湖沼
- 地方名：ゴロ（千葉）など

## 水底から離れて水中に静止する独特の習性

　飼育してみると、水底から浮き上がり、水中に静止する習性があることがわかる。それでウキゴリの名がついたといわれる。ハゼの仲間に共通する吸盤状の腹ビレをもち、石にへばりつくのは得意だ。北海道から九州まで広く分布するが、四国にはいないとされる。樺太や朝鮮半島にも分布している淡水魚だ。河川では中流・下流域の淵に多い。川と海を行き来する両側回遊性だが、湖沼や池で一生を終えるものもいる。肉食性で、底生小動物や水生昆虫などが主食だが、小魚も捕食。全長10cmくらいに成長する。他のハゼとの混称で各地でゴリ、琵琶湖ではハゼの地方名がある。同じくハゼの仲間のスミウキゴリ、イサザなどと似ており、中でもシマウキゴリとは容易に区別できないほどよく似ている。あまりうまくないので普通は食べないが、食用として漁獲する地方もあり一概にはいえない。マブナ釣りやウグイ釣りの外道として釣れることがある。

| 釣期 |
|---|
| 1月 |
| 2月 |
| 3月 |
| 4月 |
| 5月 |
| 6月 |
| 7月 |
| 8月 |
| 9月 |
| 10月 |
| 11月 |
| 12月 |

**淡水の魚**

# ナマズ
[鯰]

- ナマズ目ナマズ科 ●全長：50cm
- 分布：日本各地
- 釣り場：中流・下流、湖沼、池

## 今でも地震を起こすのか？

　昔は地中の大なまずが暴れると地震が起こるといわれ、評判のよくない魚だが、一部ではファンがおり、観賞魚としても親しまれている。うろこがなく、2対の口ヒゲをもち、眼は小さい。各地、および朝鮮半島、台湾、中国、ベトナム北部まで広く分布。河川や湖沼の砂泥底部に生息し、水草の繁茂する場所を好む。昼間は物陰などに潜んでいるが、暗くなると活発に動き回る。肉食性で、カエルや小魚に飛びかかるほど動きは機敏。5～7月に小川などの浅場で産卵する。カエルをエサにしたポカン釣りが有名で、ルアーでも釣れる。

### アメリカでは人気の食用魚

　キャットフィッシュと呼ばれ、アメリカでは食卓の人気魚。低カロリー、低脂肪に改良したナマズもいるほどだ。日本ではいまひとつで、見た目が悪く、下ごしらえが面倒だからだろう。淡泊な味で、蒲焼きなどに調理する。琵琶湖と余呉湖だけに生息するイワトコナマズは美味で知られる。

釣期
| 1月 |
| 2月 |
| 3月 |
| 4月 |
| 5月 |
| 6月 |
| 7月 |
| 8月 |
| 9月 |
| 10月 |
| 11月 |
| 12月 |

# ウナギ
[鰻]

**河川・中下流域の魚**

- ウナギ目ウナギ科 ●全長：70cm
- 分布：日本各地 ●釣り場：中流・下流、河口、湖沼
- 地方名：メソ（各地、幼魚）など

## 天敵は土用の丑の日？

　江戸時代に始まったといわれる土用の丑の日。体力が落ちる真夏に、栄養価の高いウナギを食べるのは理にかなっている。現在市場に出回っているのはほとんど養殖もので、静岡、愛知、岐阜などが主要産地だ。海で生まれ、淡水・汽水域で育ち、秋に産卵のため再び海へと向かう。河川上流から河口まで生息域は幅広く、湖沼や内湾にもすむ。夜行性の肉食魚で、昼間は暗がりに潜み、日没後に動き出す。水生昆虫の幼虫、カニ、ゴカイ、小魚などを主に捕食。ドバミミズをつけた仕掛け釣りや投げザオでのブッコミ釣りで釣れる。

### スタミナ食の代名詞

　ウナギといえばまず思い浮かぶのが蒲焼き。この蒲焼きやタレをつけない白焼きを使って、八幡巻き、う巻き、うざく、茶碗蒸しなどの料理にすることもできる。中国では煮込みに、ヨーロッパではワイン煮やパテ、燻製に仕立てられる。スタミナがつくので、各国で人気だ。

釣期：3月、4月、5月、6月、7月、8月、9月

淡水の魚

# イトウ
[鯇]

●サケ目サケ科 ●全長：1m
●分布：道南以外の北海道
●釣り場：中流・下流、河口
●地方名：オヘライベ（北海道）

## 北海道だけにすむ日本産最大の淡水魚

　日本産では最大の淡水魚で、さまざまな巨大魚伝説をもつイトウ。過去には全長2mを超える大物もいたが、近年は1m以上でさえまれになった。成長が遅く、2年で13cm、5年で30cm、8年で50cmで、1mになるには15年ほどかかる。サケマスの仲間では長寿の部類に入る珍しい魚だ。成熟までに雄で4〜6年、雌で6〜8年を必要とする。サケ科の中では原始的な姿形をし、イワナ属の近縁種とされるが、頭部背面が平たんで、口が特に大きく、斑紋が異なるなどで区別できる。体は細長く、体側に明瞭な小黒点があり、腹縁近くまで

釣期
| 1月 |
| 2月 |
| 3月 |
| 4月 |
| 5月 |
| 6月 |
| 7月 |
| 8月 |
| 9月 |
| 10月 |
| 11月 |
| 12月 |

### メーターオーバーは現実か幻か？

　伝説の巨大魚といわれたイトウは、ある意味ではアングラーの憧れの魚だ。現在はルアーやフライで狙うアングラーがほとんど。障害物の陰や川のカーブの淀みなどが主なポイントで、大型のプラグ、スプーン、ストリーマーで底近くを探っていく。希少な魚だけに出会えたときの感動は大きい。

## 河川・中下流域の魚

北海道にはまだまだイトウの好ポイントが多い

存在する。かつては東北地方北部にもいたが、北海道の道南を除く地域だけに分布する希少種になり、細々と繁殖している。流れの緩やかな河川の中下流域や湖沼にすむが、北海道東岸には降海するものが確認されており、汽水域や沿岸で漁獲されることがある。肉食性で、幼魚は水生昆虫が主食。30cm以上に成長すると主に魚類、時にはカエルやネズミなどを捕食する。産卵期は春で、他の日本産サケマス類とは違

捕食の決定的瞬間

## 淡水の魚

いがある。体側に紅色の婚姻色が現れ、雄のほうが濃い。支流や湖沼の場合は流入河川へ遡上してつがいになり、流れの速い浅瀬の砂礫底に、1.5～3mの産卵床をつくって産卵する。成魚は産卵後も死なず、20年以上生きるものもいる。動物地理学的に貴重な存在なのだが、近年の開発による自然環境の悪化で数が著しく減少している。人工ふ化が成功し、管理釣り場や湖沼に放流されるようになったが、成熟年齢が高いため量産が難しいともいわれる。昔のような巨大魚伝説がよみがえるのはいつのことだろうか。樺太、千島列島南部、沿海州にも分布が見られる。大物を狙う釣り人に人気があり、昔はドジョウのエサ釣りが行われたが、ルアーやフライフィッシングによく反応するため、この釣りの人気が高い。

北海道、道東の湿原部はイトウのサンクチュアリだ

## 淡水の魚

## 湖沼の魚

　湖沼では、なんといってもブラックバスが人気ですが、モロコやヘラブナなど、伝統的な釣法で多くのファンを魅了する対象魚もいます。山上湖ではヒメマスやブラウントラウトなど、トラウト類が主な対象魚となります。また、氷上の穴釣りで知られるワカサギ釣りは冬場の風物詩です。

淡水の魚

# FIELD IMAGE

湖沼域の魚

## 湖沼域

# 山上湖ではワカサギやブラウントラウト、それにブラックバスが人気だ。

## 淡水の魚

湖沼域の魚

置き竿で狙うコイは一年中楽しめるが、特に春と秋がベストシーズン。

淡水の魚

# ブラウントラウト
## [Brown Trout]

- サケ目サケ科　●全長：50cm
- 分布：中禅寺湖、上高地、本栖湖など本州中部の各地
- 釣り場：湖沼、上流

## シューベルト『鱒』の題材

ヨーロッパ原産のブラウントラウトは、アメリカから移入したブルックトラウト（カワマス）の卵に混じって日本に入ってきた魚だ。ヨーロッパでは、マスといえばブラウントラウトを指し、非常に親しまれている。シューベルトの代表曲『鱒』は本種のこと。ニジマスに似るが、虹色の帯はなく、野生の魚ほど茶色っぽい体色をしているため、この名をもつ。体側の側線付近に朱色点があり、黒点が大きく明瞭だ。各地で養殖され、中禅寺湖、上高地明神池、本栖湖、芦ノ湖、黒部川などに放流され、一部で自然繁殖しているようだ。陸封性で、湖沼や河川

釣期
1月
2月
**3月**
**4月**
5月
6月
7月
8月
**9月**
10月
11月
12月

### 物陰の多い沿岸部を好む

湖沼でも川でも物陰や日陰にいることが多く、朝・夕の暗い時間帯に浅場に出て捕食することが多いといわれる。沿岸域にすんでいるのは、物陰や障害物などが多いからだ。ルアーフィッシングなら、底すれすれをミノーやスプーンなどで狙うのが一般的だが、盛期には水面で食うこともある。

## 湖沼の魚

の緩やかな流れの場所を好む性質をもち、物陰にいることが多い。水生昆虫、エビ類、貝類などを捕食するが、小魚類が好物のようで、浅場などで小魚を追いかけている姿を見かけることがある。大

中禅寺湖での立ち込み釣り

物はネズミなどの動物を襲うこともあり、攻撃的で貪欲な性格だ。生後3～4年、体長30cm後半～40cm前半で成熟し、小河川では15cmほどで成熟する場合がある。10月下旬から1月に、小さな支流などへ上り、浅場の小石底などに産卵する。卵は丸型で、直径4～5mm。水温10℃だと約40日でふ化する。幼魚のパーマークはやや大きく、9～14個が散在する。普通は40～50cmに成長するが、中には1mに達する5～6年魚もいる。芦ノ湖の初春の解禁日にキャッチされたスーパーブラウンの記事が、新聞などをにぎわすことがある。ルアーやフライフィッシングの好対象魚としてニジマスとともに人気が高い。ニジマスが派手なアクションで抵抗するのに対し、ブラウントラウトは下へ下へ潜る重い引きを見せ、対照的なファイトを見せる。大胆な行動を見せる一方、神経質で釣るのが難しい一面もあり、釣り人の興味をそそるようだ。ブラウン、ブラウンマスとも呼ばれる。ヨーロッパ本来のマス料理にはブラウントラウトが用いられるほど美味な魚で、バター焼き、ムニエル、フライなどで食されることが多い。

芦ノ湖でのボート釣り

淡水の魚

# ヒメマス
[姫鱒]

● サケ目サケ科　●全長：40cm
● 分布：本州中部以北
● 釣り場：湖沼
● 地方名：チップ（北海道）

## 透明度の高い山上湖に生息

　ベニザケの陸封型で、日本の原産は北海道の阿寒湖とチミケップ湖。明治時代の後半に、支笏湖、洞爺湖、十和田湖、中禅寺湖、西湖、芦ノ湖などに移殖されたといわれる。背中が緑青色を帯び、尾ビレが細長い。10℃前後の低水温を好むため、透明度の高い山上湖に生息していることが多い。40cmの成魚になるには約4年かかり、たった一度の産卵で生涯を終える。現在は保護するべく、禁漁期間が設けられている。美味であるため人気が高い。サケ類中で最も赤みが強い肉質をもち、姫に通じる美しさがあるといわれる。

釣期
1月
2月
3月
4月
5月
6月
7月
8月
9月
10月
11月
12月

### ボートから出るサオ数の多さが圧巻

　エサ釣りは、ベニサシなどを使った胴突き仕掛けで狙うのが一般的。集魚効果を高めるために、ルアーの1種、スピナーのブレードを仕掛けの上につける場合がある。また、トローリングも代表的な釣り方で、ヒメトロと呼ばれる独特のトローリング方法があり、釣り人に親しまれているようだ。

## 湖沼の魚

# ベニザケ
## [紅鮭]

- サケ目サケ科
- 全長：60cm
- 分布：北海道、下流、河口、沖
- 釣り場：湖沼
- 地方名：ベニマス（北海道）など

## 鮮魚で親しみあるヒメマスの降海型

　ベニザケはヒメマスの降海型で、食用として知らない人はいないだろう。塩鮭、缶詰などが有名。身が鮮やかな紅色で質もよいことから、スモークサーモンは世界的な高級品であり、オードブルの常連だ。赤が濃いものほどうまいといわれる。名前の由来はこの紅身にある。体色は銀白色で、背中は暗青色。北太平洋を回遊する魚で、日本では北海道のみに分布し、カムチャツカ、アラスカ、カリフォルニア北部でも見られる。湖に注ぐ支流でふ化した稚魚は、湖に下り、ミジンコなどのプランクトンを食べ淡水生活を送る。この期間は1〜5年までさまざま。初夏に降海するが、大型魚ほど早く降海するようだ。海洋ではプランクトンやイカ、小魚などを食べ、2〜4年を過ごし、産卵のために故郷の川へと戻る。この時期には、体が赤みを帯び、特に雄は深紅色に全体が染まる。陸封型のヒメマスの中にも、飼育条件によっては降海して大型に成長するものがいる。

| 釣期 |
|---|
| 1月 |
| 2月 |
| 3月 |
| **4月** |
| **5月** |
| **6月** |
| **7月** |
| **8月** |
| **9月** |
| 10月 |
| 11月 |
| 12月 |

**淡水の魚**

# ギンザケ
[銀鮭]

- サケ目サケ科  ●全長：70cm
- 分布：日本各地（養殖魚）
- 釣り場：湖沼、河川
- 地方名：ギンマス（各地）など

## 養殖・放流で日本各地に拡大

　本来は沿海州からカリフォルニアへかけての北太平洋にそそぐ河川に遡上する魚で、日本では見られない魚だが、受精卵をアメリカやカナダから移入して養殖・放流。管理釣り場をはじめ、芦ノ湖などの山上湖や渓流で見かけるようになった。本来は降海魚なので、1年間ほど淡水で飼育した後、海の網イケスで飼育する養殖方法が採られている。主に岩手県や宮城県で養殖しているが、安価なため、輸入される養殖魚も多い。ギンマスの他にコーホサーモン、シルバーサーモン、ケイジなどと各地で呼ばれる。

### サーモンのファイトを味わおう

　ニジマスやヤマメなどと一緒に、漁場管理が行き届いた場所などで釣りが楽しめ、最近は身近な魚となった。アタリが強く、ハリがかりするとサーモンならではのファイトを見せるため、エサ釣りはもちろん、特にルアー＆フライファンにはたまらないターゲットといえる。他のサケ同様おいしい。

| 釣期 |
|---|
| 1月 |
| 2月 |
| 3月 |
| 4月 |
| 5月 |
| 6月 |
| 7月 |
| 8月 |
| 9月 |
| 10月 |
| 11月 |
| 12月 |

## 湖沼の魚

# レイクトラウト
## ［レイクチャー］

- サケ目サケ科 ●全長：1m
- 分布：中禅寺湖
- 釣り場：湖沼
- 地方名：レイク（日光）

## 中禅寺湖だけに生息するトラウトファンの憧れ

　原産地は、カナダとアメリカ東北部の最終氷期に氷河で覆われていた地帯という神秘性をもつ。日本へは1960年代後半に、日光にある淡水区水産研究所へカナダ産が移入され、試験的に中禅寺湖へ放流されたものが現在まで残ったようだ。カワマスに類似するが、体側に赤色斑がない。トラウトの名がつくが、本来はイワナの仲間で、アメリカではレイクチャーとも呼ばれる。4～10℃の低水温にすみ、5～6℃を好むといわれ、深場にすむことが多い。小動物を手当たり次第に捕食するほど極めて貪欲な食性をもつ。9月下旬から12月に浅場で産卵する。長生きする種で、25年から、中には50年も生きるといわれ、原産地では体重50kg以上に成長する場合もあるという。そのためイトウ同様、巨大魚伝説をもつ淡水魚で、中禅寺湖にしか存在しない希少性もあり、アングラーの人気は非常に高い。トローリングでのルアーフィッシングが盛んだが、フライフィッシングでも釣れないことはない。

釣期：4月、5月、6月、7月、8月、9月

淡水の魚

# シナノユキマス
[信濃雪鱒]

- サケ目サケ科  ●全長：70cm
- 分布：長野県（移殖）
- 釣り場：白樺湖、松原湖、立岩湖など

## 食味に優れ今後が期待される外来魚

　1975年、当時のチェコスロバキア、バルト海に近いポメラニア地方から長野県水産試験場佐久支場に移入され、養殖に成功した2種の淡水性マスが混称されている。釣り用、食用として長野県内の5つの湖（白樺湖、松原湖、立岩湖、柳久保池、中綱湖）に放流され、フライやルアーでも狙えるゲームフィッシュとしても注目されている。ただしその体形からもわかるように口は意外と小さく、的確なアタリは取りにくいようだ。流れのゆるやかな湖流を好み、動物プランクトンや底生小動物を捕食する。刺し身やムニエルにしても美味。

### 同じ外道魚でも立場はさまざま

　外来淡水魚にもいろいろあるが、ライギョ、アオウオ、ソウギョ、ニジマス、ブラウントラウト、ブルックトラウト、レイクトラウト、ブルーギル、それに人気急上昇のブラックバスなど、移入された背後にはそれぞれの事情がある。害魚や益魚という発想は私たちの身勝手な判断にすぎないのだが……。

釣期
| 1月 |
| 2月 |
| 3月 |
| **4月** |
| **5月** |
| **6月** |
| **7月** |
| **8月** |
| **9月** |
| 10月 |
| 11月 |
| 12月 |

## 湖沼の魚

# ブルーギル
## [Blue Gill]

- ●スズキ目サンフィッシュ科
- ●全長：15cm ●分布：北海道を除く日本各地 ●釣り場：湖沼、池、下流 ●地方名：ギル(各地)

## フライフィッシングで浴びた脚光

　原産地は北アメリカ南東部で、日本には1960年に静岡県伊東の一碧湖に移入されたのが最初。その後、琵琶湖付近で淡水真珠養殖用のイケチョウガイの中間宿主として期待されたが琵琶湖に逃げ出すなどして、現在では北海道を除く各地の湖沼や河川に分布する。雄は雌の産卵のため、浅場にすり鉢形の穴を掘り、卵と稚魚を保護する習性がある。プランクトンや水生昆虫を食べ、エビ類や小魚を食べることもある。貪欲でブラックバス釣りのルアーに食いつくこともあるが、フライで狙うとよく釣れるので、ニューターゲットとなった。

### 引きが強く、よく釣れる好敵手

　15cmくらいまでの小型魚は、ユスリカなどの水生昆虫やエビなどの甲殻類を好んで食べるため、フライフィッシングで狙うとおもしろい。スレるのが早いので、マメにフライ交換しよう。ルアーでも釣れるが、人気はいまひとつ。漁港などのたまりで、練りエサなどのエサ釣りも楽しめる。

釣期：1月／2月／3月／4月／5月／6月／7月／8月／9月／10月／11月／12月

**淡水の魚**

# ラージマウスバス
## ［オオクチバス］

- スズキ目サンフィッシュ科
- 全長：40cm　●分布：日本各地
- 釣り場：湖沼、池、下流
- 地方名：バス（各地）など

## エキサイティングなゲームフィッシュ

　ラージマウスバスは、ルアーフィッシングの好対象魚で、日本ではずば抜けた人気をもっている。ブラックバスと総称される仲間の中で最も大型に育つ種類で、日本では60cmを超える魚が確認されている。1925年に原産地の北アメリカ南東部から食用、釣魚などの目的で芦ノ湖へ移殖されて以来、移殖、放流、混入などにより全国に分布するようになった。97年には河口湖で養殖・放流も始まっている。日本以外では、アメリカ、カナダ南部、メキシコ、南米、ヨーロッパ、南アフリカ、中国・韓国などのアジアにもすんでおり、幅広い分布が見られる。和名のオオクチバスは、エサを丸呑みできる大きな口に由来し、日本に生息する仲間には、やや口が小ぶりのスモールマウスバス（コクチバス）がいる。芦ノ湖でクロマス、関東・信越でブラックなどの地方名があり、単にバスと呼ばれることも多い。背中が緑色からオリーブ色、腹が白色から黄色がかっており、体側に1本の黒い縦線がある。

釣期
| 1月 | 2月 | 3月 | 4月 | 5月 | 6月 | 7月 | 8月 | 9月 | 10月 | 11月 | 12月 |

# 湖沼の魚

湖沼や河川の物陰を好み、淡水域に限らず河口などの汽水域にも生息。流れの中にも生息するが、産卵は止水の砂や砂利、岩などの底に行われる。産卵床と稚魚を雄が守る性質がある。2～3年で成熟し、生息環境にもよるが、寿命は8～15年。肉食性で、小魚やエビ、ザリガニなどを主に好み、カエルや大型昆虫、小動物や子ガモなども襲うこともある。攻撃性があり好奇心が強いため、ルアーフィッシングに適した魚で、頭を振りながら水面を跳躍する激しいファイトは一度味わうと忘れ難い。アングラーに絶大な人気があるため、他のルアー対象魚に比べ生態や習性の解明が進んでおり、さまざまな釣り方が確立してきている。

霞ヶ浦

葦際のスモールポイントにキャスティング

## 簡単なようで奥が深いバスフィッシング

専用タックルが数多く販売されており、数本のロッドに各種のルアーをセットして釣り歩くスタイルも人気がある理由の一つ。中には専用ボートを購入する熱狂的なファンもいて、魚群探知機やエレクトリックモーターと呼ばれる推進機をセットし、魚の居場所を探しながら釣り回る。トップウォーターフィッシングだけに固執するアングラーもいるなど、楽しみ方に幅がある。習性や釣り日の状況などにより、釣れるパターンがある程度絞られているため、アングラーの知識次第で釣果に差が出やすい。簡単に釣りやすい面がある一方、はまるとなかなか奥が深い魚だ。

淡水の魚

# スモールマウスバス
[コクチバス]

●スズキ目サンフィッシュ科 ●全長：35cm ●分布：檜原湖周辺、野尻湖周辺 ●釣り場：湖沼
●地方名：スモール（檜原湖、野尻湖）

## 近年生息が確認されたブラックバス

　原産地のアメリカでは、人気のゲームフィッシュ。ラージマウスバスとともに芦ノ湖に移殖・放流されたが、自然繁殖できなかったようだ。しかし、1990年代に入り、長野県北部の野尻湖とその周辺、福島県檜原湖とその周辺で相次いで発見された。混入説、観賞魚説など諸説紛々で、放流過程はあいまいだ。褐色または青銅色の体色で、体側には暗緑色の斑紋があり、ラージマウスバスに比べ口が小さい。湖では澄んだ水と岩地を好み、約7〜9mの水深が必要で、冷水域に適応。一方、河川では小石や岩床など瀬のような緩流にすむ。

釣期
| 1月 |
| 2月 |
| 3月 |
| 4月 |
| 5月 |
| 6月 |
| 7月 |
| 8月 |
| 9月 |
| 10月 |
| 11月 |
| 12月 |

### 新たなゲームフィッシュになるか？

　原産地のアメリカでは仲間のバス同様、ゲームフィッシュとして重要な位置を占める魚だ。ルアーフィッシングで狙うことが多く、ハリがかりすると湖底へグイグイと潜るファイトを見せ、引きも強いといわれる。フライフィッシングでも釣れる。ただし、むやみな放流は慎みたい。

84

# ヒガイ
[鰉]

**湖沼の魚**

- コイ目コイ科　●全長15cm
- 分布：本州、四国、九州
- 釣り場：湖沼、中流・下流
- 地方名：アカメ（愛知）など

## 明治天皇が愛した淡水魚

　明治天皇がたいへん好んだことから、魚に皇の文字が使われるようになった。琵琶湖に分布する腹が黄褐色のアブラヒガイ、四国を除く西南日本に分布する腹が淡色のカワヒガイ、本州・四国に分布するカワヒガイに似た体色をもつビワヒガイの3種がおり、体型や口ヒゲの違いでも分けられる。琵琶湖が原産で、各地に移植されて現在に至っているため、生態はほぼ変わらない。水がきれいな河川や湖沼の小石混じりの砂底に生息し、人陰や物音にすぐ反応する敏感な魚だ。肉食性で、赤虫などの底生小動物を好み、貝類も食べる。捕食の際は、底にあるエサを吸い込むようにして食べる。産卵期は4～7月。二枚貝の体内に産卵する変わった習性をもつ。岐阜でサクラバエ、滋賀でトウマル、兵庫や岡山ではヤナギバエと呼ばれる。普通は10～15cmくらいで、時には20cmを超えるものもいる。霞ヶ浦や北浦では小物釣りでヒガイを専門に狙う人もおり、赤虫、ミミズ、サシなどがエサとなる。

| 釣期 |
|---|
| 1月 |
| 2月 |
| 3月 |
| 4月 |
| 5月 |
| 6月 |
| 7月 |
| 8月 |
| 9月 |
| 10月 |
| 11月 |
| 12月 |

## 淡水の魚

# ホンモロコ
## [本諸子]

- ●コイ目コイ科 ●全長：12cm
- ●分布：琵琶湖、日本各地
- ●釣り場：湖沼
- ●地方名：モロコ（琵琶湖）など

## 各地に移殖された琵琶湖産の固有種

タモロコ、イトモロコ、デメモロコ、スズモロコなどモロコと名のつく仲間は多いが、普通はモロコというとホンモロコのこと。本来は琵琶湖特産の淡水魚だったが、今では移殖・放流により、日本各地で繁殖。一方、原産の琵琶湖では環境破壊などの影響で、数が減少しているという。水深10m以深の底近くにすみ、晩秋に湖の最深部に移動し越冬する。産卵期は4～7月で、このときだけ浅場に上がってくる。動物プランクトンが好物で、赤虫やエビなどの底生小動物も食べる。琵琶湖ではヤナギモロコともいわれ、親しまれている。

### 関西の釣り人に人気が高い

関東では雑魚釣りの分野に入れられる程度だが、関西ではおいしい淡水魚として知られるため、釣り人から人気がある。春の琵琶湖畔はホンモロコ狙いの釣り人でにぎわい、季節の風物詩となっている。岸やボートから赤虫や練りエサを用いたウキ釣りで狙うことが多い。

釣期
| 1月 |
| 2月 |
| 3月 |
| 4月 |
| 5月 |
| 6月 |
| 7月 |
| 8月 |
| 9月 |
| 10月 |
| 11月 |
| 12月 |

## 湖沼の魚

# タモロコ
[田諸子]

- コイ目コイ科　●全長：12cm
- 分布：関東、中部以西の本州、四国、九州　●釣り場：湖沼、中流・下流

## 西日本に分布するホンモロコの仲間

姿形がホンモロコによく似るが、体がやや太く、口ひげが長く、褐色を帯び、体側に暗色の縦帯があるので、容易に見分けがつく。ナガタナゴの別名をもち、大阪と奈良でスジモロコ、中国地方でミゾバエと呼ばれる。もともとは中部以西に分布する魚だが、関東地方にも移殖されて広がった。河川、湖沼の流れの緩やかな場所や水草の繁茂する場所にすむ。雑食性で、動物プランクトン、水生昆虫の幼虫、水草や藻類などを食べる。産卵期は4～7月で、砂底や水草に産卵する。全長8～12cmに成長する。木曾川水系以西の本州、四国、九州に分布するイトモロコ、琵琶湖・淀川水系や揖斐川水系に生息するデメモロコ、琵琶湖・淀川水系、木曾川水系、長良川水系、吉井川水系にいるスゴモロコのイトモロコ属は近縁種だが、タモロコはモロコ属であり、同属のホンモロコが最も近縁といえる。しかし、味は劣るようで、釣り人気も劣る。ワカサギ釣りなどの外道としてハリがかりすることが多い。

釣期

| 1月 |
| 2月 |
| 3月 |
| 4月 |
| 5月 |
| 6月 |
| 7月 |
| 8月 |
| 9月 |
| 10月 |
| 11月 |
| 12月 |

## 淡水の魚

# ヘラブナ
### ［箆鮒］

●コイ目コイ科 ●全長：30cm
●分布：日本各地 ●釣り場：湖沼、池、中流・下流 ●地方名：カワチブナ（大阪）など

## 日本のゲームフィッシングの元祖

ヘラブナは我が国におけるゲームフィッシュの代表魚として長い歴史を誇り、全国に多くのファンをもっている。琵琶湖特産種のゲンゴロウブナが養殖されて、飼育用のカワチブナが生まれ、その後さらに改良が加えられてつくり出されたのが現在のヘラブナだといわれる。そのため、琵琶湖や大阪では、ゲンゴロウブナ、カワチブナとも呼ばれることがある。今では、関西で養殖されたものが日本各地の湖沼やダム、管理釣り場などに放流され、繁殖している。銀白色で、小型の

釣期：1月～12月

### 身近な箱釣りでまずは一尾

魚が大量に放流されている常設管理釣り場での通称、箱釣りで、日本特有のゲームフィッシングに挑戦してみよう。回遊性の魚なので、寄せて釣るために、エサを同じ場所へ打ち込むのがポイント。カケアガリや落ち込みの際、底に変化がある場所や障害物がある場所は好ポイントだ。アタリは小さく千差万別なので、わずかな変化も見逃さないことが釣果につながる。

# 湖沼の魚

うちはギンブナと見分けづらいが、頭が小さくて体高が極端に高く、エラに存在する鰓耙の数が100以上で、他のフナより多いため、見分けられる。表中層域を群れで泳ぎ回り、主に浮遊プランクトンを食べている。ミミズ、赤虫、モエビ、イトメ、ゴカイなどの小動物を食べることもあるようだ。ギンブナに比べて成長が早く、3〜4年で30cmに達し、50cmの大型になるものもいる。ヘラブナ釣りはその人気を反映し、目覚ましい進歩をとげており、釣り具、仕掛け、エサ、技術が徹底的に追求され、究明されている。放流が徹底しており、釣り掘が各地につくられ、都市近郊に釣り場も多いなど、身近で楽しめる点にも人気の理由があるようだ。ヘラブナのように、釣りの原点ともいえる食用の問題を押し退け、独特の遊魚スタイルがつくり上げられている魚も珍しい。全国組織の釣りクラブが結成されており、大会が各地で行われるなど、活動が盛んだ。釣り方はウキ釣りで、練りエサ、サツマイモ、ふ、うどんなどのエサを使う。嗅覚が鋭敏なので、集魚目的のバラケエサにはサナギ粉など臭いの強いものを使うことが多い。エサは年々改良され、新製品が登場するので、仕掛けや釣り方に合わせて工夫したい。

一碧湖

鮎川湖

## 淡水の魚

# ワカサギ
[公魚]

● サケ目キュウリウオ科
● 全長：10cm ● 分布：日本各地
● 釣り場：湖沼、中流・下流
● 地方名：アマサギ（各地）など

# 徳川将軍に献納された由緒正しき魚

　本来は千葉県以北の太平洋側と島根県以北の日本海側の沿岸や汽水域に生息し、河川で産卵する魚だが、小魚の種にしては抱卵数が多く、採卵や受精が容易で、発眼卵の輸送、格納が長期間可能なため、放流に適している。このため、現在では諏訪湖、芦ノ湖など日本各地の淡水湖に移植され、自然繁殖しているところもあり、淡水魚のイメージが強いようだ。淡水では主に動物プランクトンや赤虫などを食べる。産卵期は1～4月で、

釣期
1月
2月
3月
4月
5月
6月
7月
8月
9月
10月
11月
12月

## 氷上の穴釣りは冬の風物詩

　四季折々の釣りが楽しめる日本の釣りの中でも、ワカサギの穴釣りは異色だ。穴釣り用の短いサオに5～10本のハリをつけたドウヅキ仕掛けをセット。エサには紅サシなどを使う。タナ取りがポイントなので、一度釣ったらそのタナを忘れないこと。あとは辛抱強く回遊してくるのを待とう。くちびるが弱い魚なので強いアワセは禁物だ。釣った魚はフライ、天ぷら、空揚げなどにするとおいしく、塩焼きや煮物も一般的。

# 湖沼の魚

湖では水草に、海や湖の流入河川では砂礫底に卵を産みつける。満1年で産卵後に死ぬのが普通だが、中には4年生きるものもいる。全長10cm以下で、15cmに成長するものはまれだ。公魚の和名がついたのは、徳川11代将軍の頃に献納したことに由来するという。地方名には、鳥取のシラサギ、北陸のソメグリなどがある。冬でも活発に捕食するため、冬の人気釣魚で、山上湖の厚い氷に穴をあけ、仕掛けをたらす穴釣りは、冬の風物詩としてよく知られている。一般的にはボート釣りが人気で、紅サシや赤虫などのエサをつけた、胴突き仕掛けをたらす。タナを外すとまったく釣れないので、泳いでいるタナを早く見つけることが大切。ワカサギは群れをなして回遊するため、一度に数本のハリにかかることが多く、数釣りが楽しめる。熟練者の中には一日で1000尾を超える数を釣る人もいて、驚かされる。食材としても美味で、曳き網、刺し網、投網などで漁獲される。霞ヶ浦・北浦で行われる帆曳き網漁も、季節の風物詩として有名だ。宍道湖などの汽水湖産にも根強い人気がある。市場では、近縁種のチカなどもワカサギとして扱うこともあるが、やや大型で口が大きいため、見分けられる。近年はアメリカ産の輸入ものも増えている。

氷上での穴釣りは冬の風物詩

淡水の魚

# 氷上の穴釣りで知られる ワカサギ釣りは大人も 子供も楽しめる冬の釣り。

湖沼の魚

淡水の魚

# カムルチー
[雷魚]

- スズキ目タイワンドジョウ科
- 全長：1m ●分布：日本各地
- 釣り場：湖沼、池、中流・下流
- 地方名：タイワンドジョウ(東京)

## 減少傾向にあるルアー対象魚

　1923年頃に韓国から奈良県郡山へ移入された外来魚。高温期は浅場で活動するが、低温下では深場に移動し、泥の中や水草の間で冬眠する。空気呼吸できる仕組みをもつ。産卵期は5〜8月で、全長1m以上に育つ。近縁に台湾から移入されたタイワンドジョウがいるが、西日本に分布が限られ、全長は60cmくらいまでとやや小型で、体側の斑紋などが違う。両種ともにルアーフィッシングの対象として人気があったが、減少傾向にあり、生息域、個体数に変化が見られる。おいしい魚だが顎口虫がついているので、生食は避けたい。

釣期
| 1月 |
| 2月 |
| 3月 |
| 4月 |
| 5月 |
| 6月 |
| 7月 |
| 8月 |
| 9月 |
| 10月 |
| 11月 |
| 12月 |

### 釣りというよりハンティング感覚

　盛期になると、藻穴や水面いっぱいに浮かぶハスの葉の下で息を潜めてエサを待ち伏せしており、フロッグ型のルアーなどを水面でアクションさせていると、突然爆音とともにルアーが水中に引き込まれる。強烈な引きのパワーは一度味わうと病みつきになる。歯が鋭いので口の中へ指を入れないこと。

# 湖沼の魚

# アメリカザリガニ

- ホンエビ目ザリガニ科
- 全長：10cm ●分布：本州、四国、九州 ●釣り場：湖沼、池、用水路 ●地方名：ザリガニ（各地）など

## 子供の頃、よく一緒に遊びました

　原産地は北アメリカ。日本には1930年に、食用ガエルのエサとして神奈川県大船に移入された。その後日本各地に広がり、今や北海道を除く、本州、四国、九州のほぼ全域で見ることができる。平野部の湖沼、池、水田、用水路など生息は多岐にわたり、流れの緩やかな場所や止水に多い。学校帰りに水辺でつかみ捕りしたり、生エサをつけた仕掛けで釣った経験がある人も多いだろう。アイナメ、イシモチ、コイ釣りなどのエサに使われることがある。各地でエビガニと呼ばれる場合もある。フランス料理のスープの材料としても有名。

### 忍耐のサイトフィッシング

　釣りの対象としては物足りないが、至る所で見られ、簡単に釣れるため、子供に人気がある。生イカなどのエサをハリにつけ、目の前に落とすとトレードマークのはさみでエサをはさみ、食べようとする。しっかりにぎった頃合いを見計らって、ゆっくりとサオを上げれば釣れる。

| 釣期 |
|---|
| 1月 |
| 2月 |
| 3月 |
| 4月 |
| 5月 |
| 6月 |
| 7月 |
| 8月 |
| 9月 |
| 10月 |
| 11月 |
| 12月 |

淡水の魚

# テナガエビ
## [手長蝦]

- ●十脚目テナガエビ科
- ●全長：10cm ●分布：本州、四国、九州 ●釣り場：湖沼、河川
- ●地方名：カワエビ（各地）

## 日本の淡水性エビの代表種

　北海道を除く日本各地の湖沼や河川の砂泥層に生息する淡水性のエビで、名前の由来となった極端に長い手が特徴。雄の手は体長の1.5～2倍にもなるが、雌はこの限りでない。なじみの深いエビで、カワエビとも呼ばれる。雑食性で、小魚、水生昆虫、ミミズなどを捕食。霞ヶ浦や琵琶湖にはスジエビという近縁種が生息しており、沖縄方面にもミナミテナガエビ、ヒラテナガエビなどの仲間がいる。空揚げなどにするとおいしいため、釣りの対象種となっており、専用のエビバリもあるほどだ。加熱調理すると、鮮やかな朱色に変化する。

### 酒のつまみはミミズをエサに釣る

　釣りの旬は梅雨時で、曇天や小雨の蒸し暑い日がいい。池や川に3～5本の短ザオを並べて、玉ウキ1個の仕掛けで狙う。極小のエビバリやタナゴバリにミミズをつけてポイントに入れ、アタリにアワセると、エサを抱えたテナガエビが顔を出す。玉網があると取りこぼしが少なく重宝する。

| 釣期 |
|---|
| 1月 |
| 2月 |
| 3月 |
| 4月 |
| 5月 |
| 6月 |
| 7月 |
| 8月 |
| 9月 |
| 10月 |
| 11月 |
| 12月 |

## 海水の魚

# 砂浜の魚

　初夏から晩秋にかけてはシロギスの投げ釣りシーズンです。水平線に向かって思いっきり遠投するダイナミックなサーキャスティングは実に爽快なものです。シロギスの他にカレイ、イシモチは投げ釣りの御三家ですが、コチやハゼ、それにヒイラギなども砂浜釣りの定番です。

海水の魚

# FIELD IMAGE

砂浜の魚

砂浜

**ダイナミックなサーフキャスティングの主役は何といってもシロギスだ。**

海水の魚

砂浜の魚

夏の海遊びの中で、ハゼ釣りは
誰もが一度は経験のある釣りだろう。

## 海水の魚

# シロギス
## [白鱚]

- スズキ目キス科 ●全長：25cm
- 分布：北海道南部以南
- 釣り場：砂浜、防波堤、沖
- 地方名：キス（各地）など

大型27cm

# 投げ釣り人気ナンバーワンの魅力

　可憐な姿形をもつ一方、引きが強いため、砂浜などからの投げ釣り、また船釣りでも抜群の人気を誇るシロギス。仲間には、ホシギス、アオギス（ヤギス）、モトギスがいるが、単にキスという場合にはシロギスを意味する。日本では北海道南部から九州の沿岸域に分布し、朝鮮半島南部、台湾、フィリピンでも見られる。体が細長く、円筒状で、口は小さい。

## 広々とした砂浜でキャスティングする気持ちよさ

釣期
| 1月 |
| 2月 |
| 3月 |
| 4月 |
| 5月 |
| 6月 |
| 7月 |
| 8月 |
| 9月 |
| 10月 |
| 11月 |
| 12月 |

　海岸での投げ釣りは、手軽に楽しめる釣りだ。イソメなどのエサをつけたジェットテンビン仕掛けの探り釣りがおもしろい。エサが集まるため魚も集まるヨブ（波が衝突するところにできる海底の凸部）を探しながら釣っていこう。アタリがあっても、大きなアワセは禁物。ポイントの魚が逃げてしまうからだ。同じポイントではそれほど釣れ続くことがないので、アタリが止まったら次のポイントを探そう。昔は春と秋がシーズンだったが、今では道具の進歩などで、一年を通して狙うことが可能になった。

102

## 砂浜の魚

主に日中に活動し、小さな群れをつくって回遊する暖海性の魚。水のきれいな内海や内湾の砂底にすみ、河口付近にもおり、汽水域に入ることもある。エビなどの甲殻類、イソメ、ゴカイなどの多毛類を、とがった口で吸い込むように捕食。中には全長が30cmに達する大物もいる。冬は深場にいるが、初夏の産卵期には岸近くに移動するので、釣りやすいのはこの頃。しかし、底が荒れるとエサを追わなくなる。最も活性が高まる水温は20〜25℃だ。イソメエサなどを使う投げ釣りでは、30cmを超す大物を求め、一年を通して狙う人が多い。船釣りでは、初夏から秋にかけて浅場へ上がってくる魚を狙い、越冬シロギス狙いもおもしろい。船釣りも基本的には周年を通して楽しめる。他の地方名には、中国・四国・九州のキスゴがある。『食べたらシロギス、釣ったらアオギス』の言葉があるように、仲間の中でシロギスが最もうまい。上品な味の白身で、塩焼き、天ぷらを代表に、刺し身、ミリン干し、フライなど、どう料理してもおいしい。オーストラリア周辺にはアメギスという仲間がいて、近年、日本にも輸入され、市場に出回っている。店頭でシロギスと一緒にされている場合が多いが、アメギスは体色がやや濃いので区別できる。

大型24cm

小型13cm

海水の魚

# トラギス
[虎鱚]

- スズキ目トラギス科
- 全長：20cm ●分布：中部以南の本州 ●釣り場：沖
- 地方名：アカハゼ（高知）など

## キスの名がつくハゼ似の魚

　世界の温帯・熱帯海域に40種も仲間がいるトラギス。内日本には、オキトラギス、クラカケトラギス、コウライトラギスなど23種が生息し、トラギスはこの代表種だ。体型はキスにも似るが、どちらかというとハゼ類に似ている。口はやや上向きで眼が大きく、両眼は頭頂付近で接近する。体側に6本の暗褐色の横帯があり、1本の灰青色の縦帯が破線状に走っている。頭部の模様が非常に派手だ。本州の中部以南の南日本に分布。沿岸のやや浅い砂泥底に生息する底生性。肉食性で、西日本ではトラハゼとも呼ばれる。全長20cmに達する。

### 釣りづらい場所にいるトラギス

　肉食性で、キス釣りやカワハギ釣りの外道としてハリがかりすることが多いトラギス。仲間のクラカケトラギスもこの類だ。根がかりして釣りづらい場所にいるのがトラギスで、クラカケトラギスは砂地に多い。後種は食用とされ、練り製品の原料や天ぷら、フライなどにするとうまい。

釣期：4月、5月、6月、7月、8月、9月、10月

砂浜の魚

# クラカケトラギス
[鞍掛虎鱚]

- スズキ目トラギス科
- 全長：20cm ●分布：南日本
- 釣り場：砂浜、沖
- 地方名：オキハゼ

## 鞍を掛けたような体色模様が特徴

　体側に鞍を掛けたような4個のV字型暗色斑があるところから「クラカケトラギス」の名前がついた。体の背側部は赤褐色で、胸ビレ基底と目の部分に2条の黒色横帯がある。キスの名がついてはいるものの、円筒条の体形に丸い顔は、キスのスマートな顔つきや容姿とはまるで似ていない。むしろハゼに近く、事実、地域によっては「オキハゼ」などとも呼ばれる。分布は本州中部以南で、特に南日本に多い。沿岸の砂底に生息し、さまざまな小型底生動物を捕食している。キス釣りの際に時折、外道としてハリにかかる。

### 外道ではあるが、意外と美味

　釣りの対象魚としては完全に外道扱いされるクラカケトラギスだが、食味は意外なほど美味であり、つみれなどの練り製品や天ぷら種としては非常に価値ある魚である。キス釣りの際の外道として釣れた際には、ぜひとも持ち帰って、淡泊な白身のうまさを味わってほしい。体長は最大で20cm程度。

釣期
1月
2月
3月
4月
5月
6月
7月
8月
9月
10月
11月
12月

海水の魚

# オキトラギス
## [沖虎鱚]

●スズキ目トラギス科 ●全長：15cm ●分布：東京湾・新潟県以南 ●釣り場：沖 ●地方名：アカトラギス（神奈川）など

## 沖合の深場にすむ温帯性の魚

　名前のとおり、沖合の深場にすむ魚で、東京湾および新潟県以南に分布する温帯性。尾ビレの後縁が丸く、背中が赤桃色で5本の赤褐色の横帯がある。眼の後ろには2本の黄色帯もあり、尾ビレの後端には1個の黒い斑紋がある。仲間のユウダチトラギスによく似るが、こちらは体側に約10本ある赤色横帯が対をなさず等間隔に並び、眼の後方の黄色横帯と尾ビレ後端の黒色斑紋がないことで、容易に区別できる。全長は15cmに達する。アカトラギスにも似るため、神奈川ではアカトラギス、また富山ではトラギスと呼ばれる。

### 練り製品の原料になる美味な身

　沖合のやや深所に生息するため、東京湾および新潟県以南の分布域では沖釣りの外道として釣れる魚だ。朝鮮半島、台湾でも見かける。仲間のクラカケトラギス同様においしい魚で、練り製品の原料として有名。他には天ぷら、フライなどにするとおいしく、全長15cmほどなので食べやすい。

釣期
1月
2月
3月
4月
5月
6月
7月
8月
9月
10月
11月
12月

砂浜の魚

# アカトラギス
## [赤虎鱚]

- ●スズキ目トラギス科
- ●全長：17cm ●分布：南日本
- ●釣り場：砂浜、沖

## クラカケトラギスに似た近縁種

　体形的な特徴はクラカケトラギスと非常によく似ているが、体色によって容易に見分けることが可能である。本種は「アカトラギス」という名のとおり、全体的に赤っぽい体色をしているのが最大の特徴。背側は紅色であり、腹側が淡く、眼の後方から尾ビレ基部にかけての体側に7本のやや不鮮明な太い黄色横帯が入っている。分布は本州中部以南で、特に南日本に多い。沿岸のやや浅い砂底に多く生息し、小型の底生動物を捕食する。体長は最大で17cm程度。シロギス類よりも、やや沖に生息している。

### 船のシロギス釣りの外道

　釣りでは、他のトラギス類と同様に専門に狙うことはまずない。ほとんどは船からのシロギス釣りやカワハギ釣りの外道としてハリがかりする。本種はトラギスやクラカケトラギスなどより珍しい種なので、実際の釣りで目にするチャンスは少ないかもしれないが、食味はトラギス同様にうまい。

| 釣期 |
| --- |
| 1月 |
| 2月 |
| 3月 |
| 4月 |
| 5月 |
| 6月 |
| 7月 |
| 8月 |
| 9月 |
| 10月 |
| 11月 |
| 12月 |

海水の魚

# コウライトラギス
## [高麗虎鱚]

●スズキ目トラギス科　全長：12cm
●分布：南日本
●釣り場：沖

## 南日本の岩礁帯にすむ肉食性

　南日本に広く分布する温帯性の魚で、朝鮮半島にもいることからこの名がついたようだ。体が円筒形でやや肥大し両アゴはほぼ同じ長さ。尾ビレの後縁は丸い。体は赤褐色で、背中に5個のV字状の黒色斑、体側下方に9本の暗色横帯、胸ビレの基部に黒色斑が1個ある。岩礁の転石帯に多く、静止状態でいるときでも動くものに対し、非常に興味を示す習性があり、眼をよく動かす。エサは小魚や小型甲殻類を好んで食べる。全長は12cmに達する。同じく土地名を由来とする仲間にハワイトラギスがいる。インド、太平洋の熱帯地域に広く分布し、日本では相模湾以南の南日本で見られる。全長10cmほどのサンゴ礁域に生息する魚で、一般に食用にされない。サンゴ礁を生息域とする仲間は他にもおり、主に南西諸島にすむオグロトラギス、相模湾以南の南日本とインド、西太平洋域にすむマダラトラギス、琉球列島、インド洋、中・西部太平洋の熱帯海域にすむワヌケトラギスなど多い。

| 釣期 |
|---|
| 1月 |
| 2月 |
| 3月 |
| 4月 |
| 5月 |
| 6月 |
| 7月 |
| 8月 |
| 9月 |
| 10月 |
| 11月 |
| 12月 |

# コチ
[鯒]

**砂浜の魚**

- カサゴ目コチ科  ●全長：60cm
- 分布：北海道を除く日本各地
- 釣り場：砂浜、防波堤、沖
- 地方名：ホンコチ（各地）

## フラットヘッドと形容される頭が特徴

　コチの仲間の中では大型に成長する種で、日本では60cmくらいまでだが、オーストラリアなどでは1mに達するものもいる。頭がたいへん平たく、眼が小さい。背中は円滑で、ウロコが非常に細かい。北海道以外の日本各地に分布し、インド・西太平洋域にも分布。内湾から深場までの砂泥底に生息し、底生の小魚や甲殻類などの小動物を捕食し、特に大型のエビ類が好物。4～7月に接岸して産卵するため、海岸からでも釣りやすい。肉はよく締まり高級魚なみのうまさで、夏が旬。マゴチと呼ばれるのは本種だ。

### 見かけは悪いが、白身で美味

　淡泊でクセのない白身の魚なので、刺し身、焼き物、フライなど幅広く利用できる。『照りゴチ』などと呼ばれるように、特に卵をもつ盛夏が旬の魚で、あらい、薄造りがうまい。残ったアラは味噌汁や潮汁に利用できるので、捨てるところがない。3歳、全長35cmくらいで成熟サイズだ。

釣期
| 月 |
|---|
| 1月 |
| 2月 |
| 3月 |
| 4月 |
| 5月 |
| 6月 |
| 7月 |
| 8月 |
| 9月 |
| 10月 |
| 11月 |
| 12月 |

海水の魚

# ハナメゴチ
[花目鯒]

● カサゴ目コチ科　● 全長：30cm
● 分布：南日本
● 釣り場：砂浜、防波堤、沖

## 砂の中に隠れてエサを待ち伏せ

　コチの仲間は世界に65種おり、内日本では15種余りが知られる。ハナメゴチは南日本から東シナ海に広く分布。体は細長く、尾ビレの後縁はまっすぐで丸くない。汽水域や沿岸から深海底に生息し、普通は砂の中に眼だけを出して潜んでいる。底生の小動物を食べる肉食性だ。全長30cmほどに成長する。同じく南日本にすむコチ科の仲間にメゴチがいるが、天ぷらのネタとして有名なメゴチとは異なる。実はコチ科のメゴチではなく、ネズッポ科のネズミゴチをメゴチと呼び、食しているにすぎない。

### ルアーをよく追いかける絶好の習性

　コチ種は砂浜からヒラメをミノープラグなどで狙っていると、間違って釣れることがある。特にコチなどは美味な魚なので、外道にしてはうれしい誤算だ。沖釣りでは、エサ釣りがほとんどで、サルエビ、アカエビといった海産エビの他に、小型のハゼやメゴチ、シロギスなどの小魚を用いる。

釣期
| 1月 |
| 2月 |
| 3月 |
| 4月 |
| 5月 |
| 6月 |
| 7月 |
| 8月 |
| 9月 |
| 10月 |
| 11月 |
| 12月 |

# ネズミゴチ
## [鼠鯒]

**砂浜の魚**

- ウバウオ目ネズッポ科
- 全長：17cm
- 分布：東北南部以南
- 釣り場：砂浜、防波堤、浅場
- 地方名：ガッチョ（西日本各地）など

メス
オス

## メゴチと呼ばれ、天ぷらの食材で有名

　天ぷらのネタとして有名なメゴチの正体がネズミゴチ。関東でそう呼ばれることが多く、西日本では、テンコチ、ノドクサリと呼ばれる。粘液で覆われた体表にはウロコがなく、後頭部に大きく丈夫なトゲをもつ。1対の体は暗褐色で、尾ビレの腹縁は黒色。体長10cm前後から、雄は第1背ビレと尻ビレの周辺が黒くなり、体側下部に多くの右上がりの斜線がある。雌は背ビレの第3棘と第4棘の間に黒斑紋がある。雌雄ともに第1背ビレのトゲは、すべて糸状に伸びない。新潟県および仙台湾以南の各地に分布し、南シナ海にも分布。沿岸や内湾の岸近くの浅い砂底にすむ。肉食性で、海底をスローな動きで泳ぎながら、ゴカイ、イソメ、エビなど、底生の小動物を細長い口で吸い込むようにして食べる。食性や生息場所が似通ったシロギスなどに混じって釣れることが多い。全長は約17cmだが、大きいものでは25cmほどに達する。天ぷらにするときは頭を落とす。

| 釣期 |
|---|
| 1月 |
| 2月 |
| 3月 |
| 4月 |
| 5月 |
| 6月 |
| 7月 |
| 8月 |
| 9月 |
| 10月 |
| 11月 |
| 12月 |

## 海水の魚

# ヤリヌメリ

- ウバウオ目ネズッポ科
- 全長：20cm ●分布：北海道以南 ●釣り場：砂浜、沖
- 地方名：テンコチ

オス

メス

## 釣ったときに異臭を放つネズッポの仲間

ネズミゴチ、トビヌメリに非常によく似ているため、釣りでは普通、これらをまとめて「メゴチ」と呼んでしまう。ただし、本種は釣り上げた際に強い悪臭を放つので、この点で区別することも可能である。分類学的には、眼下管と呼ばれる眼の下の管状の器官が上向きで、短い分枝をもっているのが特徴。ネズミゴチのように先端が分枝していない。また、第2背ビレに多くの小黒点が散らばり、尻ビレ下縁が黒っぽい。分布は北海道以南の内湾や沿岸の砂泥底で、さまざまな小型底生動物を捕食している。体長は最大で20cmほど。

### 食べると、時に舌がしびれる

釣りでは、シロギス釣りの外道としておなじみの魚。ただし、メゴチ類としては数が少ないので、目にする機会はネズミゴチのほうが多い。他のメゴチ同様に、天ぷらやフライとして利用することができるが、場所によって、食べると舌がビリビリしびれることもある。毒はない。

釣期
| 1月 |
| 2月 |
| 3月 |
| 4月 |
| 5月 |
| 6月 |
| 7月 |
| 8月 |
| 9月 |
| 10月 |
| 11月 |
| 12月 |

砂浜の魚

# トビヌメリ

●ウバウオ目ネズッポ科 ●全長：16cm ●分布：本州中部以南
●釣り場：砂浜、防波堤、浅場

オス

メス

## 本州中部以南にすむネズッポ属

　ネズミゴチの仲間で、ネズッポ属に入るトビヌメリ。16cmほどの全長をもち、前鰓蓋骨のトゲは短く、背縁に反曲した小さなトゲが3〜4本ある。体は暗褐色で、側線上に数個の黒斑があり、尾ビレの下部が黒色。体長8cmくらいから、雄は背ビレの第1・第2棘が糸状に長く伸び、尻ビレには縞模様が出る。一方雌は、第1背ビレの各トゲが短く、後方が黒くなり、体側の褐色部分と白色部分の境界に多くの小さな白色円が出る。新潟から長崎にかけての日本海側、瀬戸内海、東京湾から高知沖の沿岸、あるいは内湾の岸近くの浅い砂底に生息する。近縁種のネズッポ（ヌメリゴチ）と体型や体色がそっくりで、沿岸域・内湾域の浅場の砂泥底にすむなど生息域も同じだ。体表が粘液でつつまれ、ぬるぬるしており、肉食性で、口が小さいわりにエサを豪快に吸い込むところも酷似する。ネズッポは大きいもので20cmほどになり、天ぷらや煮物にするとうまい。

| 釣期 |
|---|
| 1月 |
| 2月 |
| 3月 |
| 4月 |
| 5月 |
| 6月 |
| 7月 |
| 8月 |
| 9月 |
| 10月 |
| 11月 |
| 12月 |

海水の魚

# ヌメリゴチ
## [滑鯒]

- ウバウオ目ネズッポ科
- 全長：15cm ●分布：秋田から長崎、福島から高知 ●釣り場：砂浜、沖 ●地方名：ネズッポ

オス

メス

## 最も一般的なネズッポ

　ネズッポ科の魚が総称で「メゴチ」または「ネズッポ」と呼ばれることが多いが、その中でも最も一般的なのが本種である。メゴチの中では小型の部類であり、ネズミゴチほどにはならない。体形、体色ともにヤリヌメリやハタタテヌメリに非常によく似ている。しかし、オスの第1背ビレ、第1棘は糸状に長く伸びており、第4鰭膜に黒斑が1つ見られる。これに対してメスは、黒い第1背ビレをもっている。分布は日本海側では秋田から長崎にかけて、太平洋側では福島から高知にかけて。内湾や沿岸の砂泥底に生息する。

### ネズミゴチとともに代表的なシロギス釣りの外道

　釣りではやはりシロギス釣りの代表的な外道。ネズミゴチに次いで多くハリにかかる。他のメゴチ同様、ハリを呑まれやすいので、メゴチバサミは必需品。食味はよく、天ぷらやフライがうまい。塩を振ってから水洗いすると、体表を覆っているヌメリを簡単に取ることができる。

釣期
| 1月 |
| 2月 |
| 3月 |
| 4月 |
| 5月 |
| 6月 |
| 7月 |
| 8月 |
| 9月 |
| 10月 |
| 11月 |
| 12月 |

## 砂浜の魚

# マコガレイ
[真子鰈]

- カレイ目カレイ科　●全長：45cm
- 分布：北海道南部から大分県
- 釣り場：砂浜、防波堤、沖
- 地方名：マコ（東京・福島）など

## マガレイとともに代表的な釣魚

　マコガレイはマガレイとともに海岸から釣れる魚の代表種。両種は姿形も似るが、眼のない側に黄色い帯があればマガレイ、白ならばマコガレイだ。カレイの仲間の中では暖海域にも生息し、北海道南部以南から大分県付近までに分布。水深100m以浅の砂泥底に生息し、ゴカイなどの多毛類、エビなどの甲殻類といった底生小動物を捕食する。産卵期は冬。各地の砂浜や防波堤周辺でよく釣れ、釣り方はマガレイと変わらない。マコ以外の地方名には、富山のマコゾマ、島根のマスガレイ、関西のマガレイ、大分県のシロシタガレイがある。

### 大分県で城下ガレイの名がつく美味な身

　大分県の日出町でとれるマコガレイを『城下ガレイ』と呼び、美味なカレイとして全国に名をとどろかす。かつては『殿様魚』の名をもち、一般庶民の口に入らなかったという。城跡の下の海岸でとれるために、この名がついたそうだ。他産のマコガレイも美味しく、刺し身、煮物などで人気がある。

| 釣期 |
|---|
| 1月 |
| 2月 |
| 3月 |
| 4月 |
| 5月 |
| 6月 |
| 7月 |
| 8月 |
| 9月 |
| 10月 |
| 11月 |
| 12月 |

**海水の魚**

# マガレイ
## [真鰈]

- カレイ目カレイ科
- 全長：50cm
- 分布：北日本
- 釣り場：砂浜、防波堤、沖
- 地方名：アカガシラ（青森）など

## 海底と一体化する変身上手

　海底に寝そべって生活するカレイは、同様の生活をするヒラメと似るが、『左ヒラメに右カレイ』と呼ばれるように、カレイの眼は右側寄りだ。これは生まれつきでなく、ふ化したばかりの稚魚は、普通の魚のように頭部の両側に位置する。その後、成長とともに、左眼が右眼に接近していく。そして、それまでは中層を泳いでいたのが、底にへばりつくようになる。ヒラメとは口の裂け方でも区別でき、『大口ヒラメの小口カレイ』という言葉もある。釣りの対象魚としては、仲間のマコガレイと同じ魚として扱われているようだ。しかし、マコガレイよりやや北側に分布するのは本種。瀬戸内海以北の太平洋側と若狭湾以北の日本海側に分布し、千島列島、樺太、沿海州、朝鮮半島東岸、黄海、渤海、東シナ海中部にもすむ。他の地方名には、新潟・秋田のクチボソがある。大きいもので50cmほどに達し、マコガレイより大型に育ち、ウロコもやや粗い点で異なる。体型はととのった楕円状で、体長は体

釣期
- 1月
- 2月
- 3月
- 4月
- 5月
- 6月
- 7月
- 8月
- 9月
- 10月
- 11月
- 12月

## 砂浜の魚

高の2倍より大きい。口は小さく、両あごに各20本くらいの歯がある。側線は胸ビレの上方で半円状に曲がる。有眼側は黒褐色、無眼側の後部の背腹両縁にそって黄色帯がある。普通は水深100m以浅の砂泥底にすみ、多毛類、エビ・カニ類、二枚貝類、イカナゴなどを食べる。体長14cm前後で成熟し、3～6月に水深20～80mの浅所で産卵。底曳き網、底刺し網などで漁獲され、釣りの対象魚としても人気は上々だ。身は上等で、煮物、焼き物、刺し身などで食される。カレイは世界中に100種余りが生息し、日本には内40種ほどがいるが、ほとんどが食用にされる。

乗り合い船のカレイ釣りは、釣果の確実な人気メニューだ

### カレイはポピュラーな釣魚

投げ釣り、船釣りともに盛んで、北海道では特に人気が高い釣魚だ。投げ釣りでは、海岸に複数のサオを並べ、置きザオにしてアタリを待つスタイルが一般的だ。エサには、アオイソメやイワイソメ、エラコなどが使われる。船釣りでは、片テンビン仕掛けの小突き釣りで積極的に魚を誘う釣り方で釣果がよいようだ。エサには、ゴカイやイソメ類、アサリなどが使われる。カレイ釣りのエサづけには戒めがあり、関東では『新しいエサよりも古いエサを使え』、関西では『大バリに小エサ』といわれる。

**海水の魚**

# イシガレイ
## [石鰈]

- ●カレイ目カレイ科 ●全長：50cm
- ●分布：日本各地
- ●釣り場：砂浜、防波堤、沖
- ●地方名：イシモチ（九州）など

## 座布団と呼ばれる大型が人気

　成魚の眼のある側に2～3列の石状突起ができることからこの名がついた。釣り人の人気者で、全長50cm以上の大物を『座布団』と呼ぶ。日本各地の沿岸や付近の淡水域に分布。千島列島、樺太、朝鮮半島、中国北部、台湾にも分布する。普通は水深30～100mのきれいな砂泥底に生息し、主にエビ、カニなどの甲殻類、二枚貝類などを捕食する。産卵期の冬になると、浅場へ移動する。東京湾でとれたものは珍重され、刺し身、煮物、焼き物などで食される。北海道ではイシモチガレイと呼ばれる。

釣期
| 1月 |
| 2月 |
| 3月 |
| 4月 |
| 5月 |
| 6月 |
| 7月 |
| 8月 |
| 9月 |
| 10月 |
| 11月 |
| 12月 |

### 投げ釣りで狙う大型に期待

　きれいな砂底を好むイシガレイは投げ釣りの好ターゲット。50cmオーバーの大物を狙い、海岸から2～5本の投げザオを投げ分け、置きザオでアタリを待つ光景が一般的。エサはイソメなどの多毛類を多用する。船釣りでも人気があり、片テンビン仕掛けでの誘い釣りをよく見かける。

砂浜の魚

# ホシガレイ
[星鰈]

- ●カレイ目カレイ科 ●全長：50cm
- ●分布：中部以南の本州
- ●釣り場：砂浜、防波堤、沖
- ●地方名：タカッパ（茨城）など

## 本州中部以南に分布する暖海性

　本州中部以南の暖海に分布が確認されるホシガレイ。世界的には、ピーター大帝湾、朝鮮半島、黄海、渤海、東シナ海でも見られる。背ビレ、尻ビレ、尾ビレに特徴となる丸型の黒い斑紋が存在する。裏側となる無眼側は雌雄ともに白く、小さな黒色斑紋が散らばっている場合もある。生息域が沿岸域から沖合まで広く、砂泥底に好んですむ。九州西側での産卵期は1～2月。中には全長60cmになるものもいるが、なかなか釣れない。ホシガレイ自体、あまりよく釣れる魚ではないからだ。漁獲の対象としても有名で、底刺し網、底曳き網、延縄などでもとれる。おいしい魚で、刺し身、煮物、フライなどの食材になる。秋田でハダガレイ、兵庫でヘエジガレイ、ヤイトガレイ、神奈川でマッカ、福岡・山口でヤマブシガレイといわれる。釣りの対象魚だが、海岸からの投げ釣りよりも、船釣りでの釣果に分がある。やや沖合の深場にいることが多いからだ。

| 釣期 |
|---|
| 1月 |
| 2月 |
| 3月 |
| 4月 |
| 5月 |
| 6月 |
| 7月 |
| 8月 |
| 9月 |
| 10月 |
| 11月 |
| 12月 |

**海水の魚**

# スナガレイ
## [砂鰈]

- カレイ目カレイ科　●全長：20cm
- 分布：東北北部以北
- 釣り場：砂浜、防波堤、沖
- 地方名：バンガレイ（北海道）など

## スモールサイズの寒海性カレイ種

岩手県以北と日本海北部にのみ分布する寒海性で、その分布域は朝鮮半島、樺太、オホーツク海南部、千島列島に及ぶ。側線は胸ビレの背方で半円状に曲がり、有眼側は暗褐色で黒色か白色の斑点が散在する。無眼側は白いが、周辺部が黄色に縁どられ、この帯は死んだ後も少しの間残っている。普通は全長20cmくらいで、大型でも30cmほどと仲間に比べ小さい種だ。水深30m以浅の砂泥底にすみ、底生の小動物を捕食。産卵期は、北海道で5～6月。青森でカワガレイと呼ばれる。底曳き網での漁獲対象。

釣期：1月/2月/3月/4月/**5月**/**6月**/**7月**/**8月**/**9月**/10月/11月/12月

### 北日本のサーフキャスティングでおなじみ

冬の寒さが厳しい北日本で、春を迎えるとともに狙われるスナガレイ。浅い砂底を好むため、砂浜からのキャスティングでよく釣れる。一応、漁獲の対象とされるが、肉が薄く、味があまりよくない。しかし、釣り人は空揚げにして食べるようだ。大型のものは煮物にしてもいいだろう。

# 砂浜の魚

# イシモチ
[石持]

- ●スズキ目ニベ科
- ●分布：東北以南
- ●全長：40cm
- ●釣り場：砂浜、防波堤、沖
- ●地方名：シラグチ（関西・熊本）など

## 頭部に耳石という独特の石をもつ

　頭の中に体の平衡感覚や音を感じる『耳石』という石をもっているため、こう呼ばれる。別名シログチ。体色は一様に銀白で、全長40cmに達する大型もいる。外海に多く、水深100m以浅の砂泥底に生息し、小魚、エビ・カニなどを捕食。5〜6月の産卵期に浅場に寄り、浮性卵を産む。夜行性で、やや濁った潮を好む習性がある。近縁種のニベと似ているため、福島や愛媛では混称でニベとも呼ばれる。しかし、ニベのほうが体が黒色で岸寄りに生息するため、区別できる。両種ともに東北以南に分布する。投げ釣りの人気釣魚。

### 夏の夜釣りは季節の風物詩

　梅雨時から夏にかけての夜、砂浜から投げ釣りで狙われる。イソメやゴカイなどのエサをつけたテンビン仕掛け、胴突き仕掛けを使う。しかし、投げ釣りで釣れるのは、仲間のニベであることが多い。刺し身、空揚げ、かまぼこの原料として有名。あっさりとした白身の魚なので、料理法は豊富だ。

釣期：1月、2月、3月、4月、5月、6月、7月、8月、9月、10月、11月、12月

海水の魚

# ニベ
[鱧]

- スズキ目ニベ科
- 全長：80cm ●分布：東北以南
- 釣り場：砂浜、沖
- 地方名：イシモチ、グチ

## ホントに似ているニベとイシモチ

　イシモチと混同されやすく、地域によっては呼び名も混称されている。だが、本種のほうがずっと大きく成長し、最大で80cmにも達する。体形はイシモチに似ているが、体色は淡灰青色で、多数の黒色線が斜めに走っている。体表にヌメリが多いのが特徴で、「にべもない」（愛想がない、そっけない）というのは、もとは粘り気がないのたとえから出た言葉である。釣り上げた際にウキブクロを収縮させてグーグーッと鳴くところから、「グチ（愚痴）」とも呼ばれるが、特に夏の産卵期には一斉に大きな音を発する。分布は東北以南で、特に東シナ海に多い。

釣期
1月
2月
3月
4月
5月
6月
7月
8月
9月
10月
11月
12月

### 味はイシモチよりも上

　釣りではイシモチに混じって釣れることが多い。イシモチよりも外洋に面した沿岸の砂底を好む。釣法は船釣りと投げ釣り。食味は美味で、本種のほうがイシモチよりも上とされる。身は白く、軟らかい。新鮮なものは刺し身にしてもうまい。他には、空揚げ、焼き物、フライなどに適する。

# サビハゼ
[錆沙魚]

**砂浜の魚**

- スズキ目ハゼ科 ●全長：10cm
- 分布：本州中部以南
- 釣り場：砂浜、防波堤、沖

## 下アゴにヒゲのあるハゼ

　腹ビレは吸盤状で、生時は光沢のある白色。眼は大きく上部に位置し、両眼は接近する。下アゴに多くのヒゲをもつ特徴がある。背中に茶褐色の不規則な小斑紋が散在し、腹は白い。本州中部以南の日本各地に分布し、内湾や海岸近くの浅い砂底にすみ、特にアマモ場周辺に多く見られる。砂中の小動物を食べ、動くものに対する興味が非常に強い。マハゼ釣りの外道としてハリがかりすることがある小型のハゼで、全長は10cmほどにしかならない。食味がよいわけではないので、普通は食べない。

### ハゼ科の魚のおいしい食べ方

　食用にされるハゼ科の魚は、マハゼが代表種。有名な天ぷらに限らず、刺し身、あらい、風干し、佃煮などが知られるが、卵の塩辛という隠れた江戸前の珍味もある。酒の肴に最高だそうだ。一方、食用にしないものもおり、サビハゼはこの類。見た目はかわいいが、外道扱いで放される運命にある。

釣期
| 1月 |
| 2月 |
| 3月 |
| 4月 |
| 5月 |
| 6月 |
| 7月 |
| 8月 |
| 9月 |
| 10月 |
| 11月 |
| 12月 |

海水の魚

# マハゼ
[真沙魚]

- スズキ目ハゼ科 ●全長：20cm
- 分布：北海道以南から九州
- 釣り場：砂浜、防波堤、沖、河口、河口付近の湖沼

## 江戸時代から人気の大衆魚

釣期
1月
2月
3月
4月
5月
6月
7月
8月
9月
10月
11月
12月

　世界中に1650種、内日本には291種が分布するといわれるハゼ科の代表種がマハゼだ。最も親しまれているハゼといえる。北海道以南から九州まで、日本各地に分布する温帯性の魚で、内湾や河口の砂泥底域に生息。汽水域や河川の淡水域に遡上するものもいる。水底を滑るように素早く移動し、泳ぎながらエサを食べる。雑食性で、主食は底生小動物。イソメやゴカイなどの多毛類、エビなどの甲殻類だが、海草類や小魚も捕食する。頭部が大きく、流線形で、黒色の波状の帯があるが、下側3分の1は斑紋がない。腹ビレが吸盤状で大きい。朝鮮半島、中国にも分布し、近年シドニー、カリフォルニアにも定着した。冬の終わりから春にかけての産卵期に、水底に迷路のような穴を掘り、中に産卵室をつくる習性が知られる。ふ化した幼魚は河口域で生活し、20cmから1mという水深の浅い場所に多い。この6〜10cmの幼魚をデキハゼといい、夏の岸釣りの格好のターゲットとなる。9月になると10cm以上に成長し、ボート

# 砂浜の魚

釣りが増えてくる。9月中旬のハゼは彼岸ハゼと呼ばれ、この頃から旬になる。その後は、深場へと移動しはじめ、10月中旬以降を落ちハゼ、11月中旬をケタハゼと呼び、全長15〜20cmに達するのが普通。各地で、一般名または他のハゼとの混称でハゼ、石川・富山でカワギス、沖縄でイーブーと呼ぶ。乗合船だけでなく、小型舟での和ザオの釣りは、江戸前伝統の釣

大井、野鳥公園近くのハゼ釣り

りとして有名であり、秋になると、東京湾で多くのファンがサオを出す光景に出会える。ハゼは釣りやすい魚で、特に夏ハゼならテクニックもいらないため、初心者でもかなりの釣果が期待できる。夏休みの子供たちの格好の釣魚で、エサはゴカイやアオイソメなどを使うのが一般的だ。淡泊な白身はくせがなく、定番の天ぷらを筆頭に、さまざまな料理に使用できるため、家庭でも人気があるが、店頭に並ぶことは少ない。

## ワキが濃い、薄いで一喜一憂する江戸っ子釣り師

江戸っ子釣り師は夏になると、東京湾のハゼの魚影を『ワキが濃い、薄い』という。東京湾の代表的釣魚で、老若男女を問わず簡単に釣れるため人気があるが、食との関係は切っても切れない。夏の東京湾に多数浮かぶ天ぷら船は、ハゼなしでは存在しえないのでは。東京湾のハゼが日本一うまいという人もいるほど美味。

海水の魚

# イトヒキハゼ
[糸引沙魚]

- ●スズキ目ハゼ科
- ●全長：10cm ●分布：本州中部以南 ●釣り場：砂浜
- ●地方名：オジハゼ、ナメハゼ

## 糸状に伸びた背ビレが特徴

　名前の由来は第1背ビレ前部の糸状に伸びた軟条。目の後方から胸ビレ基部にかけて鮮やかな青色の小斑点が散らばり、第2背ビレと尾ビレ上方には紅色の小点が見られる。ハゼ科の魚は極めて多いが、これらの目立った特徴によって、他種との判別は簡単である。分布は本州中部以南で、特に南日本に多い。沿岸の浅い砂泥底を好み、内湾にも多く見られる。体長は最大でも15cm程度と、小型のハゼではあるが、やや獰猛な性格で、イソメなどの小型底生動物の他、小魚も捕食する。釣り上げた際、つかむと、よく噛みつく。

釣期
| 1月 |
| 2月 |
| 3月 |
| 4月 |
| 5月 |
| 6月 |
| 7月 |
| 8月 |
| 9月 |
| 10月 |
| 11月 |
| 12月 |

### 食用にはならないハゼ

　釣りではシロギスの投げ釣り時に外道としてしばしばハリにかかる。小型であるうえに味がまずいので、食用にすることはほとんどないが、マゴチ釣りなどの生きエサとしては使用することができる。見た目に美しい魚ではあるので、アクアリウムで飼育してみると楽しいだろう。

砂浜の魚

# リュウグウハゼ
[龍宮沙魚]

- スズキ目ハゼ科　●全長：15cm
- 分布：北海道、本州中部以北
- 釣り場：砂浜、防波堤、沖
- 地方名：グズ（富山）

## 美しい体色をもつ北方系種

　北海道南西部と本州中部以北の沿岸域に分布するハゼの仲間で、やや水温の低い水域にすむ北方系の種類。腹ビレが吸盤状なのは、他の仲間と同じだ。全体が白っぽく、体側には黒色の横帯が4本、尾ビレ基部に1本あり、美しい体をもつ。水深の浅いところを好み、岸寄りの岩礁底や砂泥底に生息。大きいもので全長15cmに成長するものもいる。九州にも分布し、水深20m以深に生息するともいわれる。あまり見られない魚で、砂浜からの投げ釣りや沖釣りの外道でまれにハリがかりする程度。近縁種にやや小型で、南日本に分布するキヌバリがいるが、体側の黒色横帯が6本なので区別できる。なお、この横帯が7本あるキヌバリもおり、分布域が異なる。こちらは岩礁のある砂底近くを好み、よく遊泳しており、幼魚は4月頃にホンダワラの海中林に多く見られる。リュウグウハゼもキヌバリも普通は食べない魚で、観賞魚として楽しむことをすすめたいハゼだ。

## 海水の魚

# ニシキハゼ
## ［錦沙魚］

- ●スズキ目ハゼ科　●全長：20cm
- ●分布：本州中部以南
- ●釣り場：砂浜、沖
- ●地方名：オキハゼ

## 体色の美しいハゼ科の魚

　本州の沿岸に生息するハゼの仲間の中では珍しく派手な体色をした種類で、頭部から体側、背ビレにかけて、赤と青の鮮やかな縦縞が数本入る。体色の地色は淡い赤褐色で、頭部と尾ビレは黒っぽい。分布は本州中部以南で、朝鮮半島にも見られる。太平洋側では千葉県から九州、日本海側では新潟県から九州にかけて分布する。水深10〜20mのやや深い砂泥底、あるいは岩礁帯に生息し、穴を掘って隠れることもある。イソメ類などの小型底生動物を主に捕食している。体長は最大で20cm程度にまで達する。

### 船のシロギス釣りでたまに釣れる

　釣りでは、マハゼのように専門に狙うことはない。ほとんどは船からのシロギス釣りの外道として時折釣れる程度である。体色が派手なので、持ち帰って食べる釣り人は少ないようだが、食用になる魚である。味としてはマハゼよりも劣ってしまうが、天ぷら種やフライにするとまあまあうまい。

| 釣期 |
|---|
| 1月 |
| 2月 |
| 3月 |
| 4月 |
| 5月 |
| 6月 |
| 7月 |
| 8月 |
| 9月 |
| 10月 |
| 11月 |
| 12月 |

砂浜の魚

# ヒイラギ
[柊]

- ●スズキ目ヒイラギ科 ●全長：15cm
- ●分布：本州中部以南
- ●釣り場：砂浜、防波堤、沖、河口
- ●地方名：ギチ、ギラ（関東）など

## アジの仲間に近い暖海性種

　本州中部以南に見られる暖海性の魚で、アジの仲間に近い。体高が高く、体の後半のみウロコで覆われる。後頭部は高く張り出し、背縁は薄く鋭い。口は前下方に向かって伸出する。体は銀白色で、背方には不規則な暗色の斑紋があり、後頭部の背ビレの始部に大きな黒斑がある。体側やヒレに鮮黄色の斑紋や帯があり、きれいだ。内湾や内海の底層にすみ、河口域に入ることもある。小さな群れをつくって活発に泳ぎながら捕食する。関東でネコナカセ、西日本でニイラギ、ニロ、静岡でジンダ、エノハと呼ばれる。

### 口を伸ばしてキュッと鳴く

　習性がシロギスに似るため、投げ釣りの外道で釣れることが多いが、案外おいしい魚で、煮物、南蛮漬けにするといい。エビ、イソメ、ゴカイなどの小動物を好んで食べる。手でつかんだりすると、口を伸出してキュッキュッと摩擦音を出し、腹部の発光腺が強く光るユニークな特徴がある。

釣期
| |
|---|
|1月|
|2月|
|3月|
|4月|
|5月|
|6月|
|7月|
|8月|
|9月|
|10月|
|11月|
|12月|

**海水の魚**

# オキヒイラギ
[沖柊]

- ●スズキ目ヒイラギ科
- ●全長：12cm ●分布：関東以南
- ●釣り場：砂浜、沖
- ●地方名：ニロギ

## 銀色の薄い体が特徴

ヒイラギよりも、やや体高が低く細身なので、一見すると小アジにも似ている。だが、著しく側扁した薄い体形と銀色に輝く体色はまさにヒイラギである。ヒイラギに見られる背部の縞模様は、本種ではもっと薄く、はっきりしない。また、砂底にすむ底生動物を捕らえる際、吻部をストロー状に伸ばして吸い込むように食べる。分布域は関東以南で、ヒイラギと同じだが、名前のとおり、本種のほうがやや沖を好む。刺激を与えると、腹部が発光することでも知られているが、これは食道から胃にかけて発光腺があるためである。

### 丸干しにすると酒の肴としてうまい

ヒイラギ同様、本種を釣りの対象魚として狙うことは珍しいが、四国の高知では、本種やヒイラギを専門に釣る。関東では、砂浜や船からのシロギス釣りで時折、外道としてハリにかかる。群れているので、1尾釣れるとしばらく続いて釣れる。食用としては、塩焼きや干物が一般的である。

釣期
| 1月 |
| 2月 |
| 3月 |
| 4月 |
| 5月 |
| 6月 |
| 7月 |
| 8月 |
| 9月 |
| 10月 |
| 11月 |
| 12月 |

## 海水の魚

# 沿岸岩礁域の魚

　防波堤から近場の地磯まで、軽装備で四季折々の釣りを楽しめるのが魅力です。中でもクロダイ、メジナ釣りは専門に狙うマニアも多いようです。アジやアイナメ、カサゴ、それにルアー対象魚として人気のスズキまで、初心者からベテランまで気軽に楽しめるフィールドだといえます。

海水の魚

# FIELD IMAGE

沿岸岩礁域の魚

## 沿岸岩礁域

初心者からベテランまで、堤防釣りの
魅力はその足回りの良さにある。

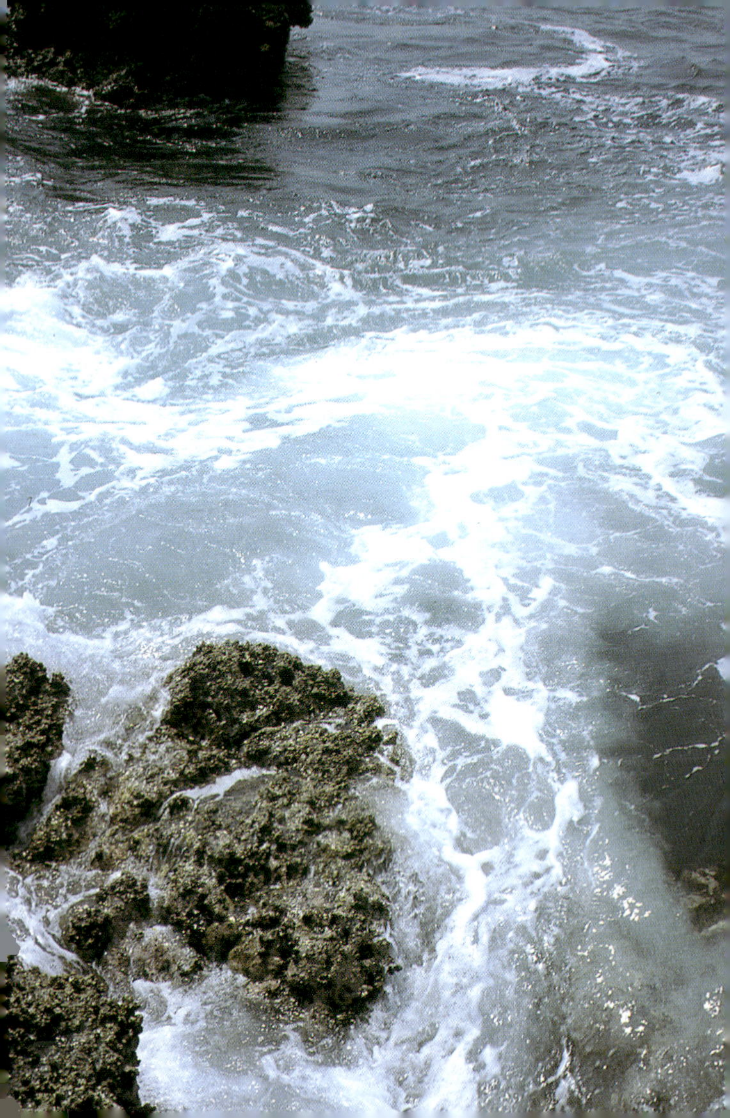

沿岸岩礁域の魚

# サラシ場に群れるクロダイやメジナ、それに荒磯の好敵手イシダイ…。小型から大型魚まで大自然の中で味わうパワフルな引きの魅力。

**海水の魚**

# クロダイ
## [黒鯛]

●スズキ目タイ科 ●全長：50cm
●分布：琉球列島を除く北海道以南
●釣り場：沿岸の堤防、岩礁帯
●地方名：チヌ

## 銀灰色の美しい体色をもつ手軽な高級魚

　湾内の堤防や沿岸の岩礁帯といった浅い海に生息するヘダイ亜科クロダイ属の魚。体形はマダイに似た、いわゆるタイ型だが、体色は銀灰色。クロダイの名はそこからつけられた。幼魚期には銀黒色の明瞭な横縞が6～7本あるが、成長とともに薄くなっていく。他のヘダイ亜科の種と同様に、両アゴの前部に6本の犬歯があり、両アゴ側部には臼歯が3列以上並ぶ。他種との区別は、背ビレの棘条部中央下から側線までの鱗の数が6枚から7枚と他種よりも多いところで見分けられる。ま

### 奥の深い釣趣から専門に狙う人も多い

　磯場や堤防など、釣り場に応じて実にさまざまな釣り方がある。磯では、コマセを用いたウキ釣りが多く、堤防では繊細な穂先を備えた専用の短ザオを用いた落とし込み釣りが盛んだ。また、関西の内湾では、イカダや小舟からのダンゴ釣りが行われている。いずれも奥が深く、難しい釣りだ。

釣期
| 1月 |
| 2月 |
| 3月 |
| 4月 |
| 5月 |
| 6月 |
| 7月 |
| 8月 |
| 9月 |
| 10月 |
| 11月 |
| 12月 |

## 沿岸岩礁域の魚

た、幼魚期から体長20cmほどの若魚期（4年魚）にかけては、性的に未分化の状態にあり、雌雄同体として過ごすという特徴がある。5年魚以降になると、多くは雌に性分化する。これは他のタイ科の多くの種に共通して見られる特徴である。分布は、琉球列島を除いた北海道以南で、朝鮮半島の南部や台湾、中国の北中部沿岸域に限られる。日本ではクロダイと呼ばれることが多いが、関西や四国ではチヌ、九州ではチンと呼ばれている。また、出世魚でもあり、幼魚をチンチン、若魚をカイズと呼ぶ。生息場所は、内湾性、浅海性の傾向が強いため沿岸の岩礁帯や湾内の堤防を好み、幼魚から若魚のうちは河口部や内湾など汽水域に多く見られる。産卵は春から初夏にかけて行い、直径0.9mmの分離浮性卵を産む。食性は雑食性で、カニやエビといった甲殻類の他、貝類やウニなども食べる。大きさは最大で全長60cm以上にも及ぶが、普通30〜40cmで良型とされる。食味は夏がよく、マダイに劣らない美味な白身。

両アゴの前部にある犬歯は甲殻類を容易に噛み砕く

**海水の魚**

# 落とし込みで狙う堤防のクロダイ釣りの魅力は"攻める釣り"にある。

沿岸岩礁域の魚

**海水の魚**

# キチヌ

- スズキ目タイ科　●全長：45cm
- 分布：琉球列島を除く南日本
- 釣り場：沿岸の堤防、岩礁帯
- 地方名：キビレ、キチン

## 黄色い腹ビレと尻ビレが特徴

　南日本に分布するヘダイ亜科クロダイ属の魚。体形や体色はクロダイとほとんど同じだが、腹ビレと尻ビレ、尾ビレの下方が鮮やかな黄色をしており、容易に区別できる。また、背ビレ棘条部の中央から側線にかけてのウロコが4枚と少なく、側線上のウロコの数も48枚以下である。分布は琉球列島を除いた南日本（九州や四国）から台湾、東南アジア、オーストラリア、インド洋、紅海、アフリカ東岸と広い。生息場所は沿岸の岩礁帯の他、河口部や内湾など。食性は雑食性で、甲殻類や貝類、イソメ類など。

### 南日本ではクロダイよりも多い

　四国や九州の南部で釣られるクロダイの多くが本種。習性はクロダイとほとんど変わらないので、釣り方も磯のウキ釣りや堤防での落とし込みなど、クロダイと同じ。食味はたいへんよく、上品な白身はクロダイ以上ともいわれる。刺し身やあらいのほか、塩焼き、煮物、鍋物などで楽しめる。

釣期：2月～11月

沿岸岩礁域の魚

# メイチダイ
[目一鯛]

- スズキ目フエフキダイ科
- 全長：40cm ●分布：本州中部以南 ●釣り場：沿岸から沖合の岩礁帯 ●地方名：メイチ

## 目を横切る暗赤色の横帯が特徴

　食味のよいスズキ目フエフキダイ科の魚。体形や体色は一見するとマダイに似ているが、フエフキダイ科の特徴である前方に突き出た吻部と肉質で厚いくちびるをもつ。また、尾ビレの両端が尖っているのも特徴。眼の部分に暗赤色の横帯があるところからメイチダイの名がついている。若魚のうちは体側に5～6本の横縞が見られるが、成長とともに薄くなる。サイズは最大で45cm以上。分布は本州中部より南で、九州や四国など南日本に多い。生息場所は、沿岸や沖合の岩礁帯で、群れをつくって遊泳する。食性は肉食性で、岩礁帯にいる甲殻類などを突き出た口で捕らえる。釣りでは、専門に狙う魚ではなく、沖釣りや磯釣り時の外道としてかかることがほとんど。ただし、食味がとても優れているので、喜ばれる外道といえる。美味な白身の肉質は刺し身としても楽しめる他、塩焼きや煮物などにもよい。家に持ち帰るのが待ち遠しい魚である。

釣期
| 1月 |
| 2月 |
| 3月 |
| 4月 |
| 5月 |
| 6月 |
| 7月 |
| 8月 |
| 9月 |
| 10月 |
| 11月 |
| 12月 |

**海水の魚**

# シロダイ
[白鯛]

●スズキ目フエフキダイ科
●全長：50cm ●分布：鹿児島県以南 ●釣り場：沿岸、沖合の岩礁帯 ●地方名：シルイユー

## 琉球列島に分布するメイチダイの仲間

　奄美諸島や沖縄諸島に分布するフエフキダイ科メイチダイ属の魚。体形はメイチダイに近似しているが、尾ビレが鋭くとがっておらず、両葉が扇状に丸みを帯び、中央で切れ込んでいる。メイチダイと同じく、眼の部分に暗赤色の横縞が見られるが、体側には赤褐色の不規則な斑紋が多数点在しており、容易に区別できる。斑紋の数や濃さは個体によって差が大きく、その名のとおり、白っぽいものから、大部分を赤褐色の斑紋に覆われているものまで、さまざま。分布は鹿児島県以南で、奄美諸島や沖縄諸島に多い。水深50m程度までのやや深い岩礁帯に生息しており、大小の群れを形成して遊泳する。サイズとしては最大で50cm以上にもなる。琉球列島では漁業、遊漁ともに人気のある魚種で、市場価値も高い。生息場所が深いので、主に沖釣りの対象魚である。食味はメイチダイ同様、極めて美味で、刺し身や焼き物、煮物などで楽しめる。

釣期
1月
2月
3月
4月
5月
6月
7月
8月
9月
10月
11月
12月

## 沿岸岩礁域の魚

# フエフキダイ
## [笛吹鯛]

●スズキ目フエフキダイ科 ●全長：50cm ●分布：本州中部以南 ●釣り場：沿岸の岩礁帯 ●地方名：タマミ、クチビ、タマン

## フエフキダイの代表種

　フエフキダイ属は南にいくほど、その種類と個体数も多く沖縄では15種類ほどが知られている。吻はかなり突出し、このことから"笛吹鯛"の呼び名がついた。体形は側扁し、ややマダイに似ている。体色はよく変化し、背ビレ、尻ビレの縁辺が淡紅色に色どられた個体もある。フエフキダイ属の大きな特徴は、頬にウロコを持たないことで、眼下幅も広い。沿岸の砂礫上や岩礁、サンゴ域に多く、数尾の群れで活発に甲殻類や貝類などを捕食する。近種のハマフエフキは1mを超す大型もいるが、本種はせいぜい60cmどまり。

### 大型魚で、釣り味も格別！

　伊豆諸島や沖縄諸島では釣魚としても人気が高いが、それほどたくさん釣れる魚ではないので、狙って釣るのは難しい。主に磯場での夜釣りで、ハタなどの根魚を狙っている際に外道として釣れることが多い。釣り期は初夏から夏にかけて。食味も、この時期が最も美味とされる。

| 釣期 |
|---|
| 1月 |
| 2月 |
| 3月 |
| 4月 |
| 5月 |
| 6月 |
| 7月 |
| 8月 |
| 9月 |
| 10月 |
| 11月 |
| 12月 |

海水の魚

# アミフエフキ
[網笛吹き]

●スズキ目フエフキダイ科 ●全長：35cm ●分布：沖縄諸島、小笠原諸島以南 ●釣り場：沿岸のやや深い岩礁帯 ●地方名：タマン

## 小型の南方系フエフキダイ

　吻部の突き出しが特に著しい熱帯性のフエフキダイ属。体高のあるフエフキダイ科にしては、体高が低く、細身。サイズも小さく、全長は最大でも40cmほどにしか成長しない。体色は赤みがかっており、体側には不規則な網目模様が見られる。アミフエフキの名はそこからついた。分布は、沖縄諸島以南、小笠原諸島以南の太平洋西部で、インド洋にも見られる。岩礁帯や珊瑚礁に大小の群れをつくって遊泳するが、水深が30m以上とやや深い。食性は肉食性で、岩礁に生息する甲殻類や貝類を頑丈な口で食べる。釣りの対象魚としてはポピュラーではなく、沖釣りで根魚を狙っている際に外道として釣れる程度。狙って釣れる魚ではない。しかし、食味は美味であり、刺し身や焼き物、揚げ物など、脂ののった白身に人気がある。漁においても、かご網で少しとれる程度なので、もし釣れたら、ぜひとも、その食味を堪能してみたい。

釣期：1月/2月/3月/4月/5月/6月/7月/8月/9月/10月/11月/12月

## 沿岸岩礁域の魚

# オオフエフキ
[大笛吹き]

- スズキ目フエフキダイ科
- 全長：60cm
- 分布：沖縄諸島以南
- 釣り場：沿岸、沖合の岩礁帯
- 地方名：タマン

## 中型の南方系フエフキダイ

　体高の高い種が多いフエフキダイ科のなかでは、極めて細身。体形、体色ともに、ホオアカクチビによく似ているが、オオフエフキの体色のほうが赤みがかっており、頭部には2〜3本の暗色線が眼から吻部方向に伸びている。オオフエフキという名がついてはいるものの、全長は最大でも60cmほどであり、フエフキダイの仲間としては中型種といえる。分布は沖縄諸島以南の大西洋西部、インド洋、紅海と南の暖かい海に広く及んでいる。生息場所は沿岸や沖合の岩礁帯、珊瑚礁などで、水深30m以上のやや深めの底に小さな群れで遊泳する。食性は肉食性で、小型の甲殻類や貝類が中心となる。釣りの対象魚としては極めてマイナーな魚種であり、専門に狙う魚ではない。沖縄や北マリアナなどの沖釣りで根魚を狙った場合に、外道としてたまに釣れる程度である。ただし、食味がよく、刺し身や揚げ物などでおいしく食べられる。

釣期

| |
|---|
|1月|
|2月|
|3月|
|4月|
|5月|
|6月|
|7月|
|8月|
|9月|
|10月|
|11月|
|12月|

**海水の魚**

# バラフエダイ
## [薔薇笛鯛]

- スズキ目フエダイ科
- 全長：1ｍ ●分布：南日本
- 釣り場：沿岸の岩礁帯 ●地方名：アカナー、アカドクタルミ

## シガテラ毒をもつ大型魚

　南方系の大型魚。フエダイ属の中では際立った大型種で、最大で１ｍを超える。体形はハタにやや似ている。体色は、その名のとおり、薔薇のように赤い。大きな赤い目と厚いくちびる、丈夫な犬歯が特徴。分布は南日本から西太平洋一帯、インド洋にかけてで、国内では琉球列島と小笠原諸島に多い。沿岸の岩礁帯や珊瑚礁に生息し、小魚を捕食する肉食性の大型魚で、引き味がよいため、釣魚としては人気が高い。磯場での泳がせ釣りやルアーフィッシングの対象魚としても面白い。ただし本種はシガテラ毒をもつ場合があり、食用としての価値は練り製品程度。釣っても食べずに逃がすのが普通だ。シガテラ毒は関節痛や呼吸困難を引き起こしたり、水に触ると痺れる独特の症状が特徴。しかも、刺し身などの生食よりも、煮るなどの調理をしたほうが毒性が強まる。釣った場合には間違って食べないように注意したい。

釣期：1月、2月、3月、4月、5月、6月、7月、8月、9月、10月、11月、12月

# 沿岸岩礁域の魚

## クロメジナ
[黒眼仁奈]

- ●スズキ目メジナ科
- ●分布：相模湾以南
- ●全長：60cm
- ●釣り場：沿岸や沖合の岩礁帯
- ●地方名：オナガ、チャグレ、クロ

釣った直後

死後

## メジナの近縁種で、やや南方系

　メジナとよく似た近縁種。本種は、尾ビレ上方先端部がとがっており、尾ビレが長い。オナガグレの名はそこに由来する。また、エラブタの後縁が黒く、体側のウロコに暗色点がないことでも見分けられる。やや南方系であり、相模湾より南の暖かい海に分布し、外洋性でもあるため、メジナより沖合まで生息する。全長は最大で70cmにも達し、メジナ科としては最大種。大型魚は体色が赤茶色っぽくなるため、チャグレとも呼ばれる。食味に関しても、メジナと同様で冬期が美味。

### メジナよりも難しく、奥が深い

　クロメジナはメジナよりも難しい対象魚とされており、人気が高い。メジナのようなクシ状の歯ではなく、鋭い歯をもっているため、うまくハリがかりさせないとハリスを切られてしまう。また、外洋性なので、引き味も抜群。釣り方はメジナとまったく同じで、コマセを用いるフカセ釣りが主流。

釣期

| 1月 |
| 2月 |
| 3月 |
| 4月 |
| 5月 |
| 6月 |
| 7月 |
| 8月 |
| 9月 |
| 10月 |
| 11月 |
| 12月 |

海水の魚

# メジナ
## ［眼仁奈］

- スズキ目メジナ科 ●全長：50cm
- 分布：琉球列島を除く北海道南部以南 ●釣り場：沿岸や沖合の岩礁帯
- 地方名：グレ、クチブト、クロ

釣った直後

## 磯釣りの人気対象魚

　スズキ目メジナ科に属する磯釣りの人気対象魚。体形は側扁型でクロダイに似ているが、口は小さく、細かなクシ状の歯がある。体色は全体的に青みを帯びた黒鉄色で、腹部は銀白色。各ウロコの基部には暗色点がある。幼魚期は背が特に青いが、成長とともに黒っぽくなる。全長は最大で60cm程度に達するが、通常は40cmで良型とされる。また、近縁種であるクロメジナは尾ビレ上方の先端部が長くとがり、ウロコの暗色点もないので、容易に区別することができる。

　分布は北海道南部以南の日本各地。ただし、琉球列島には

釣期
| 1月 |
| 2月 |
| 3月 |
| 4月 |
| 5月 |
| 6月 |
| 7月 |
| 8月 |
| 9月 |
| 10月 |
| 11月 |
| 12月 |

### コマセの配合が勝負を分ける

　釣り方は小型のウキを用いたフカセ釣りと、沖めのポイントを狙う場合のカゴ釣りが一般的。群れを寄せるためのコマセが極めて重要であり、配合の比率や撒き方の技術によって釣果に差が出てくる。付けエサには普通、オキアミが使用される。奥の深さと引き味の強さが魅力で、釣趣は非常によい。

## 沿岸岩礁域の魚

生息していない。生息場所は沿岸の岩礁帯で、場所により沖の根周りにも見られる。食性は雑食性だが、季節によって食べるものを変えるのが特徴である。夏から秋にかけてはエビやカニなどの甲殻類が主であり、冬から春にかけては海藻類を主に食べる。この食性の季節変化はメジナそのものの食味にも影響を及ぼすようで、夏は磯臭く、味は落ちるが、海藻を食べる冬期は臭みがなく、脂がのっている。産卵期は2月から6月。

専門の釣りクラブもあるメジナ釣り

　磯の上物釣りとして非常に人気があり、競技会が行われるなど、クロダイと人気を二分している。関西ではグレ、あるいはクチブトと呼ばれ、九州や四国ではクロと呼ばれている。食味もまた格別で、特にノリを食べている冬期の新鮮なメジナは美味。釣ったメジナは釣り場で締めて血抜きしておくとよい。また、内臓を取り出す際には、臭みのもとである胆嚢を破らないように注意すること。おすすめの料理法は、大型ならやはり刺し身が一番。煮物や塩焼きの他、空揚げや鍋物としてもうまい。ただし、6～8月のメジナは磯臭さが強く、評価が落ちる。

死後の体色変化は著しい

### 海水の魚

磯釣りではコマセを使うことも多いが、地方によってはイワシのミンチやオキアミの使用を禁止しているところもあるので要注意。

沿岸岩礁域の魚

海水の魚

# イスズミ
[伊寿墨]

- ●スズキ目イスズミ科
- ●全長：60cm　●分布：東京湾以南
- ●釣り場：沿岸や沖合の岩礁帯
- ●地方名：ササヨ

## メジナによく似たイスズミ科の魚

　ゴクラクメジナとも呼ばれるがメジナ科ではなく、イスズミ科に属する。体形はメジナに似ているが両アゴの歯は門歯状で先がとがる。メジナと違い、尾ビレが明確に二叉しており、尻ビレ後端が尾部とつながっている。体色は灰青色に多数の細い黄褐色縦縞があるのが特徴。全長は最大で60cm以上にも及ぶ。分布は東京湾以南で、西太平洋一帯やインド洋までと広い。国内では特に太平洋側の南日本に多い。食性は夏から秋が動物食で、冬はハンバノリなどの海藻類を食べる。

釣期
1月
2月
3月
4月
5月
6月
7月
8月
9月
10月
11月
12月

### メジナ釣りの外道で釣れる

　生息場所がメジナやクロメジナと重なっているため、メジナ釣りの外道として釣られることが多い。引き味は楽しめるが、食味は海藻類を食べる冬期でも特有の臭みがあるため、あまり好まれない。刺し身やあらいで調理する場合には、酢味噌で食べると臭みが消える。

沿岸岩礁域の魚

# ウミタナゴ
[海鱮]

- スズキ目ウミタナゴ科
- 全長：20cm
- 分布：北海道中部以南の日本各地
- 釣り場：沿岸の岩礁帯
- 地方名：タナゴ、コモチダイ

青系　赤系

## 魚類では珍しい胎生魚

磯周りに生息する小型魚。体形はマダイに似ており、卵型で側扁し、頭部が少しへこんでいる。体色にはバリエーションがあり、色によってアカタナゴ、マタナゴなどと区別するが、現段階では同種とされている。全長は最大で30cmに達するが、よく釣れるのは15cm前後。分布は北海道中部以南の日本各地。本種の最大の特徴は、子を産む胎生魚だという点。魚類では非常に珍しい。交尾によって受精した卵は体内でふ化し、母体から栄養を吸収して成長する。子魚は産出時で全長約5cm、平均13尾程度が生まれる。

### 磯や堤防で手軽に狙える魚

本格的な装備なしで、堤防や小磯で手軽に釣ることができるのが魅力。小磯では、海草が生えている場所がポイント。コマセを撒いて、寄せてから釣る。

5m前後の振り出しザオにウキ仕掛けを使用し、付けエサにはオキアミやイソメ類。調理法は煮物がよい。身が軟らかく、小骨が多い。

釣期
1月
2月
3月
4月
5月
6月
7月
8月
9月
10月
11月
12月

**海水の魚**

# オキタナゴ
[沖魚與]

●スズキ目ウミタナゴ科
●全長：15cm ●分布：関東以南の日本各地 ●釣り場：沿岸の岩礁帯 ●地方名：コモチダイ

## ウミタナゴの近縁種

　ウミタナゴの近縁にあたる種。ウミタナゴに比べて、体形が細長いのが特徴。体色は黄褐色で、腹部は淡くなる。全長は最大で20cm。ウミタナゴよりも小型である。ウミタナゴ科には本種とウミタナゴの他にアオタナゴがあるが、いまだに分類学的に論議の的となっている。分布は関東以南の日本各地で、沿岸の岩礁帯のやや沖合に生息する。オキタナゴの名の由来はここにある。本種もまた、ウミタナゴと同様に胎生魚で、春から初夏にかけて9～17尾の子を産む。生まれた幼魚は表層に200尾以上の大きな群れをつくり、遊泳する。釣りとしては、生息場所がウミタナゴよりも沖合のため、狙って釣るというものではなく、沖釣りの外道として釣れたり、時期によっては、ウミタナゴに混じって釣れたりする。身はやはり軟らかい白身で、小骨が多い。煮物などにすると、なかなかうまい。

釣期：5月、6月、7月、8月、9月、10月、11月、12月

# 沿岸岩礁域の魚

## 卵胎生のタナゴたちのセックスライフは？

　ウミタナゴ科の魚は卵胎生で知られている。そのセックスライフは水温によりかなり異なるようだが、実りの秋に一致するようだ。交尾期には雄の尻ビレの軟条基底部あたりに突起が現れ、交尾はその「ペニス」によって行われる。この時期には、1尾の雄が数尾以上の雌を伴って行動し、まさにハーレムのような状況となる。雄のまわりにいる雌のうちどれかとフィーリングが合うと、お互いの臀部が接するように体をよじり、短時間で愛の交換は終わる。

　このセックスの後の精子と卵細胞の成熟の時間差が卵胎生という結果につながるわけである。つまり、交尾後の雌の卵細胞はまだ成熟していないため、雄の精子は、雌の体内で休眠状態となり、1カ月ほどの時間差で卵細胞が成熟し排卵されてやっと受精が完了するのである。

ウミタナゴの輸卵管は卵巣と子宮の機能をもつことになり、雌のウミタナゴの体内で受精した卵は翌年にふ化する。そして卵黄の養分を吸収し終えると母体から直接栄養を吸収するようになる。この時期の「胎児」は、親魚と同じ方向をむいていることが多いようである。つまり子宮内での逆子は少ないということらしい。

　そして春先には「胎児」にもウロコができて、ふ化した直後は5ミリ前後であった体長も40ミリほどに成長する。さらに5月上旬頃には60～70ミリとなり、ようやく、「お産」が始まる。ウミタナゴのひと腹の胎仔数は20～30だが、多いものは100近くにもなる。

　産み落とされた「子供」たちの成長は速く、1年で120ミリほどになり、その年の秋にはセックスも可能となる。

**海水の魚**

# スズキ
[鱸]

- スズキ目スズキ科
- 全長：90cm ●分布：北海道以南の日本各地 ●釣り場：沿岸の岩礁帯 ●地方名：ハネ、マダカ

## ルアー釣りの対象魚として人気

　別名シーバスとも呼ばれるスズキ科スズキ属の大型肉食魚。体形は細長く、側扁しており、大口の下アゴが上アゴよりも突出している。体色は銀灰色で、腹部は白い。若魚のうちは体側の背や背ビレに小さな黒点が散らばっているが、成長とともに消失する。だが、南日本では成魚にも黒点を残しているものが見られる。全長は最大で1mを超える。代表的な出世魚であり、30cmまでの幼魚をセイゴ、30〜60cmの若魚をフッコ（関西ではハネ）、60cm以上の成魚をスズキと呼ぶ。

### 透明感のある白身のおいしい魚

　すずきは新鮮さと産地が味を決める。水のきれいな沖を回遊しているものが最高で、内湾や河口部でとれたものは油臭いことがある。味はフッコまでがよく、大型はあまり味がよくない。肉質は透明感のある美しい白身で、新鮮なものはあらいや刺し身、塩焼きなどの他、フランス料理やイタリア料理にも合う。

釣期
| 1月 |
| 2月 |
| 3月 |
| 4月 |
| 5月 |
| 6月 |
| 7月 |
| 8月 |
| 9月 |
| 10月 |
| 11月 |
| 12月 |

## 沿岸岩礁域の魚

　分布は北海道以南の日本各地から南シナ海にかけて。沿岸部に広く生息し、内湾の堤防や河口域の他、小磯周りでも見られる。特に若魚は河口の汽水域に多いが、場所によっては稚アユや落ちアユを狙って成魚も河川をのぼることもある。産卵は冬期、湾外の深場で行う。食性は肉食性で、イワシ類やアユ、小型のアジ、サバの他、エビ類や産卵のために表層へ浮いたゴカイ類も捕食する。

　釣りの対象魚として非常に人気があり、さまざまな釣り方で狙うことができる。船釣りでは、生きたエビを用いる場合が多いが、カタクチイワシや小アジを用いた泳がせ釣りなども行われる。また、湾内に回遊してくる時期には、堤防の夜釣りでもよく釣れる。モエビを使ったフカセ釣りの他、電気ウキ仕掛けなどが一般的。スズキは夜間、光に集まる小魚を狙って集まるので、水銀灯などの照明がある場所が好ポイントとなる。また、潮がよく動く大潮がよいとされており、潮回りを見極めることが成功の秘訣。また、最近では、手軽に楽しめる海のルアーフィッシングの対象魚として人気が急上昇しており、湾内外の堤防でルアーを投げる釣り人の姿が多くなっている。小魚型のミノープラグが有効で、ボートからはメタルジグも効果的。

ソルトウォーターゲームの人気魚種であるシーバスはリリースするアングラーも多い

**海水の魚**

# ヒラスズキ
## [平鱸]

- スズキ目スズキ科
- 全長：80cm ●分布：本州中部以南から南日本 ●釣り場：沿岸の岩礁帯

## スズキより体高が高いのが特徴

　スズキ目スズキ科のスズキ属はスズキと本種の2種からなる。スズキによく似ているが、その名のとおり、より体高が高い。スズキとの違いは、背ビレの軟条数が多いことと、下アゴの腹面に1列のウロコがあること。しかし、スズキを見慣れた釣り人であれば、その体高の高さとより輝きのある銀白色の魚体ですぐ見分けられる。

　分布は本州中部以南から南日本にかけてで、特に、静岡から紀伊半島にかけての太平洋側や九州に多い。この点でスズ

釣期
| 1月 |
| 2月 |
| 3月 |
| 4月 |
| 5月 |
| 6月 |
| 7月 |
| 8月 |
| 9月 |
| 10月 |
| 11月 |
| 12月 |

### 身が締まる冬が旬

　スズキのように市場に出回ることがないので、釣り人だけが味わえる魚。調理法はスズキと同じだが、水のきれいな磯で釣った新鮮なヒラスズキはぜひあらいや刺し身で食したい。そのためにも、釣った後すぐに締めて血を抜いておくことが大切。ちりちりとした独特の歯応えはタイやヒラメをも凌ぐうまさである。

## 沿岸岩礁域の魚

キよりも南方系の魚といえる。生息場所に関しても、スズキとは異なっており、内湾や河口部といった塩分濃度の低い場所を好まず、外洋に面した磯などの岩礁帯に多い。若魚が河川にのぼることも少ない。このように分布や生息環境がごく限られているため、スズキのような知名度はなく、職漁の対象にもなりにくい。

しかし、釣りの対象魚としては、その希少性とハリがかりしたときの引き味のよさから極めて人気が高く、春から初夏にかけて小サバの群れを追って接岸する時期には、専門に狙う釣り人も多い。食性はスズキと同じく肉食性で、小サバやイワシなどの小魚を捕食する。

釣り方としては、生きた小魚をエサに泳がせ釣りで狙うこともできるが、最近ではルアーフィッシングで狙うほうが一般的になっている。潮通しがよく、沖からの波が激しくぶつかる荒磯が格好の釣り場。安全に配慮した万全の装備で臨むことが絶対条件である。タックルは、11～13フィートのシーバスロッドに中型スピニングリール、ラインは12～16ポンド。ルアーは12cm前後のシンキングミノーを用いる。岩周りのサラシがポイントなので、その中をルアーが通るように引いてくる。潮回りを読んで、大きく潮が動くときに狙うのが成功の秘訣。

南紀の磯はヒラスズキの好フィールド

海水の魚

**磯のルアーフィッシングは人気急上昇だが、特にヒラスズキは注目株。**

# 沿岸岩礁域の魚

海水の魚

# アイナメ
### [鮎並]

- カサゴ目アイナメ科
- 全長：30cm ●分布：日本各地
- 釣り場：沿岸の岩礁帯
- 地方名：アブラメ、アブラコ

## 釣り味のよい北方系の根魚

　カサゴ目アイナメ科アイナメ属に属する北方系の根魚。体形は側扁した細長い紡錘型で、頭部が小さい。細かな鱗に覆われている。側線が5条あるのも特徴。背ビレは1基で、19～20棘21～23軟条からなり、棘条部と軟条部との境に深い欠刻がある。体色は生息場所や成長段階、産卵期の雌雄差によって、黄褐色から紫褐色まで大きく変化する。一般に、晩秋から冬にかけての産卵期の雄は婚姻色である橙黄色が強くなる。産卵後は雄が卵を保護する習性がある。卵からふ化したばかりの幼魚はイワシに似た銀白色の細長い体形で、表層を遊泳する。全長は最大で50cmにも達するが、一般によく釣れるのは30cm前後。分布は北海道から南日本まで日本各地に及ぶが、大型は東北以北の冷たい海に多い。沿岸の岩礁帯や内湾の堤防、テトラ帯、海草類の繁茂する岩底などにじっとしている。食性は雑食性で、エビ類やカニ類、ハゼ科の小魚などの他、ゴカイ、イソメ、貝類、海藻類などを食べる。

釣期
1月
2月
3月
4月
5月
6月
7月
8月
9月
10月
11月
12月

## 沿岸岩礁域の魚

　釣りの対象魚として人気の高い魚で、船釣り、投げ釣り、磯釣り、堤防釣りとあらゆる釣り方で楽しむことができる。船釣りでは胴突き仕掛けか方天ビン仕掛け、磯釣りと堤防釣りではウキ仕掛け、フカセ釣り、ブラクリ仕掛けで狙う。中でもアイナメ独自の釣り方として人気が高いのがブラクリ仕掛けである。これはナツメ型や短冊型の軽めのオモリに2～3cmの短いハリスと丸セイゴバリが付いたもので、オモリが赤色や白色に塗られているのが特徴。オモリの色がアイナメを誘うといわれている。エサにはイワイソメ、アオイソメの他、エビや貝類、魚の切り身などを用いる。海底の岩礁の隙間にブラクリを落として広範囲を釣る探り釣りが基本となる。アイナメは底でエサが近づくのをじっと待っているので、仕掛けが着底する際にアタることが多い。頭を横に振る独特のブルブルッというアタリなので、すぐわかる。アワセに失敗したら、その場に再度仕掛けを沈めて誘うとよい。

堤防のテトラ周りでアイナメを狙う

## くせのない白身が美味

　市場にはなかなか入荷しない魚のため意外と高価な魚である。釣りでは数が狙える魚なので、釣果に恵まれれば、贅沢な食卓を楽しめる。アイナメは鮮度が落ちやすいので、できれば釣ったその日に料理したい。保存する場合はウロコとわたを取り除き、水洗いの後、水分をよく拭き取ってラップをかけ冷蔵する。おろし身よりも姿のまま保存したほうが鮮度を保てる。旬は春から初夏。特に春先がよい。肉質は白身で淡泊だが、ほどよく脂がのり、味にくせがないので、どんな料理にも向く。刺し身や焼き物、空揚げ、碗種、ちり鍋などで食す。

**海水の魚**

# クジメ

●カサゴ目アイナメ科 ●全長：30cm ●分布：北海道南部から九州北部 ●釣り場：沿岸の岩礁帯 ●地方名：モイオ、トッパ、ヤスリ

## 側線が1条で南方系

アイナメに非常によく似たアイナメ科アイナメ属の魚。体形、体色ともにアイナメとよく似ているが、クジメには側線が1条しかない点、尾ビレの後縁が丸い点などで区別できる。体色は個体による変異が多いが、基本的には暗褐色の地色に淡色の斑紋が散らばっている。アイナメと大きく異なるのは分布域で、北方系のアイナメに対して、クジメは南日本に多い。沿岸の海藻が繁茂した岩礁帯を好み、全長は20～30cm。一般にクジメの食味はアイナメよりも劣るとされる。

| 釣期 |
|---|
| 1月 |
| 2月 |
| 3月 |
| 4月 |
| 5月 |
| 6月 |
| 7月 |
| 8月 |
| 9月 |
| 10月 |
| 11月 |
| 12月 |

### 投げ釣りの外道として釣れる

クジメはアイナメよりも味が劣るために、専門に狙う釣り人は少ない。職漁者たちの間でも、両者ははっきりと区別されている。多くはアイナメ釣りの外道として釣られることがほとんど。ただし、アイナメ同様、手軽なルアーフィッシングの対象魚としての価値は高い。小さなワームを使って釣れば楽しめる。

## 沿岸岩礁域の魚

# ホッケ

- カサゴ目アイナメ科
- 全長：50cm
- 分布：茨城以北の太平洋沿岸、日本海
- 釣り場：沿岸の岩礁帯
- 地方名：ロウソクボッケなど

## 最大で60cmに達する北方系の根魚

アイナメに似ているが、アイナメ科ホッケ属に属しており、尾ビレが深く二叉する。体色は個体変異が多く、暗褐色や灰青色で、数条の暗色横帯が入る。分布は太平洋側で茨城以北、日本海側では、千島列島、南樺太まで見られる。国内では特に北海道の日本海側に多い。ふだんは水深150mまでの深場に生息するが、9～2月の産卵期には水深30mまでの浅場に集まる。産卵期の雄はコバルト色の婚姻色を示し、不規則な黄色の唐草模様が現れる。釣りのシーズンは春だが、食味の旬は冬である。

### 北の海では出世魚

ホッケは北海道では出世魚として知られる。1年魚をロウソクボッケ、中型をチュウホッケ、50cmを超える大型をオオボッケと呼ぶ。産地の北海道では刺し身でも食べるが、鮮度が落ちやすいので、多くは生干しの開きにされる。釣りの対象魚というよりは、職漁の対象といえるだろう。

釣期
| 月 |
|---|
| 1月 |
| 2月 |
| 3月 |
| 4月 |
| 5月 |
| 6月 |
| 7月 |
| 8月 |
| 9月 |
| 10月 |
| 11月 |
| 12月 |

**海水の魚**

# メバル
## [目張]

- カサゴ目フサカサゴ科
- 全長：20cm
- 分布：北海道南部から九州
- 釣り場：沿岸の岩礁帯
- 地方名：クロメバル、メバリ、メマル

銀黒色系　東京湾

## 「春告魚」とも呼ばれる卵胎性の魚

　フサカサゴ科メバル属に属する小型魚。その名前のとおり、眼が大きく、眼を見張るような表情が特徴である。体形は長楕円形で側扁しており、大きめの口は下アゴが突出し、受け口になっている。各ヒレはよく発達していて、背ビレに13トゲ13〜14軟条、尻ビレに3トゲ7〜8軟条ある。

　体色は、生息場所や水深によって極めてバリエーションに富んでおり、主だったものとしては黒灰色や黒褐色、黄赤色などがある。釣りでは、それぞれ「クロメバル」「アカメバル」などと区別されて呼ばれているが、分類学的にはまったくの

釣期
| 1月 |
| 2月 |
| 3月 |
| 4月 |
| 5月 |
| 6月 |
| 7月 |
| 8月 |
| 9月 |
| 10月 |
| 11月 |
| 12月 |

### 春から夏にかけてが食味の旬

　メバルは煮物がうまい。尾頭付きのまま、上品な白身を味わう。他には塩焼きや空揚げもよい。鮮度のよいものは刺し身にすることもできる。鮮度を落とさずに釣り場から持ち帰るには、海水を入れたクーラーボックスに氷を加えるのがベスト。多少、重くはなるが、この方法が一番である。

## 沿岸岩礁域の魚

同種とされている。体色は一般に水深が深くなるほど赤味が強くなる。しかし、いずれの体色にも、不明瞭な暗色横帯が体側に見られる。

分布は北海道の南部から九州にかけてで、朝鮮半島南部でも見られる。沿岸の岩礁帯や藻場、内湾の堤防に群れをつくり、底から中層にかけて、やや浮き気味に頭を上に向けてじっとしている。夜行性の魚で、採餌活動は夜間に行われる。小型魚ながら肉食性で、エビなどの甲殻類や小魚を捕食する。メバルは、ウミタナゴと同じく、卵胎性の魚。交尾を行い、メスの体内で受精され、約1カ月で子魚を産む。産卵期は冬。子魚の大きさは約4mmで、ウミタナゴと比べると小さいが、その分、多数を産む。

メバル釣りは、沿岸の釣りと沖の釣りに大きく分かれる。沖釣りの対象として狙うのは、赤味の強いアカメバル、オキメバルで、沿岸では黒っぽい色のクロメバル、キンメバルが釣れる。いずれも釣期は早春から晩春にかけて。目がいい魚でもあるので、細いハリスによる繊細な釣り方が要求される。小型魚ながら引きは強く、岩場や堤防でのウキ釣り、フカセ釣りでは強い引きを楽しめる。

金赤系　相模湾

金黒系　相模湾

海水の魚

# エゾメバル
[蝦夷目張]

- カサゴ目フサカサゴ科
- 全長：15cm
- 分布：岩手県以北 ●釣り場：沿岸の岩礁帯 ●地方名：ガヤ

## 東北から北海道に見られる小型メバル

メバルに似ているが、やや細長い体形をしており、メバルに見られる暗色の横帯がない。カサゴ同様、メバルもまた北方系の魚であり、北へ行くほど種類が多くなる。エゾメバルはその名のとおり、岩手県以北、特に北海道の沿岸に多く見られる種。「ガヤ」とも呼ばれるが、これはガヤガヤとそこら中に生息しているところからつけられた。沿岸の岩礁帯や藻場などの中層に群れをつくる。食味はメバルに似ており、惣菜用として北海道の市場によく出回っている。

| 釣期 |
|---|
| 1月 |
| 2月 |
| 3月 |
| 4月 |
| 5月 |
| 6月 |
| 7月 |
| 8月 |
| 9月 |
| 10月 |
| 11月 |
| 12月 |

### 数釣りが楽しめる北の魚

「ガヤ」と名付けられるほど、よく釣れる魚。特に、夏に内湾の堤防周りに群れが入ってきたときには、数釣りが楽しめる。イソメ類やサンマの切り身などを使ったウキ釣り、投げ釣りが一般的だが、ワームなどを用いたルアーフィッシングでも狙うことができる。大きさは最大で20cm程度。

沿岸岩礁域の魚

# キツネメバル
[狐目張]

- カサゴ目フサカサゴ科
- 全長：40cm ●分布：銚子以北 ●釣り場：沿岸の岩礁帯
- 地方名：ソイ、マゾイ

## 「ソイ」として知られる中型魚

　キツネメバルは同じフサカサゴ科メバル属に属するクロソイに近い種であり、釣りでは単に「ソイ」「マゾイ」と呼ばれる場合が多い。体形は、メバルよりも腹太で、でっぷりしており、体色は灰褐色。明瞭な多数の淡色斑点があり、まだら模様になっている。体長は40cmほどにもなる。

　分布は千葉県銚子以北で、特に日本海では普通に見られる。沿岸の岩礁帯から水深100m以上の沖まで幅広く生息し、海底近くで群れをつくる。

　釣りでは主に船釣りの対象魚であり、サンマの切り身やドジョウ、イカナゴなどをエサに用いる。沿岸の岩礁帯で釣れる場合には、ルアーフィッシングも面白い。ミノープラグやグラブのジグヘッドリグなどが有効。メバルよりも大型なので、引き味が楽しめる。食味はメバルほどではないが、淡泊な白身は煮物などに向いている。

| 釣期 |
|---|
| 1月 |
| 2月 |
| 3月 |
| 4月 |
| 5月 |
| 6月 |
| 7月 |
| 8月 |
| 9月 |
| 10月 |
| 11月 |
| 12月 |

**海水の魚**

# タケノコメバル
## ［竹の子目張］

- カサゴ目フサカサゴ科
- 全長：35cm ●分布：北海道南部から九州 ●釣り場：沿岸の岩礁帯 ●地方名：タケノコ

## ソイに近い大型のメバル

　フサカサゴ科メバル属に属する種。体形は細長く、尾ビレの後端は丸い。メバルの中では眼が小さく、口が際立って大きいのが特徴である。体色は茶褐色で、全体が不規則な暗色斑に覆われている。体長は最大で35cmほどに達し、メバルの仲間としては大型の部類に入る。以上のような外形的な特徴から、極めてソイの仲間に似たメバルといえる。分布域は北海道南部から九州にかけてで、朝鮮半島の南部にも見られる。沿岸の岩礁帯に生息するため、メバル釣りで釣獲される。

| 釣期 |
|---|
| 1月 |
| 2月 |
| 3月 |
| 4月 |
| 5月 |
| 6月 |
| 7月 |
| 8月 |
| 9月 |
| 10月 |
| 11月 |
| 12月 |

### タケノコの季節が食の旬

　タケノコメバルの名は、主に関西でタケノコの採れる時期に食味が旬を迎えるところから名付けられた。メバルに負けず劣らず美味で、煮物の他、塩焼きや醤油焼きといった焼き物、刺し身などで食す。調理する際には、鋭いエラブタで手を切らないように注意が必要である。

### 沿岸岩礁域の魚

# クロソイ
## [黒曹以]

- カサゴ目フサカサゴ科
- 全長：40cm
- 分布：日本各地 ●釣り場：沿岸の岩礁帯 ●地方名：クロゾイ

## 北日本に多いソイの大型種

　フサカサゴ科メバル属に属する種。体形はメバルに似ているが、体色が暗灰色で、多数の不規則な暗色斑が密に散らばっている。眼から斜め後方に向けて2本の黒色帯が走っているのも特徴。体長は最大で約50cmにも達する大型種。分布は日本各地だが、特に北海道や三陸では多く見られる。水深30mまでの沿岸の岩礁帯を好み、主に夜間に活動する。やはり卵胎生の魚。釣りの対象魚としても人気があり、特に北海道ではエラコやサンマの切り身を使った投げ釣りが盛んだ。

### 味はソイの中では一番

　北海道ではタイにも劣らぬ魚として人気が高い。新鮮なものを皮つきの松皮作りにするのが有名。味はクロダイに似ており、多少磯臭さがあるものの、美味。刺し身の他には、塩焼きや煮物、味噌汁の具としても使える。大型魚で釣り味も優れており、釣ってよし、食ってよしの魚である。

釣期

| 1月 |
| 2月 |
| 3月 |
| 4月 |
| 5月 |
| 6月 |
| 7月 |
| 8月 |
| 9月 |
| 10月 |
| 11月 |
| 12月 |

**海水の魚**

# カサゴ
[笠子]

●カサゴ目フサカサゴ科 ●全長：30cm ●分布：北海道南部以南 ●釣り場：沿岸の岩礁帯 ●地方名：ガシラ、アカメバル

## トゲっぽい姿が特徴の高級魚

　フサカサゴ科カサゴ属に属する種。体形はメバルに似ているが、より頭部が大きく、やや左右に平たい。頭部には頑丈で鋭い小トゲが多数あり、背ビレのトゲも非常に鋭い。これらのトゲには毒はないが、刺さると非常に痛むので、釣りや調理の際の扱いには注意が必要である。体色は生息場所によって大きく異なるのが特徴で、一般に、深場にすむものは赤く、浅場にすむものは黒褐色になる。いずれも、体側に5〜6条の不明瞭な暗色横帯が走っており、加えて、大小の白斑が混じり、まだら模様を形成している。分布は、北海道南部から以南の各地で、沿岸の岩礁帯の中心に、水深50m以上の沖の深海まで広範囲に生息する。メバルのような群れを形成することはなく、個体ごとに岩陰に身を寄せ、エサとなる小魚や小動物が近づくのをじっと待っている。肉食性である。
　メバルやウミタナゴなどと同様にやはり卵胎生魚で、秋に交尾を行い、数万粒の卵は雌の体内でふ化し、春に子を産む。

釣期：1月、2月、3月、4月、5月、6月、7月、8月、9月、10月、11月、12月

## 沿岸岩礁域の魚

夜間に活発に活動する。また、縄張り意識が強く、他の個体が近づくと威嚇行動する。

釣りの対象魚としても極めて人気が高く、堤防釣り、磯釣り、船釣りから専門に狙う人も多い。根魚の代表種でもあるので、いずれも底の根周りを狙うことになる。エサはイソメ類や魚の切り身、エビなどが一般的で、仕掛けは胴突き仕掛けが多い。また、ルアーに対する反応もたいへんよいので、最近では、小型のミノープラグやワーム類を使ったルアーフィッシングの対象魚として狙うゲームフィッシャーマンの姿も多く見かける。

深場から急激に釣り上げられたカサゴ

浅場で釣れたカサゴ

### 武骨な姿に似合わぬ上品な味

磯周りに生息する魚だけに、身は締まっており、骨離れもよい。淡泊な白身は絶品である。ただし、職漁の対象として大量に捕獲できる魚ではないので、市場への入荷量は極めて少ない。そのため、市場価格も高く、高級魚とされている。釣りで捕れるのは、沿岸域なら20cm程度まで、沖釣りなら30cmまでのものが多い。調理法としては、鮮度のよいものは刺し身がよい。他には煮物が素晴らしく、蒸し物や空揚げ、鍋物などもうまい。また、頭やヒレもおいしいので、空揚げや煮物では一緒に調理するとよい。数が釣れたときには、釣り人ならではの贅沢なカサゴづくしもよいだろう。

**海水の魚**

# ミノカサゴ
[蓑笠子]

- カサゴ目フサカサゴ科
- 全長：30cm ●分布：北海道南部以南 ●釣り場：沿岸の岩礁帯
- 地方名：ヤマノカミ、ミノウオ

## 華やかな容姿の美しい魚

　フサカサゴ科ミノカサゴ属に属する種。分布は北海道南部より南で、インド洋、太平洋に多く見られる。暖かい海を好み、日本でも、沿岸の岩礁帯に見ることができる。胸ビレと背ビレが著しく発達していて、特に尾ビレの基部にまで達する胸ビレは、まるで鳥の翼を思わせる。体色は淡褐色地に暗赤褐色の明確な横帯が多数入る。ゆっくりと胸ビレを動かしながら海中を漂う姿は水族館でもおなじみだが、各トゲに毒線があり、釣り人にとっては危険な魚種である。

釣期
1月
2月
3月
4月
5月
6月
7月
8月
9月
10月
11月
12月

### 猛毒をもったトゲに要注意！

　ミノカサゴ属は他にも数種が知られているが、すべて各トゲに毒線をもっており、刺されると激しい痛みに苦しむ。釣りの対象魚として専門に狙う魚ではないが、磯釣りや船釣りの外道として時折釣れるので注意したい。身そのものには毒はないので、食用にもなるが、調理時が危険なため、普通は食べない。

# ハオコゼ

**沿岸岩礁域の魚**

- カサゴ目ハオコゼ科
- 全長：10cm ●分布：本州中部以南 ●釣り場：沿岸の岩礁帯
- 地方名：イラオコゼ、ヒオコゼ

## 磯周りで釣れる危険な外道

　同じ「オコゼ」ではあるが、美味な魚として知られるオニオコゼとは異なり、ハオコゼは通常、食用とはされない。本州中部以南の岩礁帯や藻場に生息し、磯周りの小物釣りの外道としてしばしばハリにかかる。体長は最大でも12cm程度で、いたって小型。オコゼらしいトゲトゲした容姿だが、その大きさのため、どこかひょうきんな表情をしている。体色は黄褐色から赤褐色で、多数の暗色斑が入る。各ヒレはより赤味が強い。背ビレのトゲには猛毒があるので、釣り上げた際には扱いに注意が必要である。

### 対ハオコゼ用にメゴチバサミを忘れずに

　ハオコゼを釣ってしまった場合は、素手では絶対に触らないようにすること。背ビレのトゲに刺されると、数時間にわたって痺れを伴う鋭い痛みに苦しめられることになる。メゴチバサミなどで魚体をつかんだうえで、プライヤーでハリを外す。ハリを呑みこまれているなら、ハリスを切るのも仕方がない。

| 釣期 |
|---|
| 1月 |
| 2月 |
| 3月 |
| 4月 |
| 5月 |
| 6月 |
| 7月 |
| 8月 |
| 9月 |
| 10月 |
| 11月 |
| 12月 |

**海水の魚**

# ホンベラ
## ［本倍良］

- スズキ目ベラ科
- 全長：18cm
- 分布：東京湾および佐渡島以南
- 釣り場：沿岸の岩礁帯
- 地方名：セトベラ

## 本州中部以南で普通に見られるベラ

　熱帯の海に多く見られるベラ科の中にあって、温帯域によく適応しているのが本種。太平洋側では東京湾から南、日本海側では佐渡島から南の海で、ごく普通に見られる。生息場所に関しては、内湾を好む傾向が強く、海藻が繁茂している岩礁帯に多い。体色は環境によってかなり大きく変化するが、普通、幼魚や雌は淡褐色で、雄は淡緑色をしている。ただし、赤い色の海藻類が多い場所においては、著しく赤色が強くなるようだ。本種に似たキュウセンよりは体色がやや鮮やかさに欠ける。体長は最大でも18cm程度。

釣期：5月・6月・7月・8月・9月・10月

### 関東では外道だが、西日本では釣りの対象魚

　本種に限らず、ベラの仲間はすべて、関東では専門に狙う釣りの対象魚からは外れる。だが、西日本では投げ釣りの対象魚として専門に狙うことも多く、シロギス用の釣り具がそのまま流用できる。エサはイソメ類でよい。見た目の派手さからか食用にされることは少ないが、味はそれほど悪くない。

## 沿岸岩礁域の魚

# オハグロベラ
## [御歯黒倍良]

- スズキ目ベラ科
- 全長：20cm
- 分布：千葉県および島根県以南
- 釣り場：沿岸の岩礁帯
- 地方名：イソベラ、クロベラ

オス

メス

## 大きな口と体高の高さが特徴

　ベラの仲間としては珍しく体高があるのが特徴。口もまた大きめである。「オハグロ」の名は、雄に見られる紫褐色の体色から名付けられたもの。尾ビレはウチワ型で、背ビレの前2トゲが長く糸状に伸びているのも特徴的。体色はやはり環境によって大きく変化し、赤、紫、茶、黒、緑、黄などあらゆるバリエーションが存在するが、雌は淡赤色系が普通である。本州中部以南の浅い沿岸で、海藻の多い岩礁帯に多く見られる。活動は日中に限られ、夜間は海藻や岩陰で横になって眠る。体長は最大でも20cm程度まで。

### シロギス釣りの外道として知られる魚

　専門に狙う魚ではなく、あくまでもシロギス釣りや磯の小物釣りなどの外道としてハリがかりする。ベラとは思えない容姿と2本の背ビレのトゲのために毒魚と勘違いされることが多いようだが、もちろん毒はない。食用としてもうまい魚ではないので、ほとんど価値はない。

釣期
| |
|---|
|1月|
|2月|
|3月|
|4月|
|5月|
|6月|
|7月|
|8月|
|9月|
|10月|
|11月|
|12月|

## 海水の魚

# ムスメベラ
## ［娘倍良］

- スズキ目ベラ科 ●全長：25cm
- 分布：千葉県から高知
- 釣り場：沿岸の岩礁帯
- 地方名：オキタチウオ

## 黒と白の鮮やかなコントラストをもつベラ

　細長いキュウセン型の体形をしており、明瞭な黒色の縦帯が頭部から尾部まで走るのが特徴。白色と黒色のはっきりしたコントラストが美しい。幼魚はホンソメワケベラによく似ており、他の魚の寄生虫を食べる掃除習性も備えている。しかし、この習性は若魚にのみ見られるもので、成魚は主に底生動物を捕らえて食べる。また、本種の分布はやや変わっており、太平洋西部の北緯25〜35°と南緯27〜37°に限られる。日本では、千葉県から高知県にかけての太平洋岸にのみ見られる比較的珍しい種類といえるだろう。

### カワハギ釣りの外道として時折釣れる

　それほど数が多くない珍しい種類であるうえに、釣り味、食味ともに冴えないので、釣りで専門に狙うことはない。しかし、水深20m前後の岩礁帯に生息するため、同じ場所で行うカワハギ釣りの際、たまに釣れることがある。食用になる魚ではあるが、味はそれほどではないので持ち帰る人は少ない。

釣期
| 1月 |
| 2月 |
| 3月 |
| 4月 |
| 5月 |
| 6月 |
| 7月 |
| 8月 |
| 9月 |
| 10月 |
| 11月 |
| 12月 |

# イトベラ
[糸倍良]

**沿岸岩礁域の魚**

- スズキ目ベラ科　●全長：15cm
- 分布：本州中部以南から九州
- 釣り場：沿岸の岩礁帯
- 地方名：サナダベラ

## 細長い体形が特徴の珍しいベラの仲間

　側扁型の体形はキュウセンに似ているが、体高がさらに低く、細長いのが特徴。イトベラの名も、糸のように細長いところから名付けられたようだ。尾ビレはウチワ型。体色は上方が褐色で下方が淡褐色。口から目を抜けて尾部まで、赤褐色の縦帯が走っている。分布は本州中部以南から九州にかけてで、西日本から南日本に多い。もともと本種は日本海域の固有種とされていたが、近年になってオーストラリア南東岸でも生息が確認されている。内湾性で、岩礁帯周辺の砂底に生息する。夜間の睡眠時や危急時には砂の中に潜る。

### シロギスの船釣り時の外道

　水深20m程度までの岩礁帯周辺の砂底に生息しているため、船からのシロギス釣りの外道として釣れることがある。しかし、数が多い種類ではないので、ハリがかりするのは珍しい。あまり食用にされることはないが、食味そのものは、ベラの仲間としてはよいほう。いずれにしても外道といえるだろう。

釣期
1月
2月
3月
4月
5月
6月
7月
8月
9月
10月
11月
12月

**海水の魚**

# ササノハベラ
[笹の葉倍良]

●スズキ目ベラ科 ●全長：25cm
●分布：本州中部から沖縄諸島
●釣り場：沿岸の岩礁帯 ●地方名：ヤギ、ノメリコ、クサビ

オス
メス

## 最も一般的なベラの仲間

　本州の南西岸では最も普通に見られるベラ。釣り人が目にする機会が最も多いベラといえる。内湾の浅い岩礁帯に生息するタイプと、外洋に面したやや深い岩礁帯に生息するタイプがあり、外洋型の体色は赤味が強く、サイズもより大型になる傾向がある。体長は15〜25cm。甲殻類やイソメ類といった小型の底生動物を主食としており、夜間は岩陰や海藻の間で睡眠し、日中に活動する。また、冬期は砂の中に潜って冬眠する習性がある。水深5〜40mまでの岩礁帯に生息しており、水深に応じてさまざまな釣りの外道として釣れる。

### 外道ではあるが美味

　投げ釣り、磯釣り、船釣りと、あらゆる釣りの外道として釣れるため、一般にベラといえば本種を指す場合が多い。あまりにも外道のイメージが強いので粗末に扱われがちだが、実は食味はかなりよく、西日本では珍重される。煮物や竜田揚げ、南蛮漬け、練り製品などにして食す。

釣期
| 1月 |
| 2月 |
| 3月 |
| 4月 |
| 5月 |
| 6月 |
| 7月 |
| 8月 |
| 9月 |
| 10月 |
| 11月 |
| 12月 |

# 沿岸岩礁域の魚

## ボラ
[鯔]

- スズキ目ボラ科
- 全長：60cm
- 分布：北海道以南
- 釣り場：沿岸
- 地方名：スバシリ、チョボ

## 「トドのつまり」で知られる出世魚

　スズキと並ぶ出世魚で、10cm程度の幼魚をイナッコ、オボコ、25cm程度までをイナ、50cmぐらいまでをボラ、それ以上をトドと呼ぶ。丸みを帯びた円筒形の体をもち、眼に発達した脂瞼がある。特に冬期は脂肪によって脂瞼が極端に濁り、視力が落ちる。内湾に生息するが、幼魚は純淡水域でも生存できるため、河川中流部でも見られる。産卵は外洋へ回遊して行う。分布は全世界の温熱帯域で、日本でも北海道以南の沿岸で普通に見られる。河口部や内湾、磯周りの表層近くを群泳し、海面に勢いよく跳ね上がる。

### 珍味「からすみ」はボラの卵巣

　ハリがかりしたときの引きが強く、持久力が抜群にあるため、釣り味はなかなかのもの。伝統的な風船釣りの他、最近ではフライフィッシングの対象魚としても注目されている。食味は臭みがなくなる冬期の寒ボラが最良とされる。新鮮な寒ボラのあらいは美味である。卵巣を塩干しした「からすみ」も有名。

釣期：1月 2月 3月 4月 5月 6月 7月 8月 9月 10月 11月 12月

**海水の魚**

# メナダ
[眼奈太]

- スズキ目ボラ科
- 全長：70cm
- 分布：九州以北
- 釣り場：沿岸
- 地方名：メクサリ、アカメ

## ボラによく似た近縁種

　体形、体色、生息場所など、すべてがボラに非常によく似ており、混同されやすい。ボラと見分けるには、脂瞼を見るのが最も簡単である。メナダはボラに比べて脂瞼が未発達であり、厚い脂瞼に覆われたボラとは容易に区別できる。また、メナダの尾の先端は丸みをおびているが、ボラの尾は鋭く切れこんでいることも大きな相違点である。分布は九州以北で、内湾や河口域の他、産卵時には外洋にも回遊する。ボラよりも大型になり、70cmを超えるものも珍しくない。汽水域で釣れたものには、やや臭みがある。

釣期：1月／2月／3月／4月／5月／6月／7月／8月／9月／10月／11月／12月

### 冬期が食の旬

　釣法はボラとまったく同じ。メナダを専門に狙うというよりも、釣り上げてみたらメナダであったというケースがほとんどのようだ。食味もボラと同様、冬期に外洋で獲れたものが臭みもなくうまい。あらいや刺し身にして食す。食べるために釣るのなら、冬、磯周りで狙ってみるとよいだろう。

## 沿岸岩礁域の魚

# マイワシ
## [真鰯]

- ●ニシン目ニシン亜科
- ●全長:20cm ●分布:日本各地
- ●釣り場:沿岸
- ●地方名:ヒラゴ、ヒラデ

## 堤防からも狙える小物釣りの人気魚

　イワシの代表種で、体側に並んだ黒点が特徴。黒点は普通1列か2列だが、その上下にさらに1列の小黒点が見られることもある。分布は日本各地の沿岸と東シナ海。表層から中層を群泳し、主に植物性プランクトンを食べている。体長35mmほどまでの稚魚をマシラス、4～5cmのものをカエリ（またはアオコ）、6～9cmを小羽、10～15cmを中羽、20cm程度のものを大羽と呼ぶ。釣りの対象魚としてもポピュラーで、堤防や船からサビキ仕掛けで狙うのが一般的である。群れに当たれば、数釣りが楽しめる。

### 食味は鮮度が決めて

　食味の旬は夏から秋。8月から10月にかけて。メザシとして使われるのは中羽クラスで、刺し身やたたきには脂ののった大羽が用いられる。イワシの味は鮮度で決まるといっていい。目の澄んだ新鮮なマイワシは、塩焼きに大根おろしを添えるだけで抜群にうまい。栄養もあり、特にビタミンDが豊富。

釣期
| 1月 |
| 2月 |
| 3月 |
| 4月 |
| 5月 |
| 6月 |
| 7月 |
| 8月 |
| 9月 |
| 10月 |
| 11月 |
| 12月 |

**海水の魚**

# ウルメイワシ
## [潤目鰯]

- ニシン目ウルメイワシ亜科
- 全長：30cm
- 分布：北海道以南 ●釣り場：沿岸
- 地方名：ノドイワシ、ドンボ

## 脂瞼で潤んだ眼が特徴

　他のイワシに比べて眼が大きく、目立ち、さらに脂瞼に覆われて潤んだように見える。ウルメイワシの名はそこからついた。体色は背部が暗青色で腹部が銀白色。大きさはマイワシよりも大きくなり、最大で30cmにもなる。分布は太平洋、インド洋、大西洋の暖海域で、日本では北海道以南。通常は外洋で大きな群れをつくって回遊しているため、釣りの対象魚とはならないが、産卵のために接岸する春は、内湾にも入ってくるので釣ることはできる。しかし、ウルメを専門に狙う釣り人は少なく、多くはアジ釣りなどの外道として釣れる。

### イワシの中では最も漁獲量が少ない

　ほとんどは丸干しの加工品として出回るので、漁師か釣り人でなければ、ウルメを生で食す機会は少ない。捕れたての新鮮なものを生姜醤油で食べると最高にうまい。マイワシに比べると脂が少ないが、塩焼きでもうまい。天日で作った丸干しもまた美味である。旬は産卵を間近に控えた冬期。

釣期
- 1月
- 2月
- **3月**
- **4月**
- **5月**
- **6月**
- **7月**
- **8月**
- **9月**
- **10月**
- **11月**
- 12月

# コノシロ
[鮗]

**沿岸岩礁域の魚**

- ニシン目コノシロ亜科
- 全長：25cm ●分布：本州中部以南 ●釣り場：沿岸
- 地方名：コハダ、ジャコ

## コハダはコノシロの若魚

　著しく側扁した体形と背ビレの最後の軟条が糸状に長く伸びているのが特徴。体色は背部が淡青緑色、腹部が銀白色で、エラブタの後方に黒斑が１つある。また、体側の中央から上の各ウロコには小黒点があり、数本の黒い縦線が走っているように見える。分布は佐渡と松島湾を北限として、南シナ海からインド洋まで。主に内湾で生活し、しばしば汽水域にまで入ってくる。小型プランクトンを捕食する。出世魚でもあり、シンコ、コハダ、コノシロと呼び名が変わる。釣りは堤防のウキ釣り、サビキ釣りでイワシなどと一緒に狙う。

### 光り物の寿司種の筆頭

　江戸前の寿司種として用いられるのは体長10cm前後のコハダ。その他の料理でも、大きなコノシロよりも、シンコやコハダがよいとされる。コノシロになると、脂がのりすぎ、味がしつこくなる。シンコはコハダよりもさらにさっぱりした味。小骨が多い魚なので、酢締めにしてから使うことが多い。

釣期：5月、6月、7月、8月、9月、10月、11月、12月

**海水の魚**

# サッパ
[魚制]

- ニシン目ニシン亜科
- 全長：15cm ●分布：北海道以南 ●釣り場：沿岸
- 地方名：ママカリ、キクイワシ

## 堤防のサビキ釣りでお馴染みの魚

　ニシンに似ているが、体は著しく側扁し、極めて薄い。腹部には鋸歯状のウロコが見られる。体色は背部が暗緑色、腹部が銀白色。コノシロの若魚とも混同しやすいが、背ビレの長い軟条とエラブタ後ろの黒斑の有無で見分けられる。分布は北海道以南から東南アジアまで。内湾に群泳し、初夏には河口域に集まる。釣りの対象魚としては外道という印象が強い。堤防のサビキ釣りで、小アジや小サバ、イワシなどに混じって釣れることが多い。サッパを専門に狙う人は少ない。群れが寄ってくれば、コマセなしでも釣れる。

### 酢締めがおいしい小魚

　釣りの対象魚としては人気のないサッパだが、食味は意外にもよい。瀬戸内海ではサッパのことを「ママカリ（飯借り）」と呼び、隣に飯を借りに行くほど美味しいところから名付けられた。骨っぽい魚なので、コノシロと同じく酢締めにしたうえで姿寿司や押し寿司、酢の物にして食する。

釣期：1月／2月／3月／4月／**5月**／**6月**／**7月**／**8月**／**9月**／**10月**／**11月**／**12月**

# トウゴロウイワシ
## [藤五郎鰯]

- スズキ目トウゴロウイワシ科
- 全長：15cm ●分布：南日本
- 釣り場：沿岸
- 地方名：トオゴロ

**沿岸岩礁域の魚**

## イワシの仲間に似たボラの近縁種

　南日本の沿岸にごく普通に見られる小魚。姿形はイワシの仲間に似ているが、実際はボラの仲間である。2基からなる背ビレはボラ亜科の特徴であり、イワシ類には背ビレは1つしかない。分布は南日本から朝鮮半島、台湾、中国にかけてで、沿岸の表層を群泳している。体長は最大で15cm程度。主として動物プランクトンを食べている。釣りの対象魚としてはまったく魅力のない魚といっていい。磯周りや堤防で小物釣りをしている際に外道としてハリがかりすることがほとんど。一見すると、カタクチイワシと間違えやすい。

### 大型魚のエサとして有用

　小型魚であるうえにウロコが硬いため、食用にすることは少ない。ただし、肉食性大型魚のエサ魚としては有用であり、生きたトウゴロウイワシが手に入れば、泳がせ釣りのよいエサとなる。近種のムギイワシ、ギンイソイワシ、ヤクシマイワシなども同じ目的で用いることができる。

| 釣期 |
|---|
| 1月 |
| 2月 |
| 3月 |
| 4月 |
| 5月 |
| 6月 |
| 7月 |
| 8月 |
| 9月 |
| 10月 |
| 11月 |
| 12月 |

**海水の魚**

# カタクチイワシ
## [片口鰯]

- ニシン目カタクチイワシ科
- 全長：18cm
- 分布：日本各地 ●釣り場：沿岸
- 地方名：シコイワシ

## 短い下アゴが特徴の小型イワシ

　「カタクチ（片口）」の名のとおり、下アゴが極めて短く、上アゴが突き出しているように見える。大きな口は目の後ろまで開く。体形は円筒形。体色は背部が暗青色で腹部が銀白色。沿岸や外洋の表層から中層に大きな群れをつくって回遊し、主に小型の甲殻類を食べる。釣りでは、対象魚としてよりも、大型肉食魚のエサとしての需要が大きい。特に関東では、シコイワシと呼ばれ、カツオやシイラ、メバル釣りにおいて最高の生きエサとして用いられる。内湾の堤防に寄った際には、サビキ釣りで簡単に釣ることができる。

### 缶詰のアンチョビで有名

　アンチョビとして知られる缶詰は、本種の塩漬けをオリーブ油につけたもの。また、シラスの大部分は本種の幼魚である。また、市販されているメザシのほとんどが本種。高度不飽和脂肪酸が多く、脂肪含有量も高いので、味がくどい。唐辛子や生姜、山椒で煮て辛煮にすると酒の肴によい。

| 釣期 |
|---|
| 1月 |
| 2月 |
| 3月 |
| 4月 |
| 5月 |
| 6月 |
| 7月 |
| 8月 |
| 9月 |
| 10月 |
| 11月 |
| 12月 |

# 沿岸岩礁域の魚

## サヨリ
[針魚]

- トビウオ亜目サヨリ科
- 全長：40cm ●分布：琉球列島と小笠原諸島を除く日本各地 ●釣り場：沿岸 ●地方名：ハリウオ、クチナガ

## 磯や堤防の小物として人気

　トビウオやサンマの近縁種で、細長い体と針のように突き出た下アゴが特徴。日本各地の沿岸で普通に見られ、表層を群泳し、動物性プランクトンを捕食する。沿岸を回遊する海水魚ながら、時には河口の汽水域にまで入り込む。産卵は春から夏にかけて、沿岸の藻場などで行う。雄は1～2年で成熟するのに対して、雌の成熟には丸2年必要とするため、産卵場所で見られる雌は雄よりも大きい。昔は決して人気のある魚ではなかったが、現在では高級魚としてのイメージが定着しており、釣りの対象魚としても人気が高い。

### 透明感のある身は刺し身向き

　釣りの最盛期は磯周りに寄る1～3月。その後、内湾の汽水域に入ってくる頃には比較的簡単に釣れる。食味の旬は2回あり、最初は産卵前の早春、次が晩秋。味としては秋よりも早春のほうが上とされている。淡泊ながら適度な脂肪があり、歯応えも兼ね備えた透明感のある身は、やはり刺し身に最適だ。

| 釣期 |
|---|
| 1月 |
| 2月 |
| 3月 |
| 4月 |
| 5月 |
| 6月 |
| 7月 |
| 8月 |
| 9月 |
| 10月 |
| 11月 |
| 12月 |

海水の魚

# アカカマス
[赤魳]

●スズキ目カマス科　●全長：40cm　●分布：本州中部以南
●釣り場：沿岸
●地方名：ホンカマス

## 小型ながら、獰猛な肉食魚

　一般に「カマス」と呼ばれているのが本種とヤマトカマス。本種をホンカマス、ヤマトカマスをミズカマスと呼び分けることもある。ともによく似ているが、アカカマスは腹ビレ起部が背ビレ起部よりもはるか前方に位置し、ヤマトカマスはこれがわずか後方に位置している点で見分けられる。体色は背部がやや赤味を帯びた黄褐色で腹部は白色。各ヒレは黄色味を帯びている。分布は本州中部以南で、特に南日本に多い。沿岸の表層域を群泳する肉食魚で、イワシなどの小魚を捕食する。体長は最大で50cmにも及ぶことがある。

釣期
| 1月 |
| 2月 |
| 3月 |
| 4月 |
| 5月 |
| 6月 |
| 7月 |
| 8月 |
| 9月 |
| 10月 |
| 11月 |
| 12月 |

### 塩焼きや干物がうまい

　釣りの対象魚としてそれほど人気のある魚ではないが、最近では手軽に楽しめるルアーフィッシングの対象魚として注目されている。釣期は7月から9月いっぱいまで。食味の旬もこの頃である。料理法は塩焼きと干物が一般的。塩焼きは一夜干しにして、余分な水分を飛ばすとよい。

190

# 沿岸岩礁域の魚

# シマイサキ
[縞伊佐木]

- ●スズキ目シマイサキ科 ●全長：25cm ●分布：本州中部以南
- ●釣り場：沿岸
- ●地方名：シマイオ、スミヤキ

## 縞模様が鮮やかな堤防の釣魚

　一見すると、同じ科に属するコトヒキと間違えやすい。見分けるには、まず、背ビレの棘部と軟条部のつなぎ目を見る。シマイサキはここがしっかりつながっているのに対して、コトヒキの場合は完全に欠刻している。他にも、体側の暗色縦帯がシマイサキはまっすぐなのに対して、コトヒキは弓型に曲がっている点も異なる。だが、両種とも大型になるほど体色が不鮮明になるので、わかりにくい場合もある。分布は本州中部以南から東南アジアにかけてで、内湾や河口部に多く見られ、時に淡水域にも入ることがある。

### 刺し身でもイケるほど美味

　釣りの対象魚として専門に狙うことは少ないが、堤防からの投げ釣りやサビキ釣りで釣ることができる。釣り上げると、ニベ科の魚のようにウキブクロを伸縮させて「グーグー」と音を出す。食べてうまい魚で、旬は5～8月。身の締まった大型は刺し身に、小型は塩焼きや煮物がよい。

釣期：1月／2月／3月／4月／5月／6月／7月／8月／9月／10月／11月／12月

海水の魚

# コトヒキ
[琴弾]

- スズキ目シマイサキ科
- 全長：30cm ●分布：本州中部以南 ●釣り場：沿岸
- 地方名：ヤカタイサキ

## ウキブクロの発生音が琴の音色に似る!?

シマイサキと同じく、ウキブクロを伸縮させて出す音が琴の音色に似ているところから「コトヒキ（琴弾）」の名がついた。シマイサキよりも吻部が丸く、背ビレのトゲ部と軟条部が完全に欠刻しているのが特徴。また、エラブタの後端にトゲがある。体側にある暗色の縦帯は3本で、上向きの弓状に曲がっている。分布は本州中部以南から太平洋西部、インド洋にかけて。沿岸の浅海や河口域に群れをつくって回遊する。小型の甲殻類やイソメ類など底生動物を捕食する。体長は普通30cmまでだが、まれに40cm以上にもなる。

釣期
| 1月 |
| 2月 |
| 3月 |
| 4月 |
| 5月 |
| 6月 |
| 7月 |
| 8月 |
| 9月 |
| 10月 |
| 11月 |
| 12月 |

### 外道ながら、なかなかの美味

内湾や河口部の砂泥底で底生動物を捕食しているため、投げ釣りの外道として釣れることが多い。専門に狙う人は少ないが、実は食べてもうまい魚である。

旬は夏で、30cmを超える大型は3枚におろして刺し身にし、小型は焼き物や煮物にする。イサキには負けるが、なかなか美味な魚である。

# 沿岸岩礁域の魚

# ゴンズイ
[権瑞]

- ナマズ目ゴンズイ科
- 全長：20cm
- 分布：本州中部以南
- 釣り場：沿岸の岩礁帯
- 地方名：ギギ

## この顔にご用心！

　釣り人が嫌悪する外道のナンバーワンが本種。磯釣りや投げ釣りの他、岩礁帯でのボート釣りでもよく釣れるので、よく顔を覚えておく必要がある。ナマズの仲間だけに、体形も似ており、頭部は幅広の縦扁で、後部になるほど細く側扁している。ヒゲが4対、計8本あり、体色は黒褐色。体側に2本の黄色縦帯が走っている。トゲ状になった背ビレの第1条と胸ビレには毒腺があり、刺されると激痛に襲われ、後に患部周辺がひどく腫れる。本州中部以南の岩礁帯に生息し、群れをつくって遊泳する。体長は最大で20cm。

### 触らぬ神にたたりなし

　ゴンズイも生物と考えれば、ベゴチバサミとプライヤーを駆使してちゃんとハリを外してから海へ帰してやるべきだが、ハリを呑みこまれてしまったら無理に外そうとせず、ハリスを切ったほうがいい。もしも刺されたら、専用の吸出器で毒を取り除き、アンモニアで消毒すること。

釣期
| |
|---|
| 1月 |
| 2月 |
| 3月 |
| 4月 |
| 5月 |
| 6月 |
| 7月 |
| 8月 |
| 9月 |
| 10月 |
| 11月 |
| 12月 |

## 海水の魚

# ウツボ
[鱓]

- ウナギ目ウツボ科
- 全長：80cm ●分布：本州中部以南 ●釣り場：沿岸の岩礁帯
- 地方名：ジャウナギ

## 80cm以上にもなる大型の外道

　磯釣りや岩礁帯での投げ釣りでしばしば釣れる迷惑な外道。体は長く、側扁しており、胸ビレと腹ビレがない。また、背ビレと尻ビレは尾ビレと連続している。ウロコがなく、体表は肥厚した皮膚によって覆われる。琉球列島を除く本州中部以南の岩礁帯に普通に見られる種で、岩の割れ目や穴に潜んで、近くを通るタコや甲殻類、魚類などを捕食する。鋭い歯をもっているので、噛まれると危険だが、毒はない。夜行性で、日中はすみかに隠れてじっとしていることが多い。体長は最大で80cm以上にもなる。

### 見かけによらず、食べるとうまい

　当然ながら、釣りで専門に狙う人はいない。ハリがかりすると、仕掛けにグルグルと体を巻きつけてメチャクチャにしてしまう。アゴの力が強いので、噛まれないように注意が必要。悪相だが見かけによらず食べるとうまい。特に冬は脂がのっていて、天ぷらや蒲焼きにすると美味である。

釣期
1月
2月
3月
4月
5月
6月
7月
8月
9月
10月
11月
12月

## 沿岸岩礁域の魚

# アミメウツボ
[網目鱓]

- ウナギ目ウツボ科
- 全長：80cm
- 分布：沖縄列島以南
- 釣り場：沿岸の岩礁帯

## 網状の模様が特徴

ウツボと同じく磯釣りなどで釣れる厄介な外道。体は長く、側扁しており、胸ビレと腹ビレがない。また、背ビレと尻ビレは尾ビレと連続している。ウロコがなく、体表は肥厚した皮膚によって覆われる。分布は琉球列島以南から太平洋西部、インド洋、ポリネシアにかけて。ウツボよりも暖かい海を好む南方系の種である。体色は褐色ベースに細かな黄白色線からなる網状紋がある。成長とともに、この模様は薄れる。鋭い歯をもっているので、嚙まれると危険だが、毒はない。体長は最大で80cm以上になる。

### ウツボの扱いには細心の注意が必要

ウツボ科は種類が多く、外見的によく似ているものが多いので、釣り人がそれぞれの種を見分けることが難しい。どのウツボに対してもいえることは、非常に鋭い歯をもち、アゴの力が強いということである。熱帯の海には有毒の種さえもいる。釣り上げた後も決して油断してはならない。

釣期: 1月 2月 3月 4月 5月 6月 7月 8月 9月 10月 11月 12月

## 海水の魚

# シャコ
[蝦蛄]

- ●口脚目シャコ科　●全長：15cm
- ●分布：琉球列島を除く日本各地
- ●釣り場：沿岸の岩礁帯
- ●地方名：ガサエビ

## エビに似た節足動物

　エビやカニと同じ節足動物。体形はエビ型だが、甲羅が小さく、胸部の第4節まで覆われていない。露出している胸節のうち、第6～8胸節に1対ずつの歩脚が付いている。その後方に続く腹部は7節からなり、その最後節が尾扇になっている。また、第2胸脚はハサミ状の捕脚になっている。分布は日本各地の他、韓国、中国北部、台湾にも見られる。沿岸の浅海に生息し、内湾の砂泥底に多い。夜行性で、日中は砂泥底に穴を掘って隠れており、夜になると小型の底生動物や小魚を捕食する。体長は15cm程度である。

### 江戸前の寿司種として有名

　釣りでは専門に狙う人は少なく、ほとんどは砂浜や堤防からの投げ釣りの外道として釣れる。食用としては、江戸前の寿司種に欠かせない存在であり、天ぷらや塩茹で、鍋物、味噌汁の具などにも用いられる。また、卵巣は俗に「かつぶし」とも呼ばれ、歯ざわりがよく美味である。

### 沿岸岩礁域の魚

# マダコ
## [真蛸]

- ●頭足類マダコ科　●全長：60cm
- ●分布：本州中部以南
- ●釣り場：沿岸の岩礁帯

## マダコテンヤを使った釣りが主流

　本州中部以南の暖かい海に分布するタコの代表種。沿岸の岩礁帯に生息し、甲殻類を主食とする。タコは夜行性で、日中は岩穴などに身を潜める習性がある。また、非常に縄張り意識の強い生物でもあるため、強い個体が周辺で最も条件のよい岩穴を占領する。タコ壺漁は、タコのこうした習性を利用した漁法である。釣りの対象魚としても人気があり、マダコテンヤと呼ばれる専用のテンヤバリにイシガニなどを縛りつけ、海底を小突くようにして誘う。マダコがテンヤにしがみつき、ずっしりと重さを感じたところで大きくアワセる。

### 日本の食材として欠かせないマダコ

　日本ではマダコは古くから食材として用いられてきた。味は近海ものがよしとされ、小型のほうがうまい。活きのいいものなら、刺し身が最高である。他にも酢の物や煮物など、食べ方はいろいろ工夫できる。また、房状になった卵は「カイトウゲ（海藤花）」といい、珍重される。

釣期
| 月 |
|---|
| 1月 |
| 2月 |
| 3月 |
| 4月 |
| 5月 |
| 6月 |
| 7月 |
| 8月 |
| 9月 |
| 10月 |
| 11月 |
| 12月 |

**海水の魚**

# イイダコ
## [飯蛸]

- 頭足類マダコ科 ●全長：30cm
- 分布：北海道南部から九州
- 釣り場：沿岸

## 頭に詰まった飯粒のような卵が名の由来

　産卵を控えた雌が体内にご飯粒のような卵をもつところから「イイダコ（飯蛸）」の名がついた。一見するとマダコに似ているが、皮膚は粒状の小突起で覆われている。また、眼の下に金色の輪状紋と、眼の間に横長短形の金色紋がある。体長も最大で30cmとマダコよりも小さい。北海道南部から九州の沿岸に生息し、内湾の砂底を好む。マダコ同様、穴に入る習性があり、海底の貝殻やガラスビンなどを巣にする。釣りは晩秋から初冬にかけて最盛期で、軽めのオモリが付いたイイダコテンヤにラッキョウなど白いものを付ける。

### 冬の食卓を飾るイイダコの煮物

　イイダコの肉質はやや水っぽいため、食味はマダコよりも劣るとされる。旬は秋から冬。雌が卵をもっている時期がよい。料理法としては煮物が一般的で、おでんの具にもしばしば用いられる。新鮮なものであれば、塩揉み後に湯通しして、刺し身や酢の物にしても美味である。

# 沿岸岩礁域の魚

# アオリイカ
[煽烏賊]

- ●頭足類ジンドウイカ科
- ●全長：40cm
- ●分布：北海道以南 ●釣り場：沿岸の岩礁帯 ●地方名：ミズイカ

## 餌木を使った投げ釣りが人気

　沿岸の浅い岩礁帯に生息するイカの仲間で、最も美味なイカといわれている。体長は40cm程度で、胴の幅は12〜13cm。ヒレは胴の全長にも及び、楕円形をしている。このため、一見すると、同じようなヒレをもつコウイカの仲間に似ているが、コウイカ類の特徴である石灰質の甲が本種にはない。雄の背面には断続的な黄紋が見られる。産卵は4〜7月。釣りの対象魚として非常に人気が高く、磯や堤防から「餌木」という和製ルアーを投げて釣る。夜釣りが主体。最近はルアーフィッシングの対象にもなっている。

釣期：4月・5月・6月・7月・8月・9月・10月

### イカの高級品種

　鮮度のよいものは透明感があり、身が硬く締まっている。食味はイカの中では最高とされ、寿司種として非常に珍重されている。あまり多獲されない種なので、新鮮なものは釣り人だけが楽しめる贅沢な食材といえるだろう。何といっても刺し身が絶品だが、塩焼きなどにしてもうまい。

海水の魚

春から秋まで楽しめる釣期の長い
アオリイカ釣りは、夏場の堤防釣
りの定番メニュー

海水の魚

# 沖磯の魚

　沖磯は豪快でパワフルなファイトを求める大物釣り師フィールドです。イシダイやクエ、それに上物のヒラマサやイソマグロなど、いずれも強烈な引きが魅力です。南の海に、ロウニンアジやカッポレなど大型ヒラアジをルアー専門で狙う遠征釣行派も多くいるほどです。

海水の魚

# FIELD IMAGE

沖磯の魚

沖磯

**対象魚のいかんに関わらず、磯場ではライフジャケットの着用を心がけたい。**

海水の魚

沖磯の魚

**沖磯のビッグゲームはイシダイ、モロコ、それにヒラマサなどの回遊魚。**

**海水の魚**

# イシダイ
[石鯛]

- スズキ目イシダイ科
- 全長：60cm ●分布：北海道以南
- 釣り場：磯、沖、防波堤
- 地方名：ワサナベ（和歌山）など

## 磯釣りファン憧れの磯の王者

　幻の魚ともいわれ、磯釣りファンなら誰もが憧れる磯の王者。波しぶき飛び散る荒磯での、ワイルドな釣りの醍醐味は一度味わうと忘れ難く、その強烈な引きを知ると病みつきになる魅力をもつ。シマダイ、サンバソウと呼ばれる幼魚期には体側に鮮明な黒色の横帯が7本あるが、成魚では不鮮明になり、全体的に黒ずむ。特に全長50cmを超える老成魚は、口のまわりが黒くなり、雄だけ横帯が消失するため、クチグロ、ギンワサの別名がある。北海道以南の日本各地に分布す

### 料亭並みの豪華なエサで狙う

　豪快な磯釣りの人気ターゲットで、幻の魚とも呼ばれるイシダイ。専用の剛竿に両軸受けリールをセットし、仕掛けは捨てオモリ式。サザエ、アワビ、伊勢エビ、ウニなど、料亭料理かと思うほど豪華なエサが用いられる。仕立て船で狙う沖釣りもあるが、ほとんどは磯釣りで狙う。それがイシダイ野郎たちの流儀だ。

釣期
| 1月 |
| 2月 |
| 3月 |
| 4月 |
| **5月** |
| **6月** |
| **7月** |
| **8月** |
| **9月** |
| **10月** |
| **11月** |
| 12月 |

## 沖磯の魚

るが、特に南日本に多い。春から初夏にかけて産卵し、ふ化した稚魚は、イシガキダイ、メジナ、アジ、カワハギなどの稚魚に混じって流れ藻につき、小型甲殻類を食べて成長する。横帯が鮮明となる全長10cmほどになると、磯や根に移動して生活。成魚は、磯や沖合の岩礁帯と周辺に生息し、頑丈なくちばし状の歯でアワビやサザエのような巻き貝、伊勢エビなどの甲殻類、ウニ、フジツボなどの底生動物をかみ砕いて食べる。17～20℃の水温を好み、春から秋に磯に寄る。しかし、冬になり水温が下がると沖の深場へ移動。水温が13℃を下回るとエサを取らなくなる。愛知でナベダイ、関西・東北でハスとも呼ばれる。全長60cmほどだが、中には80cmほどになる大物もいて、釣り人の憧れだ。強烈な引きに耐え得るロッド、リールが必要なうえに、エサもサザエや伊勢エビなどを使い、釣り場に渡る費用も安くはない。それでも狙う釣り人がいるほど、磯の王者の名にふさわしい魅力があるということだ。食材としても魅力的な魚で、大型サイズはイシガキダイやマダイと同様に味が落ちるため、40cm前後がいい。淡泊な身でマダイに匹敵する締まりがあるが、やや磯臭さがあるため、生食よりはあらいなどが向く。他にも塩焼き、煮魚、あら煮、寿司種などで食べるが、特に秋の魚がいちばんうまい。

このサイズでもイシダイの引きは強烈だ

海水の魚

# イシガキダイ
[石垣鯛]

- スズキ目イシダイ科
- 全長：60cm ●分布：本州中部以南 ●釣り場：磯、沖、防波堤
- 地方名：ワサラビ（静岡）など

## ヒョウのような黒斑点をもつイシダイの仲間

　イシダイの仲間の磯魚で、釣り人の人気はイシダイと二分するほどだ。体型はそっくりだが、体表に暗色の横帯がなく、ヒョウのように黒い斑点で覆われている点で異なる。まるで石垣のようにも見えるためこの名がついた。この斑点は幼魚期に大きく鮮明で、成長するにつれ全体的に黒ずんでくる。この変化には雌雄差があり、雄は老成化するとともに黒みが強まり、斑点は不明瞭となり、口のまわりが白くなるためクチジロと呼ばれる。イシダイが黒くなり、クチグロと呼ばれるのと対照的だ。一方、雌はあまり黒くならず、斑点の存在は明瞭だ。本州中部以南から南シナ海にかけて分布。イシダイに比べ、暖かい海域を好み、水温18℃以上で活発になるようだ。口は小さいが、頑丈なくちばし状の歯で、サザエやフジツボなどの貝類、エビやカニなどの甲殻類、ウニなどを噛み砕いて食べる。稚魚は流れ藻につき、成長するにつれ磯や根に移動。成魚は、磯や沖合の岩礁帯と周辺に生息し、体形

釣期
1月
2月
3月
4月
5月
6月
7月
8月
9月
10月
11月
12月

## 沖磯の魚

や食性同様、生態もイシダイとほとんど変わらない。しかし、成長のスピードはイシダイよりも速いことが知られており、動きが素早いためエサ取りがうまく、ハリがかりしてからの引き込みはイシガキダイのほうが強いようだ。普通は全長60cmほどだが、80cmを超える大物もいる。しかし、数は少ないようで、イシガキダイ、イシダイ、クチジロの順に釣れるサイズは大きい。神奈川でササラダイ、ワサラビ、和歌山でモンバス、モンワサナベ、三重でコメカミ、高知でモンコロウ、宮崎でコメビシヤ、長崎でフサ、鹿児島でクサと呼ばれ、地方名は豊富。釣り方はイシダイと同じ。しかし、口がやや小さいため、エサはひと回り小さくするのが一般的。イシダイとイシガキダイを人工交配するとキンダイという雑種ができ、養殖魚として注目されている。

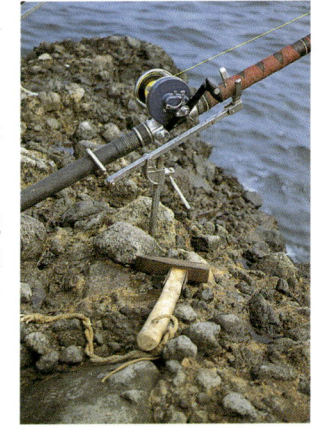

強い引きに備えタックルを磯場に固定する

### イシダイと磯釣りファンの人気を分ける人気魚

イシガキダイは、荒磯での釣りでイシダイと肩を並べる人気魚だ。釣り方は同じで、サザエやカニなどをエサにした捨てオモリ仕掛けが主流。小型狙いで数本のハリを付けた胴突き仕掛けを使う場合もある。イシダイより敏捷で、ハリがかりしてからの引きも強いが、口が小さいため、エサはやや小さくするのがよい。イシダイ同様美味で、刺し身、あらい、焼き物、煮物などにするが、死後時間がたつと磯臭さが強くなるので注意。

**海水の魚**

# アイゴ
## [藍子]

- スズキ目アイゴ科
- 全長：30cm ●分布：本州中部以南 ●釣り場：磯、防波堤
- 地方名：イタイタ（富山）など

## ヒレのトゲには毒があるので注意

　暖海性の魚で本州中部以南に分布するアイゴ。各ヒレに毒腺をもつトゲがあり、刺されると強烈に痛むので気をつけたい。死後も同様だ。このため富山ではイタイタとも呼ぶ。体色は生息場所によって変化するが、普通は淡い灰褐色か黄褐色。小さな白斑紋が散在し、暗色の斑紋が混じることもある。沿岸の岩礁帯に生息し、巨大な群れをつくることもある。稚魚は内湾域で付着藻類を食べて成長し、成魚は海藻の他にエビ、ゴカイなども捕食する雑食性。和歌山でシブカミ、和歌山・三重でアイ、静岡・下関などでバリの別名がある。

**釣期**
- 1月
- 2月
- 3月
- 4月
- 5月
- 6月
- 7月
- 8月
- 9月
- 10月
- 11月
- 12月

### うまいとまずいに好みがはっきり分かれる味

　大きくなっても40cmほどのわりに引きが強く、釣り人を喜ばせるアイゴ。エサはオキアミを使うのが一般的だが、和歌山では酒カスを使うことが知られている。食味はうまいという人と磯臭くてだめという人にはっきり分かれる。各ヒレにある鋭いトゲの毒は死んでも残っているので、調理の際は要注意。

沖磯の魚

# テングハギ
[天狗剝]

- スズキ目ニザダイ科
- 全長：50cm ●分布：本州中部以南 ●釣り場：磯、防波堤
- 地方名：ツヌマン（沖縄）など

## 額に鬼のような角をもつ熱帯性魚

　テングハギはニザダイの仲間で、全長10cmほどに育つと眼前部の額に角が出現。成長するにつれ大きくなる特徴をもつ。天狗の長い鼻に似ているため、この名がついたのだろう。成魚は尾ビレ上下の外縁鰭条が著しく伸びる特徴もある。幼魚は体に黒い斑点が数列並ぶが、少し大きくなると尾ビレの付け根に青黒色点を2つ残すだけとなり、ここには前方を向いた竜骨状突起があり、知らずに触るとけがをするので注意。体は著しく側扁。口が小さく、成魚の両アゴにはなめらかな円錐状の歯が60本ほど存在するが、幼魚や未成魚では少なく、歯はのこぎり状だ。本州中部以南に見られ、特に南日本に多く、その分布はインド・太平洋域にまで至る。未成魚まではサンゴ礁内で単独で生活するが、成魚は群れで岩礁域に生息し、海藻を好んで食べる。和歌山ではテング、テングハゲ、キツネハゲとも呼ばれる。離島での磯釣りの仕掛けにハリがかりすることがある。70cmほどまで大きくなるものもいる。

釣期

| 1月 |
| 2月 |
| 3月 |
| 4月 |
| 5月 |
| 6月 |
| 7月 |
| 8月 |
| 9月 |
| 10月 |
| 11月 |
| 12月 |

海水の魚

# ニザダイ
[仁座鯛]

- スズキ目ニザダイ科
- 全長：40cm　●分布：宮城県以南
- 釣り場：磯、防波堤
- 地方名：オキハゲ（広島）など

## 尾ビレの付け根にある黒い斑紋に注意

　体が著しく側扁し、灰黒色の体色をもつ。小さい口の両アゴに門歯状の歯が10本ほど1列に並ぶ。尾ビレの付け根から前方にかけて4～5個の大きな黒い斑紋をもつ骨質板があり、後部の3～4個に小さな半円形の竜骨状突起があるので、テングハギ同様注意が必要。この斑紋のうち3つが目立つため、関東や静岡、和歌山などでサンノジと呼んだり、サンコウと呼ぶところもある。暖海性の魚で、宮城県以南から台湾にまで分布。沿岸や外海の岩礁域に群れですみ、サンゴ藻などの海藻を好んで食べるが、イソメ、ゴカイやエビ、オキアミなどのエサも取りにくる雑食性。メジナ釣りなどの外道でハリがかりすることが多く、引きが強烈なため本命と思った釣り人がニザダイとわかりがっかりすることもある。普通は全長40cmほどまでだが、60cm以上に成長する大物もいる。関西・和歌山・高知などでクロハゲと呼ばれる。身はやや磯臭さがあるが、あらいにするとうまく、刺し身もいい。

釣期
| 1月 |
| 2月 |
| 3月 |
| 4月 |
| 5月 |
| 6月 |
| 7月 |
| 8月 |
| 9月 |
| 10月 |
| 11月 |
| 12月 |

沖磯の魚

# ゴマテングハギモドキ
[胡麻天狗剝擬]

- ●スズキ目ニザダイ科
- ●全長：60cm ●分布：南日本
- ●釣り場：磯、防波堤
- ●地方名：ママス（奄美大島）など

## 角がないのでモドキ？

　体形は著しく側扁し、尾ビレの付け根は非常に細い。尾柄部の上下両縁にはテングハギ属特有の浅い切れ込みがあり、その両側には2つのキール（竜骨状の骨質板隆起）がある。体色はかなり個体差があり、青みを帯びた褐色からグレーに近いものまでさまざま。体側上半部には黒色斑点が多数散在し、この特徴が本種の名前に由来する。尾柄部の2つのキール部分にある黒褐色の斑紋から、ニノジと呼ぶこともある。暖海の魚で、近種のテングハギモドキと群れをつくることもある。サンノジ（ニザダイ）などと同様、磯の上物釣りの外道として釣れることがある。近種のテングハギモドキとは前述の胡麻状黒色斑点の有無と舌の縁の色（テングハギモドキの舌は成長につれて縁が黒くなるが、本種は特に黒くならない）で容易に区別がつく。カワハギやニザダイよりもその身は磯臭いものの、あらいなどにして食べると野趣あふれた磯の香りが楽しめる。

**海水の魚**

# ブダイ
## [武鯛]

●スズキ目ブダイ科
●全長：40cm ●分布：千葉県以南 ●釣り場：磯、防波堤
●地方名：ゴンタ（徳島）など

## 雄雌で異なる鮮やかな体色

　千葉県以南の特に南日本に多く、インド・西部太平洋域にまで広く分布する熱帯性のブダイ。赤褐色の体色は複雑で、雄は青みが強く、雌や幼魚は全体的に赤っぽい。またウロコは非常に大きく分厚い。日中はサンゴ礁の周辺に小さな群れをつくり、ゆっくりと泳ぎながら生活し、夜はサンゴの隙間や海藻の間で眠ることが知られている。日中でも曇りや波が荒いときは、ほとんど活動しなくなり、水温が14℃以下になると活動を停止し、捕食もやめるようだ。タイワンブダイに似るが、有歯面がさらに広く、尾ビレが丸いこと、眼から放射状に走る橙色帯がないなどの点で区別できる。まるでオウムのくちばしのようにも見える、びっしりと生えそろった歯で、夏は甲殻類や貝類などの底生動物を食べ、冬は主にハバノリなどの海藻を好んで食べる雑食性。捕食の際はエサを2～3回かじった後に飲み込む。冬のブダイは美味で、ハバノリをエサにして大物を狙う釣り方が一般的だ。

釣期：1月、2月、3月、4月、5月、6月、7月、8月、9月、10月、11月、12月

# 沖磯の魚

# コブダイ
[瘤鯛]

- スズキ目ベラ科　●全長：1m
- 分布：本州中部以南
- 釣り場：磯、沖、防波堤
- 地方名：ムクジ（北陸）など

## 「カンダイのひとのし」といわれる強烈な引き

　カンダイの別名をもち、強烈な引きで釣り人に人気がある魚で、「カンダイのひとのし」という言葉があるほどだ。タイと名につくが、実際はベラの仲間で、日本産ベラ種では最大になり、1mに達する大型もいる。全長40cmほどまでの幼魚は体全体が朱色で、体側中央に白縦帯が1本あり、背ビレ、尻ビレ、尾ビレの一部が黒っぽい。しかし、成魚になると、体は鮮紅色で覆われ、とても同じ魚に思えないほど変化する。雄は成長にともない前頭部がコブ状にもり上がるため、この名がついた。茨城県、佐渡以南の日本各地と朝鮮半島、南シナ海の温帯域に分布し、特に黒潮の影響が少ない日本海や瀬戸内海に多い。沿岸の岩礁域にすみ、巻き貝や甲殻類を好んで食べるほど丈夫な歯をもつ。近畿・中国・四国でモブシ、鹿児島でモハミと呼ぶ。以前はイシダイとコブダイが磯の大物釣りの代表魚だったが、今では数が減ってしまった。しかし、魚影が濃い地域では相変わらずの人気を誇る。

| 釣期 |
|---|
| 1月 |
| 2月 |
| 3月 |
| 4月 |
| 5月 |
| 6月 |
| 7月 |
| 8月 |
| 9月 |
| 10月 |
| 11月 |
| 12月 |

## 海水の魚

# コショウダイ
### ［胡椒鯛］

● スズキ目イサキ科
● 全長：50cm ● 分布：本州中部以南 ● 釣り場：磯、沖、防波堤
● 地方名：コツダイ（富山）など

## 多数の黒い斑紋に特徴があるイサキの仲間

　タイの名をもつがイサキの近縁種。体は楕円形で側扁、口は小さく、くちびるは厚い。尾ビレの後縁がだ円形をしている。体は灰褐色で３本の斜めに走る黒帯があり、体後部の背側と背ビレ、尾ビレに多数の黒い斑紋が散在する。同じコショウダイ属の魚はクロコショウダイ、アジアコショウダイ、シマコショウダイなど他に10種いるが、黒帯や斑紋の違いでそれぞれ明確に区別できる。本州中部以南から南シナ海、スリランカ、アラビア海に分布する暖海性で、浅めの沿岸の岩礁域に小さな群れで生息し、幼魚は内湾に入る。産卵期は５〜６月。全長は50cmほどだが、中には１mに成長するものもいる。千葉でオゴンダイ、大分でコンと呼ばれ、コロダイとの混称で静岡でエゴダイ、関西・高知でコタイ、また愛媛・大阪でコロダイとも呼ばれる。底もの釣りの外道でハリがかりすることが多いが、一本釣りや定置網で漁獲される魚でおいしく、新鮮なものは刺し身にすると美味。

釣期
| 月 |
|---|
| 1月 |
| 2月 |
| 3月 |
| 4月 |
| 5月 |
| 6月 |
| 7月 |
| 8月 |
| 9月 |
| 10月 |
| 11月 |
| 12月 |

## 沖磯の魚

# タカノハダイ
[鷹羽魚鯛]

- スズキ目タカノハダイ科
- 全長：40cm ●分布：本州中部以南 ●釣り場：磯、防波堤、砂浜
- 地方名：タカッパ（各地）など

## 本州南岸でよく見られる磯魚

　本州中部以南から東シナ海、台湾にかけて分布し、本州南岸でよく見られるタカノハダイ。黄色い尾ビレは二叉形で白い斑点が散在しており、仲間と区別できる。口が小さくやや下向きで、くちびるが厚い。体は著しく側扁し、腹縁は丸みを帯びる。胸ビレの下部が肥厚し長いのが特徴。成魚は水深10～30mの岩礁帯に多く、稚魚はアマモ場などに多い。雑食性で、小型甲殻類、貝類、海藻などを食べる。三重でションベンタレ、和歌山でショガミ、鹿児島でシマキコイと呼ばれ、仲間のミギマキに対し、関西・高知ではヒダリマキとも呼ぶ。

### 仲間のミギマキは観賞魚として珍重

　タカノハダイの仲間のミギマキは体形も生息域も似ているが、白っぽい体色に暗褐色の斜め縞が走り、やや深場を好む点で異なる。どちらも磯臭く、味はよくないが、ミギマキは色彩が美しいため観賞魚として珍重される。ともにメジナ釣りなど、磯釣りの外道で釣れることが多い。

釣期

| 1月 |
| 2月 |
| 3月 |
| 4月 |
| 5月 |
| 6月 |
| 7月 |
| 8月 |
| 9月 |
| 10月 |
| 11月 |
| 12月 |

海水の魚

# カゴカキダイ
[駕籠舁鯛]

- スズキ目カゴカキダイ科
- 全長：20cm ●分布：茨城県以南
- 釣り場：磯、沖、防波堤 ●地方名：キョウゲンバカマ（和歌山）など

## 人によくなれる好奇心旺盛な魚

　好奇心旺盛な魚で人になれやすいが、動きは素早い。飼育しやすく、魚体も美しいため観賞魚として人気がある。成魚は体側に5本の黒色の縦帯があるが、稚魚は少ない。茨城県以南に分布し、台湾、ハワイ諸島、オーストラリアでも見られる。岩礁域の潮通しのよい場所を活発に遊泳し、大きな群れをつくることもある。稚魚はタイドプールで見かけることも多い。高知でオトノサマ、和歌山でチョウゲンバカマとも呼ばれる。全長は20cmに達する。肉食性で小動物を捕食。小さな口でつつくように食べるためエサ取りがうまい。

釣期：4月、5月、6月、7月、8月、9月、10月

### エサ取り名人は実は美味な魚

　磯の中・小物釣りや沖のカワハギ釣りなどの外道でハリがかりすることがあるが、数は釣れない。その秘密は突き出した小さな口にある。つつくようにしてエサを取るため、アタリが小さくわかりづらいのだ。カワハギに匹敵するエサ取り名人といえよう。美味な魚なのだが。

沖磯の魚

# シラコダイ
[白子鯛]

- ●スズキ目チョウチョウウオ科
- ●全長：15cm　●分布：千葉県以南
- ●釣り場：磯、沖、防波堤
- ●地方名：アブラウオ（和歌山）など

## 日本で繁殖する数少ないチョウチョウウオの仲間

　チョウチョウウオの仲間の多くは西太平洋の熱帯域で生まれ、一部は黒潮にのり日本沿岸にやってくるため、幼魚を見かけることはある。しかし越冬できずに死んでしまうため、成魚を見かけることはない。再生産しないためこれを無効分布といい、分布に含めず、この回遊を死滅回遊、無効分散という。日本で無効分布が多いチョウチョウウオの仲間の中で、シラコダイは温帯域に適応し、再生産する数少ない種だ。幼魚は赤銅色で、背ビレの後端に眼球大の黒い斑点があるが、この斑点は成長するにつれ消失し、体色は赤みが薄れ黄色みが強くなる。千葉県以南に分布し、朝鮮半島南部、フィリピンにも見られる。幼魚は磯の浅場やタイドプールで見られるが、成魚は10〜20mの岩場で群れをなして泳ぎ回り、オキアミなどの動物プランクトンを好んで食べる。そのため、マアジやイサキ釣りの仕掛けにハリがかりすることが多いようだ。和歌山ではカガミウオとも呼ぶ。産卵期は春から秋だ。

| 釣期 |
|---|
| 1月 |
| 2月 |
| 3月 |
| 4月 |
| 5月 |
| 6月 |
| 7月 |
| 8月 |
| 9月 |
| 10月 |
| 11月 |
| 12月 |

## 海水の魚

# スズメダイ
## ［雀鯛］

- スズキ目スズメダイ科
- 全長：13cm　●分布：東北以南
- 釣り場：磯、沖、防波堤
- 地方名：ヤハギ（和歌山）など

## 日本海で越冬できる唯一のスズメダイ類

　日本海側で秋田、太平洋側で千葉以南に分布し、最も北方にまで分布するスズメダイ科の魚。水温8℃まで適応でき、日本海で唯一越冬できる種だ。体色は暗褐色で、背ビレ後部に白い斑点があるのが特徴。しかしこの斑点は死ぬと消滅する。東シナ海まで分布が見られ、水深20〜30mの岩礁域から藻場の中・下層を大小の群れをつくって遊泳。動物プランクトンを主に食べる。夏の産卵期は雄が岩礁の凹みに雌を誘って産卵させ、ふ化するまで保護する。和歌山ではオセンゴロシ、ナベトリ、ヤハチ、高知ではアブラウオとも呼ぶ。

釣期
1月
2月
3月
4月
5月
6月
7月
8月
9月
10月
11月
12月

### 塩漬け、空揚げなどにして食べるところも

　磯釣りや沖の中・小物釣りの外道でハリがかりすることが多いスズメダイ。味がよくないため、専門で狙う人は少ない。しかし、南日本では食用とし、焼き魚、塩漬け、空揚げなどにして食べるようだ。産卵床を保護する雄は胸ビレや口を使って卵を清掃するきれい好きな魚でもある。

# 沖磯の魚

# オヤビッチャ

- スズキ目スズメダイ科
- 全長：15cm ●分布：千葉県以南
- 釣り場：磯、防波堤
- 地方名：シマハギ（和歌山）など

## サンゴ礁や岩礁にすむ小型の磯魚

　千葉県以南の南日本に分布するオヤビッチャ。サンゴ礁域や岩礁域でよく見られる魚で、磯のタイドプールで見かけることも多い。白地に黒色の横帯を5本もち、体側中央より上部が黄色っぽいため、同じスズメダイ科の仲間と容易に区別できる。分布は、インド・太平洋域の温帯・熱帯海域まで広い。主にプランクトンを食べて生活し、エビ、イソメ類などの釣りエサに寄ってくることもある。奄美大島でアヤビキ、沖縄でタネラーと呼ばれ、高知では仲間のスズメダイとの混称でアブラウオとも呼ばれる。全長20cmを超えるものもいる。

### 水族館で飼われる美しい魚体

　空揚げ、フライなどにするとおいしいが、どちらかというと観賞魚として珍重される。体側上部の黄色と黒い横帯が美しく、水族館の人気者だ。本科の魚は産卵に特徴があるが、仲間のミスジリュウキュウスズメダイのように、造礁サンゴなどへの定着性の強い種はハーレムをつくることが知られる。

| 釣期 |
|---|
| 1月 |
| 2月 |
| 3月 |
| 4月 |
| 5月 |
| 6月 |
| 7月 |
| 8月 |
| 9月 |
| 10月 |
| 11月 |
| 12月 |

海水の魚

# マハタ
## [真羽太]

- スズキ目ハタ科
- 全長：90cm
- 分布：本州中部以南
- 釣り場：磯、沖
- 地方名：アラ（兵庫）など

## クエと並び1mを超える磯の怪物

　仲間のクエと並び、大物狙いの釣り人に人気が高い。後鼻孔が著しく大きく、体は暗褐色で、7本の黒褐色の横帯がある。この横帯は老成化すると消失し、クエの老成魚とそっくりになるが、尾ビレの後縁が白色であることなどで区別できる。日本海側で新潟県以南、太平洋側で福島県以南に見られ、インド洋までに分布。沿岸の水深100mくらいまでのやや深場の岩礁域に生息。肉食性で単独で行動し、主に夜に活発に行動するが、日中も行動する。和歌山でスジアク、福井でハタ、関西でマス、沖縄でアーラミーバイと呼ばれる。

### 白身で美味なマハタの身質

　根魚五目釣りの仕掛けにメバル、カサゴ、ムツなどと一緒にかかってくることが多く、水深は100m前後と深い。見た目はグロテスクな姿形をしているが、白身魚でおいしく、市場での値段が高い高級魚のため、釣り人は大切に持ち帰る。新鮮な魚の刺し身もうまいが、煮物、鍋物にしても美味。

釣期
- 1月
- 2月
- 3月
- 4月
- 5月
- 6月
- 7月
- 8月
- 9月
- 10月
- 11月
- 12月

# 沖磯の魚

# アカハタ
[赤羽太]

- スズキ目ハタ科
- 全長：30cm
- 分布：南日本
- 釣り場：磯、沖、防波堤
- 地方名：アカウオ（長崎）など

## 鮮やかな橙赤色の魚体が名前の由来

　体全体が鮮やかな橙赤色であることからこの名がついた。体側にある5～6本の暗赤色の横帯は、死後に鮮明になり、不定形な白い斑紋が2列に並ぶ。背ビレの縁が黒ずんでいる。南日本からインド洋までに分布し、岩礁地帯やサンゴ礁域の浅場でよく見られる。和歌山でアカゴロウ、アカッポ、長崎でアカアコ、鹿児島でアカメバルと呼ばれる。全長は30cmに達し、大きくなっても40cm前後。市場でもよく見かける魚だが、仲間のマハタやクエに比べると味は落ちるため、煮魚などで食される。釣りの対象魚だ。

### マハタより浅いところでよく釣れる

　ハタ類の中で最もよく見かけるアカハタ。マハタより浅いところを好み、沖釣りではナダ寄りでハリがかりすることが多い。イシダイ、イシガキダイ狙いの磯釣りの仕掛けにハリがかりすることもあり、アワビやサザエなどのエサに食いついてくる。ハタ類の中ではおいしくないが、市場にも出回っている。

釣期

| 1月 |
| 2月 |
| 3月 |
| 4月 |
| 5月 |
| 6月 |
| 7月 |
| 8月 |
| 9月 |
| 10月 |
| 11月 |
| 12月 |

## 海水の魚

# クエ
## [九絵]

- ●スズキ目ハタ科 ●全長：1m
- ●分布：南日本
- ●釣り場：磯、沖
- ●地方名：モロコ（各地）など

# 磯釣りファンが狙う最大級の大物

　世界の温帯・熱帯域に広く分布するハタ科の魚は極めて種類が多く、世界に約370種がいるといわれる。このうち、日本には112種ほどが分布し、各地で親しまれている。中でもクエは、日本近海の磯釣りファンが狙う魚では最大級の大物で、2mの怪物も確認されている。同様に人気があるマハタも大きいが、クエの大物はケタ違いだ。幼魚は体側に6本の不規則に斜めに走る横帯があるが、成魚では不明瞭になり、

釣期
1月
2月
3月
4月
5月
6月
7月
8月
9月
10月
11月
12月

## ハタ科の魚で最も美味といわれる淡泊な身

　船釣りでは頑丈なタックルにサバやムロアジ、イカなどのエサを使った泳がせ仕掛けで狙う。エサの取り方が不器用なので、死んだエサを使ったほうがよい場合もある。磯釣りではぶっこみ仕掛けが主流。見かけによらず美味な魚がハタ類には多いが、中でも最も美味だとされ、脂がのっているわりに淡泊な身をもつ。刺し身、あらい、鍋物などで食されるが、市場に出回ることはほとんどなく、食べたければ釣るしかないだろう。

## 沖磯の魚

老成魚は完全に消失するためマハタの老成魚とそっくりの姿形になる。

　南日本から南シナ海に分布する暖海性の魚で、特に沿岸や離島に多い。水深50mくらいまでの岩礁域に生息。根の溝や洞くつをすみかとする。定住性が強く、夜間に活発に活動するため、早朝、または夕方に狙うことが多い。サクラダイ、ネンブツダイ、スズメダイなどの小魚が好物で、これらが豊富なやや浅場に多く見られ、魚体に合わせてかなりの量を捕食する。

　日本各地で大型ハタとの混称でモロコと呼ばれ、九州地方では仲間のアラに似ているからか、アラとも呼ばれる。愛知でマス、三重でクエマスとも呼ばれる。大型のハタ類はすべてクエと呼ぶ地方もあるそうで、呼び方はさまざまだ。なお、ハタ類は成熟するにともない雌は雄へと性転換することが知られており、大型魚はすべて雄ということになる。これを雌性先熟、あるいは雌雄同時成熟型の雌雄同体現象という。

　100kgクラスの巨大魚を求めるファンは多く、彼らに釣りのロマンを与えている意味で貴重な魚だ。船釣りで狙う場合と磯釣りで狙う場合がある。怪物がヒットすれば釣りというより格闘である。釣り人は根にもぐられないよう必死にラインを巻き取り、クエは何とか根にもぐろうと巨体の力を振り絞る。そして水面に浮いたモンスターを見たときの釣り人の感動は想像するに難くない。

クエの引きに耐える

**海水の魚**

# イヤゴハタ

- スズキ目ハタ科　●全長：60cm
- 分布：南日本
- 釣り場：磯、沖
- 地方名：アオナ（和歌山）など

## 南日本に多い暖海性のハタ種

　近縁種のホウキハタと同じように、南日本に多いハタの仲間で、暖海性の磯魚だ。幼魚は背ビレに大きな楕円形の暗褐色斑があり、これを中心に4本の暗褐色の縦帯が平行に走る。これが成魚になると点状に変化する。南日本からインド洋までに分布し、やや深い岩礁域に単独で生息。三重でキマス、鹿児島でシマイノコと呼ばれる。全長は60cmに達する。根魚釣りで季節を問わず周年にわたって釣れるが、群れをつくらないため数多くは釣れない。仲間のホウキハタと混じって釣れることが多く、姿形だけでなく生態、分布もよく似ている。しかし、背ビレの暗褐色斑から前方に向かう暗褐色帯をもたないことでホウキハタと見分けられる。またホウキハタは帯状模様が太く明瞭なので、点状のイヤゴハタとは対照的だ。ただし、両魚とも老成化すると模様が不明瞭になるため、区別するのは難しくなる。どちらも味はよく、刺し身、煮物、鍋物などにするとうまい。

釣期：1月、2月、3月、4月、5月、6月、7月、8月、9月、10月、11月、12月

沖磯の魚

# ホウセキハタ
## [宝石羽太]

- ●スズキ目ハタ科
- ●全長：50cm ●分布：南日本
- ●釣り場：沖の岩礁帯
- ●地方名：モアラ

## 小さな斑紋に覆われたハタの仲間

「ホウセキハタ」の名前は、美しい暗赤褐色の小斑が体全体に密に散っているところからつけられたものと思われる。よく似た体色をしている近縁種にオオモンハタがあるが、本種の小斑のほうがずっと小さいうえ、尾ビレ後縁がとがっているので区別できる。また、若魚の体色は小斑が無数の縦縞状につながって見え、成長とともにはっきりした小斑へと変わる。体形はマハタに似ており、大きな頭部と口が特徴である。分布は南日本の岩礁帯で、やや沖に多い。肉食性で、甲殻類や小魚を捕食する。体長は最大で50cm以上。

### 夏場は特に美味

釣りでは磯の底物釣り、あるいは岩礁帯での沖釣りで釣られる。本種を専門に狙って釣ることは少ないが、釣れてうれしい外道といえる。大型が釣れるうえに引きが強く、さらに食味も優れているとなれば、釣り人が嫌う理由がない。食味の旬は夏。氷水で締めた刺し身や煮物は絶品である。

釣期

| 1月 |
| 2月 |
| 3月 |
| 4月 |
| 5月 |
| 6月 |
| 7月 |
| 8月 |
| 9月 |
| 10月 |
| 11月 |
| 12月 |

### 海水の魚

# バラハタ
## [薔薇羽太]

- スズキ目ハタ科　●全長：60cm
- 分布：南日本
- 釣り場：磯、防波堤
- 地方名：ツルグエ（和歌山）など

## シガテラ毒をもつので注意したいハタ類

　スジバラハタの別名をもつ。これは幼魚期に、体側に幅広い1本の黒紫色の縦帯があることに由来する。ところがその縦帯は成魚になるにつれ消失し、紫色斑点が橙赤色の体全体に散在する体色になる。背ビレ、尻ビレ、尾ビレの後縁が黄色で目立ち、尻ビレ、腹ビレの一部が長く伸びている特徴ももつ。和歌山県以南の南日本からインド洋までに分布し、磯やサンゴ礁の外縁にすむ。沖縄でナガジューミーバイと呼ばれる。身にシガテラ毒をもつことがあるので普通は食べないが、食用にしている地方もある。全長60cmに達する。

### 皮膚に毒腺をもつルリハタ

　分布域、生息域がバラハタとほぼ同じルリハタも体に毒をもつので要注意。刺激を与えると皮膚の毒腺からグラミスチンという粘液毒を出す。ルリハタは美しい魚体から観賞魚にされることが多い。ハタの名がつくが、実際はヌノサラシ科の魚で、日本にいる本科の魚5種はすべてグラミスチンを分泌する。

釣期：1月／2月／3月／4月／5月／6月／7月／8月／9月／10月／11月／12月

## 沖磯の魚

# ルリハタ
## [瑠璃羽太]

- スズキ目ヌノサラシ科
- 全長：30cm ●分布：南日本
- 釣り場：沖の岩礁帯
- 地方名：アオハタ

## 粘液毒をもつ小型のハタ

　「ルリハタ」と名がついてはいるものの、ハタ科には属さず、ヌノサラシ科に属する。本科の魚はすべて粘液に富んだ表皮と真皮に毒腺があり、危険を感じると、粘液毒であるグラミスチンを分泌する。体形はマハタに似ているが、第2背ビレが発達し、口が極めて大きい。体色は紫褐色であり、「ルリハタ」の名はここからついた。また、吻端から背側を通り、尾柄上方にまで達する鮮やかな黄色帯が走っているのも特徴。分布は南日本で、水深10〜70mの岩礁帯に生息する。体長は最大でも30cm程度と、小型である。

### マダイ釣りの外道で、非食用

　南日本を中心とする、やや沖の岩礁帯に生息するため、一部の地域ではマダイ釣りと場所が重なり、時折、外道としてハリにかかる。体表の粘液に毒があるうえ、食味もまずいため、釣り人には喜ばれない魚である。さらに、小型種のため引き味も悪く、まさに煮ても焼いても食えない魚。

| 釣期 |
|---|
| 1月 |
| 2月 |
| 3月 |
| 4月 |
| 5月 |
| 6月 |
| 7月 |
| 8月 |
| 9月 |
| 10月 |
| 11月 |
| 12月 |

海水の魚

# タカベ
[鰖]

●スズキ目タカベ科 ●全長：20cm ●分布：本州中部以南から九州 ●釣り場：磯、沖、防波堤 ●地方名：シマウオ（熊本）など

## 数十万という大群で遊泳する磯魚

相模湾から九州の太平洋岸に分布する日本固有種で、特に伊豆諸島に多い磯魚。姿形はフエダイ科のウメイロに似るが、背ビレ、尻ビレの軟条数がはるかに多いことで容易に区別できる。体色は銀白色で、背側が濃青色をしており、背中から尾ビレにかけて黄色の縦帯が走る。岩礁地帯の中層を群れをつくって遊泳し、時に数十万の大群をつくることもある。和歌山でシャカ、高知でベント、鹿児島でホタとも呼ばれる。脂肪が多いので焼き魚がうまいが、刺し身や揚げ物も美味。かつては練り製品の原料だったが、今では高級魚に出世した。

釣期
1月
2月
3月
4月
5月
6月
7月
8月
9月
10月
11月
12月

### 群れを狙い束釣りを期待

初夏から盛夏が釣りの旬。沿岸近くの浅場の岩礁帯に集まる群れを狙う。コマセを用いたサビキ釣りで狙い、すべてのハリに魚がかかってくることもあり、束釣りが期待できる。磯ではアミを使った浮き釣りで楽しむことが多い。産卵期は晩夏から秋にかけてで、産卵前の夏に釣れる魚は脂がのって特に美味。

# 沖磯の魚

サビキで数釣りが楽しめる

群れで磯周りに付くこともある

**海水の魚**

# ヒラマサ
## [平政]

- スズキ目アジ科
- 全長：1m
- 分布：東北以南
- 釣り場：磯、沖、防波堤
- 地方名：ヒラス（関西・九州）など

## 磯・船釣りからルアーフィッシングの人気魚へ

近縁のブリにそっくりな姿形だが、上アゴの上後端が丸みを帯びており、ブリは角張っているため区別できる。また体の厚みが薄く、体側中央を走る黄色の縦帯が濃いうえに、胸ビレは腹ビレより短い。青森、岩手を除く東北地方以南に分布し、黄海、カリフォルニア、オーストラリア、南アフリカ、ブラジルまで幅広く分布。特に九州や朝鮮半島西側沿岸に多い。ブリより温暖な海域を好み、22℃前後の水温で活性化するが、熱帯域に分布は見られない。沿岸域の表層を群れをつくって遊泳する回遊魚で、夏に日本沿岸を北上し、北海道南部の沖合に出現することがある。遊泳スピードが速く、時速50kmを超す素早さで泳ぎ回りながら捕食。アジ、イワシ、サバ、イカナゴ、サンマなどの小魚の他、イカ類、エビ類なども好物の肉食性。東京でマサ、瀬戸内でヒラサ、山陰でヒラソ、九州でテンコツ、ヒラソウジと呼ぶ。全長は1mに達し、2m、30kgの大物に成長するものもいて、大物狙いの釣

釣期
1月
2月
3月
4月
5月
6月
7月
8月
9月
10月
11月
12月

## 沖磯の魚

り人を熱くさせる。磯釣り、船釣りの人気魚で、20kgを超す大物回遊魚狙いの好ターゲットだ。近年はルアーフィッシングでよく釣れることもあり、ルアーで狙う人が増えている。ブリやひと回り大型のカンパチに比べ、圧倒的に瞬発力と馬力に勝り、釣り味は素晴らしい。冬においしいブリとは対照的に、カンパチは夏が美味。定置網などで漁獲されるが数が少ないため市場に出回る数も少なく、高級魚の部類に入る。新鮮なものは刺し身や寿司種が最高だが、ブリ同様、照り焼き、塩焼きにしてもうまい。ブリの身に比べ脂ののりが少ないため、酢の物にしてもおいしい。大型魚は脂が強く、生食で多量に食べると中毒を起こすことがあるため、ほどほどに。

このサイズがいちばんうまい

## ルアーフィッシングで味わうスピード＆パワー

かなり獰猛な習性のヒラマサはムロアジやイサキ、スルメイカなどの生きエサを使った泳がせ釣りが主流。小型はアジや小サバの生きエサに飛びかかってくる。船釣りではオキアミコマセ釣り、サンマの刺しエサを使ったカモシ釣りなどがあり、磯ではカゴ釣りで狙うことも。近年ルアーフィッシングの好ターゲットになり、専用の沖合船も出現、ファッショナブルなウエアを身にまとった軽装備の若者の姿を見かけるようになった。メタルジグなどを用いて、カンパチの強烈なスピードとパワーを味わおうというわけだ。初夏から秋にかけてが狙い目。

## 海水の魚

# ブリ
[鰤]

●スズキ目アジ科　●全長：1m
●分布：日本各地　●釣り場：沖、磯、砂浜　●地方名：フクラギ（日本海沿岸、若魚）など

## 成長するにしたがい名前が変わる出世魚

　有名な出世魚で、スズキなどと同じく成長にともない呼び名が変わる。関東ではワカシ、イナダ、ワラサ、ブリ、関西ではツバス、ハマチ、メジロ、ブリと変わり、富山ではツバエソ、フクラギ、ブリ、四国ではモジャコ、ワカナゴ、ハマチ、ブリ、オオイナ・スズイナの順に出世する。ワカシで20cm前後、イナダで50cm前後、ワラサで70cm前後、ブリで1m以上、7kg超が目安となる。よく似た仲間にヒラマサがいるが、上アゴの上後端が角張っているのがブリ、丸みを帯びているのがヒラマサだ。胸ビレの長さは腹ビレとほぼ同じ。日本近海のみに分布する特産魚で、漁獲量は多い。沿岸を南北に移動する典型的な回遊魚で、秋になるとワカシクラスが沿岸の岩礁帯に接岸し、秋以降はワラサクラスが沖合のやや深い岩礁帯周りを回遊。晩秋を過ぎるとブリクラスが南下し合流することがある。南日本では流れ藻につくモジャコと呼ばれる幼稚魚を捕獲し、盛んに養殖を行っている。ま

釣期：1月、2月、3月、11月、12月

## 沖磯の魚

た南日本には瀬付きのブリもおり、回遊魚と比べると頭がかなり痩せているようだ。この瀬付き魚をキブリ、回遊魚をアオブリと呼び区別することがある。全長は1mに達し、仲間のヒラマサ、カンパチよりは小ぶりで引き味も弱いといわれるが、7〜8kgを超える大物になると釣り味は相当だ。船釣りが多いが、磯釣りでも狙え、最近はトローリングやルアーフィッシングも盛んに行われている。美味な魚で、市場には養殖ものが多く出回っているが、天然ものも若干見られる。天然ものは魚体が締まり、尾先が鋭いが、養殖ものはずんぐりと太った体型なので見分けられる。冬に漁獲される脂ののった寒ブリは特に美味で、南日本では正月料理に欠かせない食材だ。ブリは脂が強すぎるため、刺し身などの生食よりは有名な照り焼き、塩焼きなどに適している。

カッタクリで釣れたイナダ

### 大きさにより変わる狙い方

　ブリ・ワラサクラスはアジ、サバ、イカなどの生きエサを用いた泳がせ釣りが知られるが、最近はオキアミを使った寄せエサ釣りが台頭してきた。回遊魚だけに1日に数回あるかないかの時合を逃さないことが釣果を上げる。イナダクラスは比較的簡単に釣れ、擬似エサを使ったサビキ釣り、カッタクリ釣りで狙う他、寄せエサ釣りもある。船や磯からメタルジグなどのルアーで狙うのは40〜70cmクラス。初夏に沿岸に寄るワカシクラスは、砂浜からメタルジグで簡単に狙えるため人気がある。

**海水の魚**

# カンパチ
[間八]

- スズキ目アジ科　●全長：1.5m
- 分布：東北以南
- 釣り場：磯、沖、防波堤、砂浜
- 地方名：アカハナ（関西・九州）など

## ブリの仲間で最も大きくなる種

　ブリやヒラマサの仲間で、1.5〜2mの超大物にまで成長するのはカンパチだけだ。姿形も似るが、体高が高く、体が側扁し、頭部左右に黒帯が走っており区別できる。この黒帯は上からのぞくと八の字に見えるため、この名がついた。また、この帯は幼魚期ほど鮮明で、同様に体側に黄色い帯が走るブリの幼魚のモジャコとも簡単に区別できる。近縁のヒレナガカンパチとは長い間同一種とされてきたが、背ビレと尻ビレの先端が長く伸びない点と、成魚の尾ビレ下部の先端が白くなることなどで区別されるようになった。成魚は赤紫色を帯びる。ブリより暖かい海域を好み、世界中の温帯・熱帯海域に分布。日本では東北地方以南に見られ、特に南日本に多い。幼稚魚は流れ藻につき、成長すると沿岸域の表層を小さな群れで回遊する。典型的なフィッシュイーターで、かなり速いスピードで泳ぎ回りながら、イワシ、アジなどの小魚やエビ類などを捕食。産卵は春から夏にかけて南日本海域で行う。

釣期：1月／2月／3月／4月／5月／6月／**7月**／**8月**／**9月**／**10月**／**11月**／12月

## 沖磯の魚

　ブリ、ヒラマサ同様、釣り人に人気の大型回遊魚で、カッタクリ釣り、寄せエサ釣り、大物は生きエサを使った泳がせ釣りなどで狙う他、最近はルアーフィッシングも盛んだ。美味なので食卓でも人気魚。しかし、ブリやヒラマサよりも漁獲量が少ないため、価格は手頃ではない。

　捕獲された幼稚魚は、特に南日本では盛んに養殖され、最近では市場に出回る数は天然ものを大きく上回る。身は締まり、脂がのっているので、刺し身や寿司種にうってつけ。照り焼き、塩焼きなどもうまい。旬の秋の魚は特にうまい。しかし、大型になるほど食味は落ちるようだ。特に南日本の市場ではヒレナガカンパチもカンパチとして流通することが多い。北陸ではアカイオ、香川ではアカバネと呼び、関東では若魚をショッコ、ショウゴ、和歌山などではシオと呼ぶ。

寄せエサ釣りで仕留めたカンパチ

### 抜群の人気を誇る大型回遊魚

　ブリ、ヒラマサにカンパチとくれば大型回遊魚の三大魚。30kgを超える大物はムロアジなどの生きエサを使った泳がせ釣りが有名で、最近人気上昇中のルアーフィッシングもルアーをよく追うため効果的。メタルジグを用いたバーチカルジギングで狙う。バケを用いたカッタクリ釣りでは5kgまでの小型を、オキアミを用いた寄せエサ釣りでは10kg前後の中型を狙う。小さな群れで行動し、1尾でも仲間が止まると移動しない律儀な性格なので、アタリがあるときに集中して攻め続けよう。

**海水の魚**

# ヒレナガカンパチ
[鰭長間八]

- スズキ目アジ科
- 全長：25cm
- 分布：南日本
- 釣り場：磯、沖
- 地方名：ノガンパ（東京）など

## ヒレの先端が長く伸びたカンパチの兄弟種

　以前はカンパチと区別されずに扱われたが、背ビレ、尻ビレの先端が長く伸びており、和名の由来ともなっている。また、尾ビレ下部の先端が白くならないことでも別種と見分けがつく。しかし、市場では同じ魚として出回っていることが多い。南日本に分布し、世界中の温帯・熱帯海域に広く見られる。姿形だけでなく、生態や習性もカンパチに似るが、稚魚を海岸域で見ることは少ない。沖縄諸島周辺に多く見られ、大型でも1mほどまでと、カンパチよりは小型。東京でバケンカンパ、九州でバカネリとも呼ばれる。

### 釣りは大型、美味なのは小型

　一部混生するが、ヒレナガカンパチのほうが南方にすみ、沖縄、小笠原などではカンパチより多く見られる。カンパチ同様、美味な魚で、釣り方はカンパチと同じ。釣り味は大型のほうがもちろんいいが、食味は2〜3kgクラスがいい。刺し身、照り焼き、煮物、汁物など、さまざまな料理に適する。

釣期
| 1月 |
| 2月 |
| 3月 |
| 4月 |
| 5月 |
| 6月 |
| 7月 |
| 8月 |
| 9月 |
| 10月 |
| 11月 |
| 12月 |

## 沖磯の魚

# シマアジ
[縞鯵]

- スズキ目アジ科
- 全長：60cm
- 分布：東北以南
- 釣り場：磯、沖、防波堤
- 地方名：コセ（和歌山）など

# 抜群の人気を誇る磯釣りの対象魚

　高級魚のイメージが浸透しているシマアジ。磯釣りの対象魚で抜群の人気を誇り、ファンは多い。成魚は緑がかった銀色の体の中央に黄色の縦帯が１本あるが、幼魚では縦帯の他に数本の横帯が見られ、これが和名の由来となった。また、エラの後ろに黒斑紋をもつ。水深50m周辺を群れで回遊し、小魚や底生小動物を捕食。青森県、秋田県、山形県を除く東北以南に分布。世界中の暖海域で見られる。高知ではコセアジ、伊豆諸島では老成魚をオオカミと呼び、また各地でカイワリ、ギンガメアジとの混称で体が平たいことからヒラアジとも呼ぶ。

## 釣りは大型、美味なのは小型

　超高級魚を手にするには、テクニックが必要。くちびるが弱いため、ハリがかりしても取り込める確率が低く、釣り人を悩ます。沖釣り、船釣りともにオキアミを使った寄せエサ釣りが主流。釣り上げた魚は新鮮なうちに料理し、刺し身で食べるのが一番だが、カマ焼きなどの焼き魚にしても美味。

釣期
1月
2月
3月
4月
5月
6月
7月
8月
9月
10月
11月
12月

**海水の魚**

# ギンガメアジ
## [銀亀鰺]

- スズキ目アジ科
- 全長：50cm
- 分布：南日本
- 釣り場：磯、沖、防波堤・河口
- 地方名：コゼン（鹿児島）など

## 1mにも達するトレバリーの一種

　南日本からインド・太平洋域に分布し、沖縄でクチミチャー、ヒラアジやカイワリなどとの混称で各地でヒラアジとも呼ばれる。メッキと呼ばれる幼魚は明瞭な暗褐色の横帯を数本もつが、成魚になると消失。エラブタ上部に1個の小さな黒斑紋があり、第2背ビレの先端が白いのも成魚の特徴だ。メッキの名は全体が銀色であることからついた。河口や内湾に多く、時には川を遡り、アユやオイカワ、ハゼ類などを好んで食べる肉食性。成魚は内湾の沖合にすみ、イワシやエビ類などを捕食する。味はよく、刺し身、焼き魚、揚げ物にされる。

### メッキはルアーフィッシングの好ターゲット

| 釣期 |
|---|
| 1月 |
| 2月 |
| 3月 |
| 4月 |
| **5月** |
| **6月** |
| **7月** |
| **8月** |
| **9月** |
| **10月** |
| 11月 |
| 12月 |

　初夏に黒潮に乗って北上してくる幼魚のメッキはよくルアーを追うため、手軽に楽しめるルアーフィッシングの好ターゲットとなった。本来は分布域でない関東以北にも見られ、冬にはほとんどが死滅するが、一部は港湾の温排水口などで越冬し成長を続けるようだ。南洋に多い成魚もルアーの好敵手。

# 沖磯の魚

# カスミアジ
[霞鯵]

- ●スズキ目アジ科 ●全長：50cm
- ●分布：南日本
- ●釣り場：磯
- ●地方名：ガーラ（沖縄）など

## 磯に多いトレバリーの一種

　南日本からインド・太平洋域に見られ、日本では特に沖縄諸島、小笠原諸島などの磯やサンゴ礁に多い熱帯性の魚。若魚は胸ビレが鮮やかな黄色で、成魚は緑色の体に黒斑が散在する。ギンガメアジ、ロウニンアジ、カッポレなどの近縁種との混称でヒラアジとも呼ばれ、サイパン島方面など一部ではシガテラ毒をもつものもいることからドクヒラアジとも呼ばれる。小・中型魚を食べる肉食性。全長１mほどに大型化するものもいる。南方のルアーフィッシングの人気魚で、仲間とともにトレバリーと呼ばれ、親しまれている。

### 存在しないヒラアジという名の魚

　ヒラアジという名前をよく耳にするが、実際には存在せず、カスミアジ、ギンガメアジ、ロウニンアジ、カッポレなどの大型アジ類の総称として使われている。カスミアジは磯際の浅場にいることが多く、磯釣りの対象魚として親しまれているが、近年はルアーフィッシングで狙う人も多くなった。

| 釣期 |
|---|
| 1月 |
| 2月 |
| 3月 |
| 4月 |
| 5月 |
| 6月 |
| 7月 |
| 8月 |
| 9月 |
| 10月 |
| 11月 |
| 12月 |

海水の魚

# ロウニンアジ
[浪人鯵]

● スズキ目アジ科　● 全長：1m
● 分布：南日本
● 釣り場：磯
● 地方名：ヒラアジ（各地）など

## ヒラアジの中で最も大型に成長

　南日本に分布する熱帯性の魚で、沖縄諸島や小笠原諸島周辺に多く見られる。カスミアジ、ギンガメアジ、カッポレなど仲間の大型アジ類とともにヒラアジとも呼ばれ、中で最も大きくなるのがロウニンアジだ。大型化したものには1m以上、50kgのモンスターもおり、磯釣りの対象魚の中でも最重量クラスに位置する。体高が高く、胸部の腹面にはウロコがなく、腹ビレの付け根に微少なウロコがあるだけだ。全体が銀色で、幼魚はギンガメアジとともにメッキと呼ばれるが、本種の幼魚は腹ビレ、尻ビレ、尾ビレが黄色い。中・小型魚を捕食する肉食性で、成魚は単独で沿岸を回遊するが、沖縄諸島などでは外海に面した磯やサンゴ礁域の荒磯に多く、超大物を狙うなら、南方の離島がベスト。

　カスミアジやギンガメアジは磯際のやや浅場にいるが、ロウニンアジはやや深いところを好む。さらに深場にすむのがカッポレで、水深100m以上の深場で釣れ、浅場でも釣れる

釣期
| 1月 |
| 2月 |
| 3月 |
| 4月 |
| 5月 |
| 6月 |
| 7月 |
| 8月 |
| 9月 |
| 10月 |
| 11月 |
| 12月 |

沖磯の魚

ため生息域はかなり広いようだ。メッキは黒潮に乗って北上し、関東以北の内湾などでも見られるが、越冬できるものはまれで、ほとんどが死滅する。これを死滅回遊といい、姿は見られるが再生産しないので分布域には含めない。数は少ないが一部生き残るものは、港湾の水温の高い温排水口などに居着き、小魚などのエサが豊富なため、50cmほどに急成長するものもいるようだ。

磯釣りでは頑丈なタックルを使った泳がせ釣りなどで狙うが、最近はルアーで狙う人も増え、アングラーはヒラアジをトレバリーと呼んで親しんでいる。ルアーの場合は手返しよくポイントを攻められるため、ボートで狙うほうが多い。美味な魚で、4～5kgクラスの魚が最もうまい。刺し身や焼き魚にするとおいしい。マルエバの別名がある。

石垣島周辺のリーフ周りは格好のルアーフィールド

## トップウォータープラグに飛びつくGT

GT（ジャイアントトレバリー）を追い求めて沖縄、小笠原周辺に遠征するルアーマンが増えた。最近は海外遠征する者も少なくなく人気ぶりがうかがえる。ボートからキャストしたトップウォータープラグに飛びつく瞬間の興奮、ヒット後の強烈な引きと走りを味わうと病みつきになる。ランディングしてもほとんどがリリースする。

海水の魚

# カッポレ
[活惚]

- ●スズキ目アジ科 ●全長：50cm
- ●分布：南日本
- ●釣り場：磯
- ●地方名：ヒラアジ（各地）など

## 深場に好んで生息するヒラアジ

　カスミアジやロウニンアジなどとともにヒラアジと呼ばれる大型のアジ。体やウロコが黒っぽく、体高が高い。第2背ビレの前部が鎌状に伸び、成魚では先端が白色。胸部は完全にウロコで覆われる。体側中央後部にゼンゴと呼ばれる稜鱗がある点で他のヒラアジと異なる。南日本に分布し、世界中の熱帯域で見られる。国内では特に沖縄諸島、小笠原諸島周辺に多く、磯やサンゴ礁域の深場を群れで泳ぎ回るが浅場にも見られる。各地で近縁種との混称でボンとも呼ばれ、イシカワギンガメアジの別名もある。1mに達する大物もいる。

### リーフに潜ろうとするヒットした魚

　ヒラアジ類はルアーフィッシングだけが楽しみ方ではない。以前から行われていたエサ釣りも健在だ。ムロアジなどの生きエサを使った泳がせ釣りや、大型ウキを使ったウキ釣りなどでも狙える。ヒットした魚は間違いなくリーフに潜ろうとし、根ズレでラインブレイクすることが多いので注意。

釣期
1月
2月
3月
4月
5月
6月
7月
8月
9月
10月
11月
12月

244

# ナンヨウカイワリ
[南洋貝割]

沖磯の魚

- スズキ目アジ科　●全長：40cm
- 分布：南日本
- 釣り場：磯
- 地方名：ヒラアジ（各地）など

## 暖海の磯やサンゴ礁に生息する肉食魚

　紀伊半島以南からインド・太平洋域に分布する熱帯性の魚。日本では沖縄諸島、小笠原諸島周辺の磯やサンゴ礁周辺に小さな群れをつくって生息する。カイワリの名がつくが、カイワリ属ではなく、ヨロイアジ属に分類される。側線の上下に数個の橙黄色の小斑点が散在。この斑点は長円形で、中央が黒ずんでいる。成魚の背ビレの第1軟条は長く伸び、背ビレ、尻ビレ、尾ビレはいずれも青みを帯びる。眼の下端は上アゴ先端とほぼ同じ高さ。ギンガメアジ属に似た姿形だが、両アゴに絨毛状の歯があり、側線のゼンゴと呼ばれる稜鱗が弱いことで見分けがつく。胸の下部にウロコのないところがあり、この形状の違いでも識別できる。沖縄諸島では成魚は漁獲されるが、稚魚は見られない。中・小型の魚を食べるフィッシュイーター。磯の大物釣りで大型のヒラアジ類に混じって釣れる。他のヒラアジ類同様に美味な魚で、刺し身、焼き魚、フライなどに調理するとうまい。

| 釣期 |
|---|
| 1月 |
| 2月 |
| 3月 |
| 4月 |
| 5月 |
| 6月 |
| 7月 |
| 8月 |
| 9月 |
| 10月 |
| 11月 |
| 12月 |

**海水の魚**

# コバンアジ
## [小判鯵]

- ●スズキ目アジ科　●全長：30cm
- ●分布：南日本
- ●釣り場：磯・沖
- ●地方名：ガーラ

## 甲殻類や貝類を食べるアジ科の魚

　南日本からインド・西太平洋域に分布する熱帯性の魚。体がひし形で、著しく側扁。イケカツオ属と同様に小さなウロコが互いに密着し、薄い皮のように硬い。しかし、背ビレと尻ビレの前部軟条はイケカツオでは短く、コバンアジでは成長とともに鎌状に長く伸びる。第2背ビレと尻ビレが同長同形であるのも特徴だ。側線にゼンゴと呼ばれる稜鱗はないが、側線にそって小さな黒点が1〜5個ある。発達した上下の咽頭骨をもち、浅海の低層で甲殻類や貝類を食べる。全長は30cmほどに達する。食用になる。近縁種にマルコバンがおり、同じく南日本からインド・西太平洋域に分布する。体が丸形でマナガツオと間違えられやすいが、腹ビレをもつことで区別できる。コバンアジとは体側に斑点がなく、背ビレ、尻ビレの軟条数が少ないことで区別できる。全長はコバンアジよりひと回り大きく、全長50cmほどに達する。マルコバンも食用になる。

釣期：7月・8月・9月・10月

沖磯の魚

# ツムブリ
[錘鰤]

- スズキ目アジ科
- 全長：1m
- 分布：本州中部以南
- 釣り場：磯、沖
- 地方名：オキブリ（和歌山）など

# レインボウランナーと呼ばれる美しい縦帯

　ブリによく似た姿形をもつ。食味がよく、豪快な引きで釣り人にも人気が高い。葉巻き状の流線型の体で、尾ビレは深くへこんでいる。第2背ビレと尻ビレの後方に2つの軟条からなる小さな離ビレを1基もつ。体側に3本の黄色い縦帯が走り、外国でrainbow runnerと呼ばれる。世界中の温帯・熱帯海域に分布する暖海性で、本州中部以南に見られ、特に南日本に多い。外洋の表層を回遊するが、沖縄諸島では磯やサンゴ礁域でも見られる。伊豆諸島でスギ、和歌山でオモカジ、鹿児島でウメキチ、沖縄でヤマトナガイユと呼ばれる。

## 釣り味も食味もよい人気魚

　1mを超える大物もおり、南日本ほど魚影は濃い。表層回遊魚のためトローリングで釣れる他、沖釣りや磯釣りの生きエサを使った泳がせ釣り、寄せエサ釣りなどで狙える。ヒラマサ釣りの外道で釣れることが多いが、近年はヒラマサ同様あまり釣れなくなった。身質は非常によく、とてもおいしい。

| 釣期 |
|---|
| 1月 |
| 2月 |
| 3月 |
| 4月 |
| 5月 |
| 6月 |
| 7月 |
| 8月 |
| 9月 |
| 10月 |
| 11月 |
| 12月 |

海水の魚

# イソマグロ
[磯鮪]

- スズキ目サバ科 ●全長：1.5m
- 分布：南日本
- 釣り場：磯、沖 ●地方名：イソンボ（奄美大島）など

## 南日本の磯につく巨大マグロ

磯につくことが多く、イソマグロの名がついた。クロマグロ、キワダ、ビンナガ、メバチなどのマグロとは体型が似るが別の属。体が細長く、尾ビレ側の側線が波状になっている。南日本やインド・西太平洋の熱帯・亜熱帯海域に分布。沿岸表層性で、20〜30尾の群れでサンゴ礁域を回遊し、イワシ、サバ、ムロアジ、イカなどを捕食する。磯釣りのビッグターゲットで、大物には2mほどのものもいる。沖縄でトカキン、奄美大島でタカキンとも呼ばれる。脂身が少なく淡泊な味で、焼き物、揚げ物などに料理するとよい。

### 怪物は2〜3人がかりでやりとり

磯釣りファンは小笠原諸島や伊豆七島などの南の離島に渡り、ムロアジなどの生きエサを使った泳がせ釣りで怪物クラスを狙う。ヒットすると強烈な引きが襲い、とても1人では耐えられないほど。2〜3人がかりでなんとかサオを立てモンスターとの死闘を繰り広げる、なんとも豪快な釣りだ。

釣期：1月/2月/3月/4月/5月/6月/7月/8月/9月/10月/11月/12月

## 沖磯の魚

イソマグロはその鋭い歯とパワフルなファイトで釣り人を魅了する。沖縄、沖ノ御神島で仕留めた30kgオーバーのナイスサイズ

梅雨の晴れ間の夕日を楽しみながら、石垣港から沖ノ御神島を目指す。途中、ライブベイト用のグルクンをキャッチ

37kgのイソマグロが立て続けにヒットした沖ノ御神島

**海水の魚**

# トビウオ
[飛魚]

- ダツ目トビウオ科
- 全長：35cm ●分布：南日本
- 釣り場：磯、防波堤、沖
- 地方名：トリウオ（広島）など

## ひとっ飛び500mが最長飛行記録

よく発達した羽根状の胸ビレをもち、海面上を飛ぶ姿は実に凛々しい。一説では500mという最長飛行記録があるようだ。別名ホントビ、アキツトビウオ。胸ビレの最初の2本の軟条が分岐せず、成魚は透明。幼魚は下アゴに扁平な1対の短いヒゲと高い背ビレをもつ。本州中部以南から九州・五島列島、沖縄諸島までに分布する日本固有種。三重でウズ、石川でツバクロ、関西でトビ、福岡・長崎でアゴと呼ばれる。身の締まった淡泊な白身で、焼き物、揚げ物、刺し身など用途は広く、干物、練り物などにも加工される。

釣期
1月
2月
3月
4月
5月
6月
7月
8月
9月
10月
11月
12月

### トビウオ科中の重要5種の1種

トビウオは産業上の重要種で、重要5種の1種。他はホソトビウオ、ハマトビウオ、ツクシトビウオ、アヤトビウオだ。初夏に産卵群が刺し網や定置網で漁獲されるが、九州南部では秋に延縄（はえなわ）や流し網で捕る。磯釣りの仕掛けにハリがかりすることがあり、身の危険を感じて飛ぼうとする。

250

沖磯の魚

# ウスバハギ
[薄羽剥]

- フグ目カワハギ科
- 全長：70cm ●分布：本州中部以南 ●釣り場：磯、防波堤、沖
- 地方名：シロハゲ（高知）など

## 1m近くに成長する大型カワハギ

　全長70cmほどに達し、1m近くにまで成長するカワハギ科の大型種。しかし、仲間のソウシハギのほうが大型になるようだ。ナガサキイッカクハギの別名がある。体が著しく側扁し長い。1本の細長いトゲ状の第1背ビレが眼の真上にあるが、遊泳時は後方に倒れるので目立たない。幼魚は体側に斑点がある。相模湾以南に分布し、南日本に多い。世界中の温帯・熱帯海域に分布する。肉食性で、やや浅い沿岸の岩礁帯周辺の砂底にすみ、幼魚は流れ藻につく。和歌山でシャボテン、鹿児島でツノコ、沖縄でサンスナーとも呼ばれ、他にもオキウマヅラ、オキメンボウ、シャクシハギ、シャクシハゲの地方名がある。磯釣りや沖釣りの外道でハリがかりすることがあるが、大きな魚体のわりに引きが強くないので簡単に寄ってくる。見かけはあまりよくないが、身は刺し身の他、鍋物、煮物、ムニエル、蒸し物などにしても美味。

釣期

| 1月 |
| 2月 |
| 3月 |
| 4月 |
| 5月 |
| 6月 |
| 7月 |
| 8月 |
| 9月 |
| 10月 |
| 11月 |
| 12月 |

海水の魚

# ナメモンガラ

- フグ目モンガラカワハギ科
- 全長：30cm ●分布：伊豆諸島以南 ●釣り場：沖の岩礁帯
- 地方名：ギマ

メス

オス

## 熱帯の磯周りに頻出

　伊豆諸島以南の珊瑚礁に生息する熱帯性の魚である。ただし、温帯海域にも適応しているため、本州南岸の磯場でも時折見ることができる。側扁した体は硬い表皮と粗いウロコに覆われており、ザラザラしている。体色は雄と雌で大きく異なる。雄は背ビレと尻ビレの端縁部が鮮やかな黄色で縁どられていて、さらに尾ビレが鮮やかな赤。体側は黄橙色である。一方の雌は、背ビレと尻ビレの端縁部が赤褐色で尾ビレが橙色とやや地味め。このため、雌雄の判別も容易である。体長は最大で30cm程度にまで達する。

### エサ取りといえば、この魚

　本種は伊豆諸島や小笠原諸島の磯釣り、沖釣りのエサ取りとして悪名高い。当然、釣りにおいては専門に狙う魚ではなく、釣り人からは一様に忌み嫌われる存在といえるだろう。磯のメジナ釣り、沖のマダイ釣りの外道としてハリにかかることが多い。食用としての価値はあまりないが、食べられないことはない。

# 沖磯の魚

# ハコフグ
[箱河豚]

- ●フグ目ハコフグ科 ●全長：25cm
- ●分布：岩手県から四国
- ●釣り場：磯、防波堤、沖
- ●地方名：カメノコフグ（高知）など

## 磯やサンゴ礁に生息する箱状のフグ

　ウロコが変形した硬い甲板で覆われ、正面から見ると体中央部が箱状。動くのは口と各ヒレ、尾、眼に限られる。ハコフグ科の主要魚種で、日本で最も一般的に見られる同科の魚。和歌山県以南にすむ仲間のミナミハコフグと似ており、以前は混同されていたが、体色が異なるなどで別種とわかった。日本では岩手県から四国までに分布するが、南限ははっきりしていない。沿岸の磯やサンゴ礁域に生息し、小動物を食べる肉食性。和歌山ではシュウリ、高知ではコゴメフグ、熊本ではマクライオとも呼ばれ、ハコシュウリ、コゴウオなどの地方名もある。

| 釣期 |
|---|
| 1月 |
| 2月 |
| 3月 |
| 4月 |
| 5月 |
| 6月 |
| 7月 |
| 8月 |
| 9月 |
| 10月 |
| 11月 |
| 12月 |

### 肉は無毒、皮膚は有毒なので注意

　磯釣りの仕掛けに仲間のウミスズメなどとともにハリがかりしてくるが、専門に狙う魚ではない。まれに定置網で漁獲される。肉は無毒だが、皮膚に毒があり、敵に襲われるなど身の危険を感じると毒を出して身を守る。そのため、食用となっても普通は食べない。フグ類は自分で料理しないこと。

**海水の魚**

# キタマクラ
## [北枕]

- フグ目フグ科
- 全長：20cm
- 分布：千葉県以南
- 釣り場：磯、防波堤、砂浜、沖
- 地方名：キンチャクフグ（神奈川）など

## 皮膚に強い毒があるのでうっかり食べると一大事

猛毒をもつことが多いフグ科の一種。皮膚に強い毒があり、肝臓、腸にも弱い毒をもつ。日本には亡くなった人を北枕に寝かせる習慣があるが、うっかり食べるとそうなるという意味でこの名がついた。背中に多くの不規則な褐色線があり、体側に2本の暗色縦帯が走るが、幼魚と老魚ではかなり異なる。房総半島以南に分布し、ハワイ諸島を含むインド・西太平洋の暖海域に見られる。沿岸の岩礁帯周辺にすみ、肉食性で各種小動物を食べる。神奈川ではオマンダラフグとも呼ばれる。全長10cm台がほとんどだが、20cmほどに達するものもいる。

釣期
| 1月 |
| 2月 |
| 3月 |
| 4月 |
| 5月 |
| 6月 |
| 7月 |
| 8月 |
| 9月 |
| 10月 |
| 11月 |
| 12月 |

### キタマクラ属はすべて有毒

日本にいるキタマクラ属のフグは田辺湾以南に分布するシマキンチャクフグ、カザリキンチャクフグ、相模湾以南に分布するハナキンチャクフグ、琉球列島に分布するヒメキンチャクフグ、八丈島以南に分布するシボリキンチャクフグと本種の6種。すべて有毒で、普通は食べない。

# 沖磯の魚

## クサフグ
[草河豚]

- フグ目フグ科　●全長：15cm
- 分布：青森県以南　●釣り場：磯、防波堤、砂浜、沖、河口、下流
- 地方名：ショウサイフグ（神奈川）など

## 汽水域にも生息する珍しいフグ

　青森県以南の日本各地と朝鮮半島南部に分布。沿岸域で最もよく見かける種。フグ類の中では珍しく汽水域にも生息し、河口や河川下流でも見られる。背中と腹には小さなトゲが多数。多数の小さな白色点が散在する背中は暗緑色で、草色に似ていることからこの名がついた。砂の中に潜る習性があるため、広島ではスナフグ、山口でハマフグとも呼ばれ、長崎でメアカと呼ばれるのは眼が赤いから。卵巣、肝臓、腸、皮膚に猛毒をもち、肉と精巣の毒は弱い。5～8月の新月、満月の日に大群で内湾に押し寄せ、雄に体側を噛まれた雌は礫表に産卵する。

### 汽水域にも生息する珍しいフグ

　毒があるので普通は食べず、釣りの対象魚ではない。磯釣りや沖釣り、投げ釣り、または汽水域でハゼ釣りのハリにかかってくることがあり、板状の頑丈な歯でラインを切られたりするため、嫌われるようだ。また、他のフグ類同様に釣りエサをかすめとるのがうまく、釣り人は頭を悩ませる。

釣期：1月／2月／3月／4月／5月／6月／7月／8月／9月／10月／11月／12月

海水の魚

# ゴマフグ
[胡麻河豚]

- ●フグ目フグ科 ●全長：35cm
- ●分布：北海道南部以南
- ●釣り場：磯、防波堤、沖
- ●地方名：サバフグ（東北）など

## 黄色いヒレと濃青色点が散らばる鮮やかな種

　胸ビレと尻ビレが鮮やかな黄色で、背中にゴマ状の濃青色の斑点が散在し、フグ類では珍しく美しい体色をもつ。体は小さなトゲに覆われ、体型はやや細長い。北海道南部以南から東シナ海・黄海に分布し、沿岸域に生息。東京では混称でサバフグ、和歌山でフグトンと呼ばれる。関東では仲間のショウサイフグをゴマフグと呼ぶことがある。卵巣、肝臓は猛毒で、皮膚、胆嚢、精巣にも毒があるが、肉は無毒で、地方によってはかす漬けなどの加工品の材料になるが、食べないのが一般的だ。大きいものでも全長40cmほど。

釣期：1月 2月 3月 4月 5月 6月 7月 8月 9月 10月 11月 12月

### 安土・桃山時代に出された食用禁止令

　日本のフグ食の歴史は長く、一説では縄文時代以前の出土品の中にマフグの骨が見られたという。しかし、毒に当たって死亡する人が多かったようで、安土・桃山時代以降、たびたびフグ食禁止令が出されている。大正7年に兵庫県が、昭和16年に大阪府が解禁し、一般に食されるようになった。

沖磯の魚

# アカメフグ
[赤眼河豚]

- ●フグ目フグ科　●全長：20cm
- ●分布：千葉県から四国
- ●釣り場：磯、防波堤、沖
- ●地方名：アカフグ（三重）など

## 背中と眼が赤い日本特産種

　眼が赤く、背中が暗赤色であるためこの名がついた。背中には暗褐色の斑点が散在する。千葉県から四国までの太平洋岸に分布する日本特産種。沿岸の岩礁帯周辺の砂底に生息し、磯釣りや沖釣りの外道でハリがかりすることがある。和歌山でメアカフグ、東京や山口では混称でヒガンフグと呼ぶことがある。場所によってはヒガンフグをアカメフグと呼ぶこともある。肉は無毒でフグ料理の食材になるが、卵巣、肝臓、皮膚にテトロドトキシンという猛毒をもち、腸も有毒。胆は食べないからといって、素人料理は絶対にしないこと。

### フグが膨れるのはなぜ？

　フグ類には肋骨と上肋骨がなく、食道に膨張嚢があり、相手を威嚇するため水中では水、空中では空気を吸い込んで腹部を膨らませる。また底生の貝やゴカイなどを捕食するために、水や砂を吸い込んで水鉄砲のように吹きかけ、エサをあさったりもする。怒ったときだけ膨らむわけではないのだ。

釣期

| 1月 |
| 2月 |
| 3月 |
| 4月 |
| 5月 |
| 6月 |
| 7月 |
| 8月 |
| 9月 |
| 10月 |
| 11月 |
| 12月 |

海水の魚

# アナハゼ
[穴沙魚]

- カサゴ目カジカ科
- 全長：18cm ●分布：東北以南
- 釣り場：磯、防波堤
- 地方名：ウミハゼ（富山）など

## 口が大きいカジカ似の根魚

　東北以南に分布する日本固有種。ハゼの名がつくがカジカの仲間でカサゴ目に分類される。口が大きく、沿岸の岩礁帯のアマモやガラモが繁茂する藻場に多い。体の斑紋は、まだらの褐色斑が明瞭に出るものもあれば、まったくないものもおり、生息場所により個体差がある。背中も褐色、暗褐色、赤褐色、濃紺色などさまざまだ。モエビ、アカモアミなどを好んで捕食。富山でカジカ、グズ、和歌山でネギとも呼ばれる。磯釣りや根魚釣りの外道でハリがかりすることがあるが、小さく味もよくないため普通は食べない。

### 色彩変異型は果たして別種？

　体が緑色の色彩変異型が本州日本海沿岸、東北地方太平洋沿岸に分布することが確認されており、別種の可能性が強い。側線下部に数個の白点があり、一部が暗褐色で縁取られ、胸ビレ付け根の上部に小黒点がないなどの点がアナハゼと異なる。大きさは変わらず、沿岸のガラモ場を好む点も同様である。

**海水の魚**

# 沖の魚

　沖の船釣りは、上物から深場釣りまで確率の高い釣果が期待できます。カツオやマグロ類といった回遊魚からヒラメやムツまで、その対象魚は実に豊富。ヒラマサやカンパチ、マダイといったポピュラーな魚からヤリイカ、コウイカなどもターゲットに加わり、多くのファンがいます。

海水の魚

# FIELD IMAGE

沖の魚

## 沖

**沖釣りファンは増加の一途だ。確実な釣果の、そのどれもが好サイズだ。**

海水の魚

沖の魚

スパンカーを張って船を潮流の中で安定させ、確実なポイントを探る。

**海水の魚**

# マアジ
## [真鯵]

- ●スズキ目アジ科　●全長：30cm
- ●分布：日本各地
- ●釣り場：沖、防波堤、磯
- ●地方名：アジ（各地）など

## 国民的人気を誇る大衆魚

　釣り人からの人気はいうまでもなく、日本人の食卓に欠かせない大衆魚。アジ科の魚は世界に140種ほどおり、内日本には約50種が生息する。日本各地でアジと呼ぶのはマアジのこと。漁獲量の多さや人気度からいって、アジ科の代表魚といえよう。側線の全長にゼンゴ（ゼイゴ）と呼ばれるトゲ状のウロコが並んでおり、最大の特徴となっている。生息域により異なるが、一般に背中が濃青緑色で、腹部が銀白色の体色をもつ。若魚には沿岸域で定着的な生活をし、体色が淡黄褐色のキアジと、沖合を遊泳し、全体的に黒っぽくスマートな体型のクロアジの2型が存在する。漁獲量はクロアジが多いが、食味はキアジのほうがよい。

　暖海性で日本各地に分布し、東シナ海や朝鮮半島海域にも見られる。南半球のオーストラリアやニュージーランドに非常によく似た仲間がいることが知られている。沿岸域を大きな群れで活発に遊泳し、小魚や子イカ、オキアミ、ゴカイ、動物プランクトンなどを主に捕食する肉食性。エサを食べるのは昼間がほとんどだ

**釣期**
| 月 |
|---|
| 1月 |
| 2月 |
| 3月 |
| 4月 |
| 5月 |
| 6月 |
| 7月 |
| 8月 |
| 9月 |
| 10月 |
| 11月 |
| 12月 |

# 沖の魚

が、ライトなどの明かりのある場所では夜間も捕食するので、夜釣りを楽しむこともできる。長崎や五島列島で1〜2月、対馬や四国沖で3〜4月、山陰沖合で4〜5月、瀬戸内海や関東沖合で5〜6月、能登半島以北の日本海沿岸で6〜7月と、産卵期は地域により異なる。神奈川では幼魚をジンダコと呼び、他にも和歌山・広島でアカアジ、大阪・広島でヒラアジ、和歌山でホンアジとも呼ばれ、各地で親しまれている。全長は20〜40cmに達する。美味

細身

太身

大型太身

な魚で、産業的に重要な食用魚である。調理方法は数え切れないほどあるが、フライや南蛮漬け、刺し身やたたき、つみれや塩焼きのように、魚の大きさに合わせるとよい。漁師料理でナメロウと呼ばれる刺し身の味噌たたきがあるが、簡単に料理できておいしいので挑戦してみよう。温かいご飯と一緒に食べるとくせになるほどうまい。イワシやイサキなどでも応用できる料理だ。

## 周年狙える沖釣りの人気魚

マアジは非常にポピュラーな海釣りの対象魚だ。初心者からベテランまで幅広い人気があり、周年狙える点も人気の理由の一つ。沖釣りが主で、中小型サイズならコマセサビキ仕掛けで数釣りが楽しめる。大中型サイズは片テンビン仕掛けを使ったビシ釣りで狙うことが多い。手ビシの時代もあったが、今ではサオビシ釣りが主流だ。

**海水の魚**

# マルアジ
[丸鯵]

- ●スズキ目アジ科 ●全長：30cm
- ●分布：南日本
- ●釣り場：沖
- ●地方名：ナガウオ（沖縄）など

静岡県駿河湾　細身

太身

## 丸みを帯びた体が和名の由来

　マアジに比べ、体が円筒状なためこの名がついたという。ムロアジの仲間で、アジ科の魚によく見られるゼンゴというトゲ状のウロコが尾ビレ側の側線の直線部のみに存在する。成魚の胸ビレは長く、第2背ビレの始まりの部分にとどき、胸ビレと尾ビレに淡い黄色みを帯びる。南日本に分布し、東シナ海で豊富に漁獲される。沖合の中層を群れをなして回遊し、肉食性で小魚、小型甲殻類、動物プランクトンなどを食べる。全長は30cmほど。関西・和歌山・高知ではアオアジ、和歌山ではムロアジ、高知ではメアジ、シムロと呼ぶ。

### マアジより高い市場取引値

　専門で狙う魚ではなく、マアジやイサキの船釣りでハリがかりすることがある。食用魚で東シナ海では巻き網で大量に漁獲されるが、マアジに比べると味は落ち、脂気もないため、ほとんどは干物として出回る。しかし、市場ではマアジより高値で取引されることが多いようだ。

釣期
1月
2月
3月
4月
5月
6月
7月
8月
9月
10月
11月
12月

# アカアジ
[赤鯵]

沖の魚

● スズキ目アジ科　● 全長：30cm
● 分布：南日本
● 釣り場：沖、磯

## ムロアジ属で最も高い体高

　ムロアジの近縁種。姿形と尾ビレや背ビレの赤いところが仲間のオアカムロによく似るが、ムロアジ属中でいちばん体高が高く、尾ビレの赤みも少ないため見分けは容易につく。胸ビレが長く、第2背ビレの始まる部分を越えることでも見分けられる。成魚の胸ビレは長く、第2背ビレの始まりの部分にとどき、尾ビレ側の側線の全直走部にゼンゴというトゲ状のウロコが並ぶ。相模湾沖から太平洋岸を経て南シナ海に分布。東インド諸島には近似種が存在する。潮流が当たる岩礁帯の中低層に好んですむ。美味な魚だ。

### 刺し身が絶品のオアカムロ

　アカアジによく似た姿形をもつオアカムロは、関東以南から世界の暖海域に広く分布する仲間だ。沖合の中層から低層にすみ、巻き網や底引き網の漁獲対象となっている。美味な魚で、新鮮なオアカムロの刺し身は絶品。しかし残念なことに鮮度のよい魚が市場に出回ることは少ないようだ。

釣期

| 1月 |
| 2月 |
| 3月 |
| 4月 |
| 5月 |
| 6月 |
| 7月 |
| 8月 |
| 9月 |
| 10月 |
| 11月 |
| 12月 |

海水の魚

# メアジ
[目鯵]

- ●スズキ目アジ科 ●全長：25cm
- ●分布：南日本
- ●釣り場：沖、磯 ●地方名：アカアジ、カメアジなど

## 沖縄諸島に多く生息するアジ

マアジによく似ているが、ゼンゴというトゲ状のウロコが尾ビレ側の側線の全直走部に並んでおり、眼が大きく、体高も高い。肩帯部にへこみが1つあり、その上部に肉質の突起があることでも区別できる。マアジより暖海にすみ、日本近海では千葉県以南の太平洋側に分布し、沖縄や小笠原諸島に多く見られるが、全世界の暖海に分布が見られる。春に産卵し、稚魚は初夏まで岩礁帯にすみ、秋に群れで回遊を始めるため、追い込み網や釣りの対象となるのは秋。食味はよい。全長30cmほどに達する。

釣期
1月
2月
3月
4月
5月
6月
7月
8月
9月
10月
11月
12月

### 黄色い帯が鮮度の目安

マアジに匹敵する美味なメアジは秋が旬。眼から尾ビレにかけて体側に黄色い帯が走っており、この帯の色が鮮度の目安になるので覚えておこう。マアジ同様に、フライ、刺し身、塩焼きなどに料理できるが、変わったところで香り揚げ、アジ団子などもおいしい。干物もうまい。

沖の魚

# ムロアジ
[室鰺]

- スズキ目アジ科　●全長：40cm
- 分布：南日本
- 釣り場：沖、防波堤、磯
- 地方名：アオアジ（広島）など

## 伊豆諸島で有名なクサヤの正体

　伊豆諸島で名高いクサヤは、伊豆諸島や琉球列島に分布する仲間のクサヤモロやムロアジを干物にしたものだ。やや円筒形の体型で、尾ビレは暗黒色で縁が黄色っぽい。側線のゼンゴというトゲ状のウロコが尾ビレ側の直走部の4分の3を占める。新鮮なときには体側に黄色の縦帯が走っている。本州中部以南に分布し、特に離島の瀬に多い。大きな群れをつくり、やや沖合の中層を活発に泳ぐ。他の地方名には、東京・長崎のモロ、モロアジ、富山のアジサバ、鹿児島のウルメがある。全長は25〜40cmほどに達する。

### 大型回遊魚のエサに使われるムロアジ

　釣りの対象魚だが、どちらかというとヒラマサ、カンパチ、イソマグロといった大型回遊魚やハタ、モロコなど大型底生魚狙いのエサにされることが多い魚だ。しかし、味は悪くなく、定置網や巻き網で漁獲される対象となっている。クサヤに限らず、新鮮なものを刺し身やたたきにするとうまい。

| 釣期 |
|---|
| 1月 |
| 2月 |
| 3月 |
| 4月 |
| 5月 |
| 6月 |
| 7月 |
| 8月 |
| 9月 |
| 10月 |
| 11月 |
| 12月 |

海水の魚

# オキアジ
[沖鯵]

- ●スズキ目アジ科 ●全長：40cm
- ●分布：南日本
- ●釣り場：沖、磯
- ●地方名：マナガタ（岡山）など

## 根強いファンをもつ強烈な引き

　大きくても40cmほどにしか成長しないオキアジだが、小型でも引きは強烈で、少数だが専門で狙うファンがいるほどだ。体高が高く、身も厚い。体色は全体が黒ずみ、体側に数条の暗緑色の横帯があり、前方に向かうトゲをそなえたゼンゴをもつ。口内の上面や舌上は白く、残部が黒緑色。南日本を経て、インド・太平洋の暖海に分布。沖合の中低層を小さな群れで遊泳し、甲殻類や小魚類、ゴカイ類などを食べて生活する。和歌山ではメッキノオバサン、メッキノメン、ドロメッキ、高知ではモウセ、ボウゼと呼ばれる。

釣期：6月／7月／8月／9月／10月

### 伊豆諸島は初秋、沖縄諸島は冬期

　同型であればシマアジよりも引きが強いオキアジ。船釣りや磯釣りで狙えるが、釣り期には地域差がある。伊豆諸島で初秋、沖縄諸島では冬期にかなりまとまって釣れる。オキアジもおいしい魚だ。身が厚いため刺し身にしてもいけるし、焼き魚や煮魚にしてもいいだろう。

# 沖の魚

# マサバ
[真鯖]

- ●スズキ目サバ科　●全長：50cm
- ●分布：日本各地
- ●釣り場：沖、防波堤、磯
- ●地方名：ホンサバ（各地）など

## サンマと並び秋を代表する大衆魚

　サバ、ヒラサバ、ホンサバともいう。締めサバ、バッテラなど、サバを素材にした料理はいくつも浮かんでくるほど、食卓を賑わす魚で、サンマと並ぶ秋の代表的な大衆魚だ。体は紡錘形で、背中にサバ紋といわれる黒色の波状の紋様がある。日本各地の近海に見られ、全世界の亜熱帯・温帯海域に分布し、沿岸域の表層を大群で回遊。イワシ、アジなどの小魚やイカ類、動物プランクトンなどを捕食する肉食性。高知や静岡でヒラサバ、長崎でヒラス、鹿児島でタックリとも呼ばれる。秋から冬にかけて脂ののった時期がいちばん美味。

### 鮮度落ちが早いので「サバの生き腐れ」

　かつては沖釣りの外道として嫌われたが、以前ほど釣れなくなったこともあり、持ち帰る釣り人は増えた。防波堤などに大群で寄る小サバは子供でも簡単に釣れる。

「サバの生き腐れ」といわれるように鮮度がすぐに落ちるので、鮮度保持には注意。締めサバ、味噌煮、塩焼きなどを筆頭に、さまざまな料理がある。

釣期

| 1月 |
| 2月 |
| 3月 |
| 4月 |
| 5月 |
| 6月 |
| 7月 |
| 8月 |
| 9月 |
| 10月 |
| 11月 |
| 12月 |

**海水の魚**

# ゴマサバ
## [胡麻鯖]

- ●スズキ目サバ科　●全長：35cm
- ●分布：日本各地
- ●釣り場：沖、防波堤、磯
- ●地方名：ゴマ（千葉）など

## 体側に黒い斑紋をもつマサバの近縁種

　マルサバともいう。マサバの仲間で姿形もよく似るが、体が側扁せず、円筒状に近い。体側の腹側に多数の小さな黒点があることでも見分けがつく。この黒点がゴマ状なのでこの名がついた。マサバより暖海性で、日本近海の他に西南太平洋、ハワイ諸島、東部太平洋に分布。主に海岸から沖合の表中層を大群で回遊する。全長は25〜35cmだが、50cmほどに大きくなるものもいる。新潟でホシグロ、島根でコモンサバ、福岡でドンサバといわれる。夏に多く漁獲され、この時期に味の落ちるマサバより美味。沖釣りの外道で釣れる。

釣期
- 1月
- 2月
- 3月
- 4月
- 5月
- 6月
- 7月
- 8月
- **9月**
- **10月**
- 11月
- 12月

### 夏が主役のゴマサバ

　マサバより脂肪が薄いため味が劣るが、多数漁獲される夏には主役をはる。鮮度が落ちるのが早いので注意が必要だが、新鮮なものは締めサバ、塩焼き、味噌煮などがうまい。普通は日本そばのダシつくりに欠かせないサバ節に加工されることが多い。マサバのように季節により味が変わることはない。

# マルソウダ
[丸宗太]

沖の魚

- スズキ目サバ科　●全長：35cm
- 分布：北海道以南
- 釣り場：沖、磯、防波堤
- 地方名：ソウダ（関東）など

## カツオ節の代用品になる運命？

　ヒラソウダとともにソウダガツオ属の魚で、マルソウダガツオともいう。しかし、体型はサバに似ており、体の断面はより丸いためこの名がついた。ヒラソウダよりも小型で、側線の上下に残る細かいウロコのある部分が幅広く、後方へ伸びているので簡単に識別できる。北海道以南に分布し、世界の暖海域に広く分布。沿岸域の表層を大群で回遊し、ヒラソウダより沖合に好んですむが、中には磯近くに寄ってくるものもいるようだ。夏から晩秋に多く見られる。全長は30～40cmで、大きくなっても55cmほどにしかならない。関東でヒラソウダとの混称でソウダ、同じく関西でメジカと呼ばれ、鹿児島・和歌山でスボタ、東京・神奈川・和歌山・高知では幼魚をロウソクという。沖の寄せエサ釣りやライトトローリングの外道として釣れる程度で、専門で狙う人は少ない。血合いが多く、味もヒラソウダに比べて劣るため、カツオ節の代用品であるソウダ節に加工されることが多い。

釣期

| 1月 |
| 2月 |
| 3月 |
| 4月 |
| 5月 |
| 6月 |
| 7月 |
| 8月 |
| 9月 |
| 10月 |
| 11月 |
| 12月 |

海水の魚

# ヒラソウダ
[平宗太]

- スズキ目サバ科
- 全長：40cm
- 分布：日本各地
- 釣り場：沖、磯、防波堤
- 地方名：ソウダガツオ（関東）など

## 脂がのった良型はホンガツオに負けない味

マルソウダより体高が高く、体が平たいためこの名がついた。マルソウダとともに眼と口が近いためメジカとも呼ばれ、関西、四国、九州の釣り人などに親しまれている。眼の後部、胸甲部、側線前方部分を除きウロコがないのが特徴。側線上下のウロコ部は第1背ビレと第2背ビレの中間下で急に狭くなる。分布は日本各地に及び、世界の温帯・熱帯海域まで広く見られる。表中層を群泳する回遊魚で、イワシなどの小魚を主に捕食。全長は30〜40cmだが、60cmほどまで成長するものもいる。他の地方名にはマルソウダとの混称で関東のソウダガツオ、山形・富山・長崎・沖縄のカツオがあり、幼魚をロウソクというところもある。味はカツオと比べても劣ることがなく、脂ののった2kgクラスの良型になるとホンガツオと遜色ない。新鮮なものは刺し身にするとうまいが、血合いが多く、鮮度もすぐに落ちるため注意が必要。マルソウダ同様、ソウダ節に加工されることが多い。

釣期：1月／2月／3月／4月／5月／6月／**7月／8月／9月／10月／11月／12月**

沖の魚

# ハガツオ
[歯鰹]

- スズキ目サバ科
- 全長：60cm
- 分布：南日本
- 釣り場：沖、磯
- 地方名：キツネガツオなど

## 鋭い歯をもつカツオの仲間

　キツネともいう姿形がカツオに似た近縁種。しかし、ややスマートな体型で、体側に目立った縞模様が出るため容易に区別できる。両アゴと口蓋骨に鋭い歯をもつため、ハガツオの名がついた。南日本を経て、フィリピン、インド、西太平洋からハワイ諸島、東部太平洋までの温帯・熱帯域に広く分布。沿岸表層性で、時に大群をつくり、またカツオやキハダなどと混群をなすこともある。普通は50～60cmだが、1mを超す大物もおり、インド洋で尾叉長101.6cmの魚が確認されている。定置網や曳き縄、巻き網、流し網などで漁獲される。身が軟らかく、新鮮なものは刺し身にするとうまいが、鮮度落ちが早いので注意が必要。他にも塩焼き、照り焼き、バター焼きなどで食されることが多い。しかしカツオに比べると、味は劣る。地方名にはキツネガツオ、ホウセンなどがある。ハガツオ属の魚は世界に4種しかいない。

釣期
1月
2月
3月
4月
5月
6月
7月
8月
9月
10月
11月
12月

## 海水の魚

# カツオ
[鰹]

- ●スズキ目サバ科 ●全長：1m
- ●分布：日本各地の太平洋側
- ●釣り場：沖、磯
- ●地方名：マガツオ（各地）など

## 一本釣りで有名な初夏の味覚

　ホンガツオともいい、和歌山・高知ではスジガツオとも呼ばれる。江戸時代から美味な魚として知られ、当時の初ガツオは1本3両、現在の約20万円で取引されていたとか。庶民には手の届かない魚だったようだ。春の初鰹も有名だが、旬は初夏。黒潮に乗り、鹿児島沖、土佐沖と北上し、相模湾や房総沖に姿を現すのが5月頃。さらに三陸沖から北海道南部沖まで北上して夏を過ごし、その後南下。この魚を戻りガツオという。早い時期に捕れるものほど赤身で、北上とともに脂がのり、初ガツオでも関東近海で捕れるものがいちばんうまい。赤身が消え、脂がのりきったものをトロガツオと呼ぶ。体型はきれいな紡錘型で、眼の後部、胸甲部、側線部を除きウロコがない。死後、体側から腹側に暗色の縞紋様が現れる。日本近海に分布するが、日本海で見ることはまれ。世界中の熱帯・温帯海域に分布する。表層を大群で回遊し、かなりのスピードで遊泳。普通で時速25kmほど、速いときには時速100kmにもなる。一生泳ぎ続

釣期
| 1月 |
| 2月 |
| 3月 |
| 4月 |
| 5月 |
| 6月 |
| 7月 |
| 8月 |
| 9月 |
| 10月 |
| 11月 |
| 12月 |

276

# 沖の魚

ける魚で、眠るときでもスピードを落として泳いでいる。エサを追って回遊するカツオだけの群れをスナムラといい、海鳥や流木、クジラなどと一緒に行動しているものもいる。美味な魚だが、鮮度の低下が早いので、鮮度保持に注意したい。体表の輝き、縞紋様の鮮やかさ、背ビレの張りなどで鮮度がわかるので覚えておこう。新鮮なものなら刺し身やたたきがいちばんだが、ステーキにしたり煮物にしてもおいしい。古くは干し魚として重宝された魚で、今でもカツオ節やなまり節、オイル漬けなど、加工食品としての人気も高い。一本釣りが有名だが、現在ではルアーフィッシングの好対象魚としても人気が高い。

ビッグゲームの世界ではカツオもライブベイト（生きエサ）として使われる

## 豪快さがカツオ狙いの醍醐味

　船釣りでは昔ながらの釣り方が盛んだ。カタクチイワシをまき餌に用いたフカセ釣りや一本釣りの他に、バケという擬似餌を使ったカッタクリ釣りなどが行われる。一方、メタルジグやトップウォータープラグで狙うルアーフィッシングも盛んに行われている。ヒット後にカツオが水面で見せる豪快な跳躍や、スポーティーなスタイルが人気の理由で、年々ルアーで狙う釣り人の数は増えており、特に若者層の支持が高い。カツオを狙う場合、広大な海をボートで走り回り、ナブラと呼ばれる魚の群れや鳥ヤマを探し出してから釣るのが一般的だ。全長が1mを超す大物もおり、その引き味は強烈以外の何物でもない。

## 海水の魚

# スマ
## [須萬]

- スズキ目サバ科
- 全長：1m
- 分布：南日本
- 釣り場：沖、磯
- 地方名：スマガツオ（東京）など

# 胸ビレ下の斑点は死後消滅

　カツオやヒラソウダに似た姿形をもつスマ。胸ビレ下に少数の小さな黒点をもつことで区別でき、この黒点は死ぬとほとんど消えてしまう。カツオが死後縞紋様が現れるのと対照的だ。また、ヒラソウダより体高が高く、大型になるので見分けがつく。眼の後部、胸甲部、側線部を除きウロコがない。日本では本州中部以南に見られ、インド・太平洋の温帯・熱帯海域に分布。沿岸域の表層を群れで回遊するが、カツオのように大群はつくらない。魚類、頭足類、甲殻類などを主に捕食。胸ビレ下の黒点がやいと跡のようであることから、関西・中国・四国でヤイト、関西でヤイトバラと呼ばれ、九州ではセガツオとも呼ばれる。カツオ、メジマグロ、シイラなどのフカセ釣りやトローリングにハリがかりすることがある。普通は曳き網や定置網で漁獲されることが多い。身はカツオに似た赤身で、刺し身や塩焼きにするとうまい。カジキ類やマグロ類のエサとなる魚だ。

釣期：
- 1月
- 2月
- 3月
- 4月
- 5月
- 6月
- 7月
- 8月
- 9月
- 10月
- 11月
- 12月

沖の魚

# サワラ
[鰆]

- ●スズキ目サバ科 ●全長：1m
- ●分布：北海道中部以南
- ●釣り場：沖
- ●地方名：サゴシ（西日本）など

## 関西以西に春を届ける暖海性魚

　南日本での漁獲が多く、関西以西では春の代表的な魚で西京漬けが有名。魚へんに春と書くことでもわかるだろう。中でも瀬戸内海の春のサワラ漁は有名だ。関東では冬の寒ザワラで知られる。平たくて細長い体型で、体側に7〜8列の小さな暗色斑点が並ぶ。従来はオーストラリア周辺にも分布するといわれたが、それは別種であることが近年確認され、分布は日本近海に限ることが明らかになった。沿岸域の表層を遊泳し、アジ、カタクチイワシなどを捕食。四国・兵庫・沖縄でサアラ、関西・高知などで若魚をヤナギと呼ぶ。

### ライトトローリングの好ターゲット

　沿岸域を小型ボートでライトトローリングするには格好のターゲットでファンも多い。カタクチイワシなどの小魚をエサにした食わせ釣りで狙う人もいる。有名な西京漬けの他に刺し身、塩焼き、煮物、フライ、ムニエルなど料理は豊富。身が軟らかく、くせのない上品な味の白身魚だ。

釣期
| 1月 |
| 2月 |
| 3月 |
| 4月 |
| 5月 |
| 6月 |
| 7月 |
| 8月 |
| 9月 |
| 10月 |
| 11月 |
| 12月 |

**海水の魚**

# クロマグロ
## [黒鮪]

- スズキ目サバ科
- 全長：3m
- 分布：日本各地
- 釣り場：沖
- 地方名：マグロ（各地）など

## 味覚、体格、価格と三拍子揃った魚の王者

　マグロの仲間で最も大型に成長する種で、全長3m、体重400kgを超すものもいる。たいへん美味な魚で、霜降りのトロは有名。日本近海で秋以降に捕れる体重100kg以上の大物は、魚屋でもめったに手に入らない超高級魚で、価格も最高級。しかし、食用となった歴史は意外に浅く、江戸後期まではあまり人気がない魚だったとか。トロが有名になったのも

### 世界記録を狙う男たちの憧れ

　メジ、ヨコカワといわれる10kgまでの若魚は、オキアミやキビナゴなどを用いた寄せエサ釣りなどで狙うが、スポーツフィッシングの浸透で、メタルジグなどを用いたルアーフィッシングで狙う人も多い。また、数mに及ぶ巨大な体をもつため、トローリングで記録更新を狙うアングラーも後を絶たない。世界的なビッグゲームの一線級ターゲットとして、カジキ類とともに君臨している。よいマグロの見分け方はプロでも難しいといわれるが、さく状のものは色、光沢、脂ののり、弾力などを見る。

**釣期**

| 1月 |
| 2月 |
| 3月 |
| 4月 |
| 5月 |
| 6月 |
| 7月 |
| 8月 |
| 9月 |
| 10月 |
| 11月 |
| 12月 |

## 沖の魚

実はここ数十年にすぎない。マグロ類が古くからもてはやされたのとは対照的だ。典型的な紡錘形の体で、小さな眼と短い胸ビレで近縁種と見分けがつく。台湾近海で産卵し、日

山口県見島沖でのクロマグロとのファイト

本近海で育った若魚は太平洋を横断して北アメリカ西岸へ渡り、成長しながら再び日本へ戻ってくる。日本海でも少数ながら産卵するものもいるようだ。日本各地と全世界の温帯・熱帯海域に分布するが、北半球の暖海域がほとんどで、南半球やインド洋にはまれ。大型の成魚は時速160kmに達するほど遊泳速度が速い。メジ、ヨコカワといわれる10kgまでの若魚は漁獲数が多く、秋になると市場をにぎわす。日本各地でホンマグロ、東北でシビ、高知でハツとも呼ばれる。釣りの対象は小型サイズが主で、エサ釣りやルアーフィッシングで狙うが、船で80kgクラスの大物を狙う人もいる。最近は近海ものが少なくなり、主に遠海からの冷凍ものが市場に出回っているが、中には海外から空輸される生鮮ものもあり、その人気ぶりがうかがえる。刺し身で食べるのがいちばんうまいが、筋の多い部分はネギマにしたり、脂の濃い部分は照り焼きなどの焼き物にすると美味。

オキアミのフカセ釣りでの釣果

## 海水の魚

# キハダ
## ［黄肌］

- スズキ目サバ科　●全長：2m
- 分布：北海道以南
- 釣り場：沖、磯
- 地方名：イトシビ（和歌山）など

## 体色が黄色みを帯びたマグロの仲間

　名前からもわかるとおり、体色が黄色みを帯びているのが特徴。キワダともいう。成長とともに第2背ビレ、尻ビレが長く伸びるので、イトシビとも呼ばれる。全世界の温帯・熱帯海域に分布し、国内では北海道以南の日本近海に分布するが、日本海ではほとんど見られない。表層遊泳性の魚で、18～31℃の海域に見られ、赤道反流域に多い。稚魚の成長が早く、1年で体長約50cm、2年で約1mに達し成熟。インド洋などでは3mに達するものもいるが、日本近海では大きくても70kgほど、普通は40kg未満がほとんどだ。相模湾で若魚をキメジ、静岡でゲスナガ、大阪・高知でマシビとも呼ぶ。冷凍ものを含めた漁獲量はメバチに次いで多く、クロマグロ、ミナミマグロなどの味が落ちる夏に日本近海で捕れるため、夏の刺し身ではクロマグロ以上に人気がある。肉の色はピンクで、身はよく締まり、特に西日本で珍重されている。成魚は延縄で漁獲され、体長60cm前後のキメジと呼ぶ若魚は、カツオやメバチの若魚と混

釣期：7月、8月、9月、10月、11月

沖の魚

フライでキャッチしたキメジ（幼魚）

獲される。カツオなどの群れとともに黒潮を北上してくるためで、伊豆諸島以南から沖縄にかけてよく釣れる。久米島や石垣島のパヤオと呼ぶ浮き魚礁周りの釣りが有名で、小笠原諸島では磯釣りで狙う釣り人もいる。ルアーをよく追うため、近年は海のルアーフィッシングの好対象魚の一つとして人気が高く、大物を求めるルアーマンは多い。マグロ類は刺し身や寿司種など生食が主で、脂の濃い部分は照り焼きやネギマなどにするが、キハダの身は脂が薄いのでそれらにはあまり向かないことを覚えておきたい。脂肪分が少ない淡泊な味なので、つけ焼きや揚げ物にすればおいしく食べられる。

## 沖縄海域で盛んなフカセ釣り

　久米島や石垣島などの沖縄海域では、パヤオと呼ぶ浮き魚礁周りを狙い、イカナゴなどの寄せエサや付けエサを使ったフカセ釣りが盛んに行われている。関東や伊豆諸島などでは秋の回遊魚シーズンになると、沖合の船釣りのコマセ釣りにハリがかりすることがあり、小笠原諸島などでは沿岸に寄るため、イソマグロなどとともに磯釣りのビッグターゲットとして狙う人もいる。怪物クラスがヒットすると、1人ではサオを立てられず、2〜3人がかりでやっとというビッグゲームになることもある。よくルアーを追うため、近年若者層を中心にファン層が増加している海のルアーフィッシングの好対象魚だ。

**海水の魚**

# ビンナガ
[鬢長]

- スズキ目サバ科
- 全長：1m
- 分布：日本各地
- 釣り場：沖
- 地方名：ビンチョウ（宮城）など

全長50cm

## 鶏肉に似た味をもつからシーチキン

　カツオ程度の小型マグロだが、成魚の胸ビレがマグロ類の中でいちばん長いため、この名がついた。日本近海にすむが、日本海で見られるのはまれ。世界の亜熱帯・温帯海域に分布する。標識放流により、北太平洋の東西大回遊が確認されている。宮城でビナガ、三重でカンタロウ、カンタ、関西・高知・和歌山でトンボ、トンボシビとも呼ばれる。身はごく淡いピンク色だが、加熱するとほぼ真っ白になる。身が締まり、鶏肉に似た味をもつことから、シーチキン（海の鶏）と呼ばれ、オイル漬けの缶詰に加工されるのは有名。アメリカで人気が高い。

### 赤身が苦手なアメリカ人が好むビンナガ

　シーチキンの原料として有名なビンナガは、赤身の苦手なアメリカに大量に輸出される人気魚。日本でも白身のマグロとして食される。寿司種としては敬遠されやすいが、刺し身は淡泊で美味。照り焼き、ステーキ、フライなどにも向いている。日本では良質のカツオ節に加工されてもいる。

釣期：5月・6月・7月・8月・9月

沖の魚

# メバチ
[目鉢]

- スズキ目サバ科　●全長：2m
- 分布：本州中部以南
- 釣り場：沖　●地方名：メブト（福岡・宮崎）など

## ビッグアイツナの英名をもつ大眼が特徴

　高級魚のイメージが強いマグロの仲間で庶民に広く愛されているのがメバチだ。漁獲量が多く、価格も安定しているため、主婦の強い味方。体高が高く、ずんぐりした体型に特徴的な大きな丸い眼をもち、英名はビッグアイツナという。若魚はキハダと見分けがつかないほどそっくり。本州中部以南の太平洋側に分布し、世界の温帯・熱帯海域にもすむ。マグロ類の中で最も深く遊泳するため、深縄で漁獲されることが多い。日本近海では小型が多いが、南方域では2mを超す大物も珍しくない。日本沿岸ではキハダより数が少ない。

### 魚屋の赤身マグロの主役はメバチ

　トロは少ないが、鮮やかな赤身で価格も安定しているため魚屋に並ぶマグロはメバチが多い。クロマグロの味が落ちる春から夏にかけて、近海ものは人気だ。しかし、遠洋から冷凍されて送られるものがほとんど。しかし、刺し身、寿司種などで、現在の日本人の食生活に欠かせないほど浸透している。

釣期
| 月 |
|---|
| 1月 |
| 2月 |
| 3月 |
| 4月 |
| 5月 |
| 6月 |
| 7月 |
| 8月 |
| 9月 |
| 10月 |
| 11月 |
| 12月 |

**海水の魚**

# シイラ
[鱪]

- スズキ目シイラ科　●全長：1m
- 分布：北海道西部以南
- 釣り場：沖
- 地方名：マンサク、マンリキ

## 外国で人気が高いドルフィン・フィッシュ

　一般に日本での人気はいまひとつだが海外では高級魚。よくジャンプするため英語でドルフィン・フィッシュ、ファイト中は魚体が金色に輝くためドラド、またハワイではマヒマヒと呼ばれ、ムニエルやステーキの食材となる。雄は成長とともに前頭部が張り出し、頭でっかちに変わるのが特徴。体は側扁した延長形をなす。日本近海の黒潮域に多い外洋性の表層回遊魚で、利尻島以南の日本海側、宮城県以南の太平洋側に分布。世界中の温帯・熱帯海域に見られる。流れ藻や流木などの浮遊物につく習性があり、これを利用し、竹の束などの浮き魚礁を使うシ

釣期
| 1月 |
| 2月 |
| 3月 |
| 4月 |
| 5月 |
| 6月 |
| 7月 |
| 8月 |
| 9月 |
| 10月 |
| 11月 |
| 12月 |

### フライフィッシャーも狙うシイラ

　最近はフライで狙う人も現れた。好ポイントはパヤオや定置網の目印用ブイなどの目に見えるストラクチャー。トップウォータープラグ、ミノー、メタルジグなどを使う。ファイト中にゴールドの体色に変化することがあるが、これは警戒色。仲間が姿を消すので素早くランディングしたい。

# 沖の魚

イラ漬けという独特の漁法で漁獲される他、定置網や底引き網、マグロ延縄でも漁獲される。海水中では虹をちりばめたように鮮やかなコバルトブルー地に小さな斑点が散在し実に美しいが、釣り上げると

体色の美しさは目を見張るばかりだ

見る間に色褪せ、地味になる。大きな群れで回遊するため、マンビキ（万尾）、トウヒャク（十百、和歌山・高知）と大群を意味する別名で呼ばれることが多く、他にクマビキ、ネコズラなどがある。産卵は春から夏にかけて行われる。普通は全長1m未満の群れが多いが、1.8mクラスに成長するものもいる。釣り魚としても海外では非常に人気が高いのに比べ、日本ではいまひとつだった。しかし、これは過去の話になりそうで、近年ソルトウォーターのルアーフィッシング人気が高まるにつれ、絶好の対象魚となった。よくルアーを追い、力が強く、強烈にジャンプするので、釣り味がよい。パヤオと呼ばれる浮き魚礁などで比較的簡単に魚を見つけられるのもいい。スポーツフィッシングには格好の魚といえよう。最近は沖合で、ルアーマンを乗せたシイラの乗合船をシーズン中に見かけることが多くなった。淡泊な白身で身は軟らかいが、やや水っぽいので味噌漬けやフライ、バター焼きなどが合う。しかし、食材としての人気はまだまだのようだ。

ルアーでシイラにチャレンジ

海水の魚

シイラはその美しい魚体とパワフルなファイトでソルトウォーター・ルアーフィッシングの人気ターゲットだ。

沖の魚

**海水の魚**

# ブリモドキ
[鰤擬]

- スズキ目アジ科
- 全長：50cm
- 分布：東北以南
- 釣り場：沖、磯
- 地方名：オキノウオ（高知）など

## サメなどを先導する水先案内魚

　成魚はサメなどの大型魚につき、先導するように泳ぐため水先案内魚と呼ばれる。英語ではその意味でパイロット・フィッシュと呼ぶ。ブリに似た体型だが、側線にゼンゴといわれる稜鱗がなく、尾の付け根に1本の隆起線があり、体側に6本の黒色横帯がある点で異なる。東北地方以南の外洋にすむ表層回遊魚で、世界中の温帯・熱帯海域に分布。離島では磯でも見られる。和歌山でノボリサシ、高知でサイゴブリとも呼ばれる。沖釣りや磯釣りの仕掛けにハリがかりすることがあるが、美味でないため外道扱いされるのがほとんど。

釣期
| 1月 |
| 2月 |
| 3月 |
| 4月 |
| 5月 |
| 6月 |
| 7月 |
| 8月 |
| 9月 |
| 10月 |
| 11月 |
| 12月 |

### ブリの仲間に多い特別機能

　ブリモドキ、ツムブリ、ヒレナガカンパチ、アイブリなどブリの仲間には尾ビレの付け根の上面と下面に1つのへこみがそれぞれある。この特別な魚体の構造を流体力学的機能だとする専門家がいるようだ。回遊魚ならではの特徴といえるだろう。他にこの特徴がある魚は少なく、メジロザメなどには見られる。

沖の魚

# カイワリ
[貝割]

●スズキ目アジ科　●全長：25cm
●分布：宮城県以南
●釣り場：沖
●地方名：メッキ（和歌山）など

## シマアジによく似た姿形の暖海性沖魚

　台湾、南シナ海、南アフリカなどに分布する暖海性の沖魚。近縁種のシマアジに似ているが、体高が高く、第2背ビレ、尻ビレに1本の幅広い黒褐色の縦帯があるので容易に見分けられる。幼魚は体側に暗褐色の横帯をもつが、成魚では消失する。宮城県以南の太平洋、能登半島以南の日本海に分布。水深200mまでに見られ、砂泥底の低層に多い。海底の甲殻類やゴカイ類などの底生小動物を捕食する。カスミアジやロウニンアジ、ギンガメアジ、カッポレなどとの混称で関西・石川・福岡・長崎でヒラアジ、和歌山でメッキとも呼ばれる。

### シマアジに劣らぬ味の高級魚

　京都・和歌山・愛媛でシマアジとも呼ばれるカイワリは身質もシマアジに匹敵するほどよく、市場では高級魚扱いされるほど。刺し身はもちろん、焼き物、揚げ物、煮物など、調理法は豊富。シマアジのように老成魚でも巨大化することはなく、大きくなっても40cm前後と食べ頃サイズだ。

釣期
| 1月 |
| 2月 |
| 3月 |
| 4月 |
| 5月 |
| 6月 |
| 7月 |
| 8月 |
| 9月 |
| 10月 |
| 11月 |
| 12月 |

**海水の魚**

# イサキ
## ［伊佐木］

- スズキ目イサキ科
- 全長：40cm　●分布：東北以南
- 釣り場：沖、磯、防波堤
- 地方名：イサギ（各地）など

## ウリンボウと呼ばれるかわいい若魚

　若魚は体側に3本の細い黄色縦帯が明瞭で、イノシシの子供のようにかわいいためウリンボウと呼ばれ、群れをなして藻場に生息する。しかし、この帯は成魚になるにつれ不明瞭となる。体は細長い紡錘形。両アゴには小さな歯が並び、くちびるは薄い。東北地方から南シナ海に分布する夜行性で、夜になると海面近くで小型甲殻類、ゴカイ類を捕食する。東北でオクセイゴ、和歌山でカジヤコロシ、九州でイッサキ、奄美大島でクチグロマツとも呼ばれる。船釣り、磯釣りで狙う、刺し身、焼き物、揚げ物、煮物などがうまい。

釣期
1月
2月
3月
4月
5月
6月
7月
8月
9月
10月
11月
12月

### 数釣りが楽しめる夏が旬の大衆魚

　夏が旬の大衆魚は、船釣りで狙うのが一般的。オキアミやイカを使ったサオビシ釣りや擬似餌を使ったサビキ釣りで狙い、タナが合えば数釣りが楽しめる。磯もおもしろく、夏の夜に電気ウキを使ったカゴ釣りなどで狙う。産卵期は6～7月。市場では天然ものはいい値段がつくようになった。

沖の魚

# ウメイロ
[梅色]

- ●スズキ目フエダイ科
- ●全長：40cm ●分布：南日本
- ●釣り場：沖、磯
- ●地方名：オキタカベ(伊豆諸島)など

## 梅の実のように色鮮やかな体

　背中が黄色く、熟した梅の実のような色をしているため、この名がついた。尾ビレも鮮やかな黄色で、深く切れ込んでいる。南日本に分布する熱帯性で、インド・西太平洋域にも見られる。水深100m以深の岩礁底に生息する沖魚だが、伊豆諸島南部では磯釣りの仕掛けにハリがかりすることがある。小魚、甲殻類、イカなどを食べる肉食性。和歌山でウグイス、和歌山・高知でウメロ、沖縄でシーヌクワー、小笠原諸島でボウタとも呼ばれる。引き味がよく、深場釣りの人気釣魚。美味で調理の幅が広いため、食卓でも人気が高い。

### よく似た仲間のアオダイ

　身はおいしく、一本釣りや底延縄の漁獲対象。新鮮なものは刺し身がうまいが、鹿児島や沖縄ではすり身にして調理することが多い。同じフエダイ科のアオダイと姿形や分布域、生態がよく似ており、同じ仕掛けで釣れる。この魚は体色が全体的に青っぽく、特に背中の部分が濃青色なので、見分けがつく。

釣期
| 1月 |
| 2月 |
| 3月 |
| 4月 |
| 5月 |
| 6月 |
| 7月 |
| 8月 |
| 9月 |
| 10月 |
| 11月 |
| 12月 |

## 海水の魚

# アオダイ
## [青鯛]

- ●スズキ目フエダイ科
- ●全長：50cm　●分布：南日本
- ●釣り場：沖、磯
- ●地方名：アオゼ（伊豆諸島）など

## 濃青色の美しい魚体をもつ日本特産種

　伊豆諸島以南の南日本だけに分布する熱帯性の日本特産種。青みを帯びた体色で、特に背中の濃青色が美しい。卵形の平たい体で、眼隔域が隆起し、胸ビレは長い鎌状だ。上アゴにウロコがなく、体側に横帯をもたない点も特徴。沖合の100m以深の岩礁底に生息し、若魚は磯でも見られることがある。肉食性で、小魚、小型甲殻類などを捕食。高知でチイキ、沖縄でシューマチとも呼ばれる。近縁のウメイロと似ているため、混称でウメイロと呼ばれることがあるが、体色が黄色っぽい点で異なる。

### 調理の幅が広い白身魚

　全長40cm前後に成長するアオダイは、マダイ狙いなど沖釣りのエサに食ってくることがあるが、専門で狙うことはない。しかし、おいしい魚なので底延縄や一本釣りで漁獲されることが多い。身が厚く締まった白身で、他のフエダイ科の魚同様、調理の幅が広い。刺し身、煮物、揚げ物などがうまい。

| 釣期 |
|---|
| 1月 |
| 2月 |
| 3月 |
| 4月 |
| 5月 |
| 6月 |
| 7月 |
| 8月 |
| 9月 |
| 10月 |
| 11月 |
| 12月 |

沖の魚

# ヒメダイ
[姫鯛]

- スズキ目フエダイ科
- 全長：50cm ●分布：本州中部以南 ●釣り場：沖、磯
- 地方名：オゴ（東京）など

## 尻ビレと背ビレの先が長く伸びているのが特徴

タイの名をもつが、マダイがタイ科であるのに対し、ヒメダイはフエダイ科に分類される高級魚。マダイに似た赤褐色の体色だが、スマートな細みで、尻ビレと背ビレの先が長く伸びているので区別は容易。インド・太平洋域に分布する熱帯性で、日本では本州中部以南に分布。水深100〜200mの岩礁底に多く見られ、小魚や小型甲殻類などを主に食べる。関西・和歌山・北九州などではチビキ、和歌山・高知・小笠原諸島ではチイキ、沖縄ではクルキンマチと呼ぶ。全長1mほどに大型化するものもいるが、普通は40〜50cm。

### フエダイ科の代表的な高級魚

深場での沖釣りでアオダイなどと一緒に釣れ、若魚は磯釣りの仕掛けにハリがかりすることもある。フエダイ科の魚は世界中に100種ほどおり、このうち日本には約50種が確認されているが、中でもヒメダイはフエダイ科の代表的な高級魚。さっぱりした白身で、刺し身、焼き物、煮物などがよく合う。

釣期
| 1月 |
| 2月 |
| 3月 |
| 4月 |
| 5月 |
| 6月 |
| 7月 |
| 8月 |
| 9月 |
| 10月 |
| 11月 |
| 12月 |

295

**海水の魚**

# ハマダイ
## [浜鯛]

- スズキ目フエダイ科
- 全長：70cm ●分布：本州中部以南 ●釣り場：沖
- 地方名：アカマチ（沖縄）など

## 尾ビレの端が長く伸びた通称オナガ

　成長とともに尾ビレの上下端が長く伸び、V字形の切れ込みがどんどん深くなる特徴があり、オナガ、オナガダイの別名をもつ。鮮やかな魚体の紅色は背中に行くほど濃くなり、眼が大きい。本州中部以南に分布し、インド・太平洋域にも分布。水深200〜500mの深海の岩礁底にすむ肉食性で、小魚、エビ、カニなどを食べて成長。大きいものは全長1mほどに達する。和歌山でアカチビキ、高知でヘイジとも呼ばれる。沖釣りの対象魚で、以前は人気もいまひとつだったが、美味であることが知れ渡り、人気魚種に仲間入りした。

釣期
- 1月
- 2月
- **3月**
- **4月**
- **5月**
- **6月**
- **7月**
- **8月**
- **9月**
- **10月**
- **11月**
- 12月

### マダイに匹敵するくせのない白身

　伊豆七島を除く東日本ではなじみが薄いが、南日本では重要な食用魚。釣りはもちろん、一本釣り、深海延縄で漁獲されている。人気の秘密は淡いピンク色をしたくせのない白身で、新鮮なものはマダイに匹敵するほど美味。焼き物、煮物、揚げ物、蒸し物など料理法も豊富で、近年は東日本でも人気上昇。

沖の魚

# ハチビキ
[葉血引]

- ●スズキ目ハチビキ科
- ●全長：50cm ●分布：本州中部以南 ●釣り場：沖
- ●地方名：アカサバ（静岡）など

## 深場の岩礁帯に生息する熱帯性魚

　神奈川県三崎以南の太平洋岸のやや深場にすむ熱帯性の魚。両アゴの先端近くに微小な歯があり、エラブタの後縁に肉質の突起物が2つある。大型になると尾の付け根に1本の隆起線が出現する。全体が赤みを帯び、背中にいくほど濃くなり、腹部は淡い。幼魚の背中には4～6本の暗色横帯がある。朝鮮半島南部、南アフリカにも分布し、水深100～350mの岩礁帯に好んで生息。捕食の際は口を大きく伸出させて吸い込む特徴がある。チビキの別名があり、静岡ではアカトンとも呼ぶ。アジ、サバ釣りの外道でハリがかりすることが多く、赤みを帯びた肉はうまい。

釣期
1月
2月
3月
4月
5月
6月
7月
8月
9月
10月
11月
12月

### ハワイチビキはよく似た仲間

　三重県南部、沖縄諸島、ハワイ諸島にすむハワイチビキはよく似た仲間で同じハチビキ属に分類される。しかし、尾ビレの付け根に隆起線がないことで区別できる。

　ハワイチビキはロウソクチビキにも似ており、こちらは南日本の太平洋岸、九州からパラオ海嶺北部、ハワイ諸島、オーストラリアに分布が見られる。

### 海水の魚

# マダイ
## [真鯛]

- スズキ目タイ科 ●全長：1m
- 分布：日本各地
- 釣り場：沖、磯、防波堤、砂浜
- 地方名：オオダイ（各地）など

## 「めでたい」タイは祝い事に欠かせない魚の王者

　日本の海産魚の中で魚の王者といわれるほど重用されている真鯛。古くは縄文時代の遺跡から骨が発見されており、日本人とのかかわりは非常に長い。姿形、体色、食味のどれをとっても申し分なく、「めでたい」という言葉に掛け、結婚式などの祝い膳に欠かせない。タイの名がつく魚は日本に数多いが、厳密にタイ科に分類されるのはチダイ、キダイ、ヘダイ、クロダイなど10数種にすぎず、意外に少ない。体高が高く、体色は鮮やかな紅色で、青い小斑点が散在。チダイによく似るが、尾ビレの後縁が黒いので簡単に見分けられる。北

釣期
1月
2月
3月
4月
5月
6月
7月
8月
9月
10月
11月
12月

### 人気を反映し数多い釣技、釣法

　タイの3段引きといわれる鋭い突っ込みを見せ、釣り味もよい。人気魚だけに全国に数多くの釣技、釣法が確立されており、イカダイ釣り、胴突き釣り、タグリ釣り、フカセ釣り、泳がせ釣り、カモシ釣り、掛かり釣り、擬似餌釣りなど実にさまざま。以前は難しい釣りの一種だったが、オキアミの出現で一般的になった。

298

# 沖の魚

海道以南から朝鮮半島南部・東シナ海・南シナ海及び台湾に分布。東シナ海、西日本、瀬戸内海の順に多く、太平洋側はやや少ないようだ。水深30～200mの岩礁底、砂礫底、砂底に好んですみ、丈

大型マダイ6.5kg

夫なアゴと発達した歯で大好物のエビを殻ごと噛み砕いて食べる。「エビでタイを釣る」のことわざは比喩ではなく本当。他にもカニなどの甲殻類、イカ類、小魚などを捕食する。以前は季節により浅場と深場を移動するだけと考えられていたが、一部に回遊するものもいるという説が発表されている。愛知・関西・広島でホンダイ、幼魚を関西でチャリコ、カスゴ、鹿児島ではマコダイと呼ぶ。普通は70cmくらいまでだが、1mを超す大物もいる。春の産卵期の乗っこみダイ、晩秋から初冬にかけての落ちダイが釣りの好シーズン。生きエビを使った伝統釣法のシャクリ釣りやビシマ釣り、または寄せエサを使ったコマセ釣りなどで狙う。身はくせがなく、淡泊で風味豊かな味覚が楽しめる。「腐ってもタイ」といわれるように鮮度の落ちが遅く、身持ちがよい。刺し身をはじめ、焼き物、煮物、鍋物、汁物など料理の用途を問わず、頭、皮、骨、内臓、さらにウロコも調理できて捨てるところがない。近年は各地で養殖・ふ化放流が行われており、今後の成果に期待したい。

小型マダイ20cm

**海水の魚**

# チダイ
## [血鯛]

- スズキ目タイ科 ●全長：40cm
- 分布：琉球列島を除く北海道南部以南 ●釣り場：沖
- 地方名：ハナダイ（関東）など

## 尾ビレの縁が黒くなければチダイ

　関東ではハナダイの名で親しまれているチダイ。姿形、体色、食味とどれをとってもマダイに酷似しており、普通は見分けがつかないが、尾ビレの後縁が黒くならず、背ビレの第3、第4棘が糸状で長い点などで区別できる。琉球列島を除く北海道南部以南から朝鮮半島南部にまで分布。マダイよりやや深めの砂底などに生息する。関西ではエビスダイ、新潟・富山・高知ではコダイ、中国・四国・九州ではチコダイとも呼ぶ。マダイに比べると小型で、大きくなっても40cm前後。味はマダイと遜色なく、価格も同様だが晩春以降がおいしい。

### 寄せエサ釣りが主流のチダイ釣り

　沖釣りのターゲットで、小型エビを用い、3〜5本のハリをつけた胴突き仕掛けで狙うことが多い。しかし、マダイ釣り同様、近年は寄せエサを使うコマセ釣りが盛んだ。以前のタイ釣りはマニアでなければ釣れない釣りだったが、寄せエサを使うようになってから、一般の人にも釣れる魚になった。

釣期
1月
2月
3月
4月
5月
6月
7月
8月
9月
10月
11月
12月

300

沖の魚

# キダイ
[黄鯛]

- スズキ目タイ科
- 全長：35cm
- 分布：本州中部以南
- 釣り場：沖
- 地方名：メンコダイ（愛媛）など

## 性転換して雄が多くなる珍しい種

　名前に由来する黄色みがかった体色で、新鮮なものほど黄色は鮮やか。幼魚は雌雄同体魚と雌が多いが、5歳を過ぎると一部が雄に性転換し、雄が多くなる珍しい魚だ。太平洋側で千葉県以南、日本海側で新潟県以南の琉球列島を除く南日本に分布し、朝鮮半島南部、シナ海、台湾にも見られる。沖合の底層に多く、小型甲殻類、小魚、イカ類などを捕食。東京・長崎・熊本でハナオレダイ、島根・鳥取・広島でバジロ、高知・宮崎・鹿児島などでコダイ、コデとも呼ばれる。祝い膳の尾頭付きに使われるのはほとんどが本種。

### レンコダイの別名のほうが有名

　釣り人の間や市場ではレンコダイの別名で呼んだほうが通りがいい。沖のアマダイ釣りなどの仕掛けにハリがかりしてくるが、専門で狙うことは少ない。マダイに比べると味がやや劣るからかもしれないが、美味な魚であることには変わりなく、生食よりは焼き物、煮物などがよく合う。東シナ海では底引き網で多く捕れる。

釣期
| 1月 |
| 2月 |
| 3月 |
| 4月 |
| 5月 |
| 6月 |
| 7月 |
| 8月 |
| 9月 |
| 10月 |
| 11月 |
| 12月 |

**海水の魚**

# ヒレコダイ

●スズキ目タイ科 ●全長：35cm
●分布：南日本
●釣り場：沖

## 背ビレが長く伸びたタイ一族の一種

チダイ同様に尻ビレが9軟条であるため、いちばん近い近縁種といえる。しかし体高が高く、両アゴに歯はない点で異なり、背ビレの第3、第4棘が糸状に著しく長く伸びているので見分けは容易。トゲの長さはほとんどが頭長より長い。南日本から台湾までに分布し、沖合の底層に好んですむ。肉食性で、エビ、カニ、イカなどの底生小動物を捕食する。東シナ海では底引き網で大量に漁獲され、食用になる。普通は体長35cm程度で、大きくなっても50cmほどとマダイに比べると小型の部類。沖釣りのエサに食ってくるが、専門で狙うことはほとんどない。

### 仲間のタイワンダイも背ビレが糸状に延長

仲間のタイワンダイもヒレコダイのように背ビレが糸状に長く伸びる種。第2棘以後の数棘が延長し、ヒレコダイより数が多いので目立つ。タイワンダイは高知県から南シナ海に分布するタイ科の魚で、全長40cmほどに成長。体色は赤みを帯び、幼魚では4〜5本のやや幅広い赤色横帯がはっきりと出る特徴がある。

釣期
| 1月 |
| 2月 |
| 3月 |
| 4月 |
| 5月 |
| 6月 |
| 7月 |
| 8月 |
| 9月 |
| 10月 |
| 11月 |
| 12月 |

# 沖の魚

# ヘダイ
[平鯛]

- ●スズキ目タイ科 ●全長：50cm
- ●分布：本州中部以南
- ●釣り場：沖、防波堤、磯、砂浜
- ●地方名：セダイ（山口・長崎）など

## クロダイによく似た姿形の近縁種

　クロダイと見間違うほど酷似し、雄から雌へ性転換する点も同様だ。しかし、体高が高い、頭部がやや丸い、体色が白っぽい、体側に多数の灰黄色の細い縦帯がある点で異なる。体型は卵形で丸みを帯び、両アゴの歯は奥歯が発達している。本州中部以南からインド洋・オーストラリアまでに分布。内湾や沿岸の岩礁域に生息し、甲殻類、貝類、イソメ類などを食べて成長する肉食性。クロダイより沖合にすむことが多い。静岡でコキダイ、和歌山でシラタイ、高知・長崎でヒョウダイと呼ばれる。おいしい魚として知られ、漁獲対象魚となっている。

### 春と秋の2回ある旬

　クロダイほど磯臭くないので、本種のほうがうまいという人は多い。刺し身、焼き物などに向き、小型は空揚げやあんかけなどにしてもうまい。旬が春と秋の2回あるのも特徴。クロダイ釣りの外道でハリがかりすることがあるが、専門に狙う魚ではない。一本釣りや定置網、底引き網などで漁獲される。

| 釣期 |
|---|
| 1月 |
| 2月 |
| 3月 |
| 4月 |
| 5月 |
| 6月 |
| 7月 |
| 8月 |
| 9月 |
| 10月 |
| 11月 |
| 12月 |

## 海水の魚

# ネンブツダイ
## [念仏鯛]

- スズキ目テンジクダイ科
- 全長：12cm ●分布：本州中部以南 ●釣り場：沖、磯、防波堤
- 地方名：ネブト（和歌山）など

## 雄の口の中でふ化する卵

　台湾やフィリピン、日本では本州中部以南に分布し、南日本に多く見られる魚種。7〜9月の産卵期になると、多くのつがいが見られ、この時期に雄は口に卵を含んで外敵から守り、ふ化させる変わった習性がある。体は淡いピンク色で、頭部と背中にかけて明瞭な黒い帯が走り、尾ビレの付け根と背ビレに黒斑がある。水深3〜100mくらいまでの岩礁帯周辺に群れで生息。産卵期になると雌雄ともに上アゴの先端が突出する。千葉でキンギョ、静岡でスミヤキ、和歌山でアカジャコ、長崎でイシモチとも呼ばれる。普通は食べない。

釣期
1月
2月
3月
4月
5月
6月
7月
8月
9月
10月
11月
12月

### テンジクダイ類の口内保育

　ネンブツダイやテンジクダイ、クロホシイシモチなどのテンジクダイ類は、卵がかえるまで口中で保育するマウスブリーダー。淡水ではシクリッドやナマズの仲間が同じ習性をもっている。卵をくわえるのは雄で、雌が口内保育する例はほとんどない。口中の卵はときどき回転され、発育環境が均一に保たれる。

沖の魚

# オオスジイシモチ
[大筋石持]

- スズキ目テンジクダイ科
- 全長：14cm ●分布：千葉県以南
- 釣り場：沖、磯、防波堤
- 地方名：メブト（和歌山）など

## 外洋に面した岩礁帯に多い熱帯性沖魚

千葉県以南に分布するオオスジイシモチは、外洋に面した岩礁帯の岩棚に多く見られる熱帯性の沖魚。体は赤褐色で、暗褐色の縦帯を4本もつ。近縁種のコスジイシモチに類似するが、尾ビレの付け根に1個ある暗褐色斑の位置と体側の縦帯の数が異なるので見分けは容易。全長15cmほどの小魚のわりに眼が大きいのも特徴だ。和歌山ではアイジャコ、高知ではアカジャコとも呼ぶ。若魚は大群で行動するが、成魚は群れをつくらない。他のテンジクダイ類と同様に、雄が口内保育で卵をふ化させる。小魚なので身が少なく、普通は食べない。

### 鮮やかな縦帯をもつ仲間たち

オオスジイシモチの仲間には同様に縦帯をもつ種がおり、どれも鮮やか。千葉県以南に分布するキンセイイシモチは銀白色の体に黄金色の縦帯、神奈川県以南に分布するミナミフトスジイシモチは暗褐色の縦帯、東京湾以南に分布するコスジイシモチは黄褐色の縦帯をそれぞれもっている。

| 釣期 |
| --- |
| 1月 |
| 2月 |
| 3月 |
| 4月 |
| 5月 |
| 6月 |
| 7月 |
| 8月 |
| 9月 |
| 10月 |
| 11月 |
| 12月 |

海水の魚

# アカアマダイ
## [赤甘鯛]

- スズキ目アマダイ科
- 全長：45cm ●分布：本州中部以南 ●釣り場：沖
- 地方名：グジ（関西）など

## 穴を掘って隠れ家をつくる珍しい種

タイと名がつくが、似ても似つかない魚。しかし、上品な身は名前どおり甘く、高級魚の一種とされる。本州中部以南から南シナ海にかけて分布。水深30～150mの砂泥底にすみ、海底に穴を掘って隠れ家をつくる独特の習性がある。これはキアマダイやシロアマダイなど、他のアマダイ類にも見られる。北陸でクジ、中国・四国・九州でクズナとも呼ばれる。身はやや水分が多いため、生食より焼き物、干物、味噌漬けなどにするとうまい。古くからの京都料理に欠かせない食材で、静岡県興津の生干しも有名だ。釣り人からの人気も高い。

釣期：1月・2月・3月・4月・5月・6月・7月・8月・9月・10月・11月・12月

### 沖釣りファンになじみが深いアカアマダイ

アマダイ類の中で釣り人の人気が高いのは本種。沖釣りで狙い、エビやオキアミをエサにした片テンビン仕掛けで誘うのが一般的な釣り方。マダイやカサゴ釣りの外道でハリがかりすることも多く、沖釣りファンにはおなじみ。本命にふられても、アマダイが釣れたのでよしとする人もいるほどの人気釣魚。

# 沖の魚

# キアマダイ
[黄甘鯛]

- ●スズキ目アマダイ科
- ●全長：30cm　●分布：本州中部以南　●釣り場：沖
- ●地方名：キアマ（高知）など

## 体全体が黄色みがかったアマダイ類

　アマダイ類で知られるのはアカアマダイ、シロアマダイと本種の3種。中でもいちばん深場に生息するのがキアマダイで、水深100m前後を好む。味の点で他種に劣るとされ、シロアマダイ、アカアマダイ、キアマダイの順に美味だという。この順番は魚体の大きさにも当てはまり、本種がいちばん小さく全長30cm前後。本州中部以南から台湾にかけて分布し、砂泥底に穴を掘ってすむ変わった習性をもつのは仲間同様。長崎ではキンクズナと呼ぶ。釣り方も同様で、乗合船などから片テンビン仕掛けや胴突き仕掛けで狙うことが多い。食べ方も変わらない。

### アマダイ類で最も美味なシロアマダイ

　シロアマダイは淡泊な身に脂がのり、アマダイ類では最も美味だとされる。南日本で多く捕れるため、関東ではなじみが薄いが、焼き物、煮物などを中心に、高級料理の食材として関西では絶大な人気を誇る。旬は秋から冬にかけてで、他のアマダイ類も同じ。最も大型になる種で、全長60cmほどに達するものもいる。

釣期

| 1月 |
| 2月 |
| 3月 |
| 4月 |
| 5月 |
| 6月 |
| 7月 |
| 8月 |
| 9月 |
| 10月 |
| 11月 |
| 12月 |

**海水の魚**

# イトヨリダイ
## ［糸撚鯛］

- スズキ目イトヨリダイ科
- 全長：40cm
- 分布：本州中部以南
- 釣り場：沖
- 地方名：イトヨリ（各地）など

## 糸を撚るように泳ぐ暖海性魚

　淡い赤色の体に黄色の縦帯が走り美しい。この黄色帯は背ビレ・尻ビレに各2本、腹ビレにも1本走っている。尾ビレの上端が糸状に長く伸び、泳ぐと糸を撚るように見えることからこの名がついた。琉球列島を除く本州中部以南に分布する暖海性の魚で、東シナ海・台湾にも見られる。水深40〜100mほどの泥底に生息し、エビ、ゴカイなどの底生動物を主に食べる。晩春が産卵期。全長40cmほどだが、50cmくらいまで大きくなるものもいる。京都でイトヒキ、和歌山でテレンコ、鹿児島でアカナと呼ばれる。

### 西日本では沖釣りの人気魚

　数が少ないため、普通はマダイ、アマダイなど沖合の釣りでたまにハリがかりする程度。しかし、西日本では沖の深場釣りでの人気魚だ。マダイのように引き味はよくない。食材も釣り人気に比例し、特に西日本で好まれ、刺し身、焼き物、煮物、椀物などにされる。マダイ並みの扱いで、高級魚に位置付けられる。

釣期：1月、2月、3月、4月、10月、11月、12月

## 沖の魚

# タマガシラ

- ●スズキ目イトヨリダイ科
- ●全長：30cm ●分布：本州中部以南 ●釣り場：沖
- ●地方名：アカナ（鹿児島）など

## 沿岸の岩礁帯に多い肉食魚

　本州中部以南からインド・西太平洋域までに分布する暖海性の魚で、関東ではあまり見られず、南日本に多い。体は淡い赤色で、体側に4本の幅広い赤褐色の横帯をもち口先は黄色っぽい。沿岸域の岩礁帯に多く、肉食性で小魚や小型甲殻類を好んで食べる。新潟ではノドグロ、三重ではウミフナ、和歌山・大阪ではムギメシとも呼ぶ。カサゴ、メバル、カワハギなどを狙っていると混じって釣れることがあるが、人気釣魚というわけではない。しかし、味はいいため、定置網などで漁獲される。刺し身、煮物、椀物によく合う。

### よく似た近縁種のアカタマガシラ

　タマガシラの近縁種は日本に多く、アカタマガシラなど9種ほどが確認されている。アカタマガシラは南日本から台湾、東南アジアに分布する種で、別名シコクタマガシラ。タマガシラに体型や生態が類似するが、背ビレと背中が黄褐色で、体が鮮やかな赤色なので容易に見分けがつく。

釣期

| 1月 |
| 2月 |
| 3月 |
| 4月 |
| 5月 |
| 6月 |
| 7月 |
| 8月 |
| 9月 |
| 10月 |
| 11月 |
| 12月 |

**海水の魚**

# チカメキントキ
[近目金時]

- スズキ目キントキダイ科
- 全長：40cm ●分布：南日本
- 釣り場：沖
- 地方名：カゲキヨ（各地）など

## メガネをかけた人に由来する和名

大きな眼が特徴のキントキダイ科の魚たち。本種はこの眼が口近くにあり、メガネをかけた人に似ているためにこの名がついたという。全体が真っ赤で、仲間に比べ特に赤みが強い。上アゴよりも下アゴのほうが長く、口を閉じると真上近くを向くのも特徴。背ビレ、尻ビレなどヒレが大きく、特に腹ビレは巨大。世界中の熱帯海域に分布し、日本では南日本に多い。水深100m以上の深場をすみかとする肉食性。夜行性なので眼が大きいのだろう。キントキ、アカベエと呼ぶところもある。美味な魚で、釣り以外にも底引き網で漁獲される。

釣期：4月、5月、6月、7月、8月、9月、10月、11月、12月

### 専門の乗合船があるほど高い人気

沖釣りで狙え、身エサを使った胴突き仕掛けで誘う。千葉県の外房では専門の乗合船が出るほど人気は高いが、他種狙いの沖釣りでハリがかりすると外道扱いされるので、地域により人気の度合いは違うようだ。身は軟らかく、焼き物、煮物などにされるが、脂ののったものは刺し身にしてもうまい。

# キンメダイ
[金目鯛]

**沖の魚**

- ●キンメダイ目キンメダイ科
- ●全長：50cm　●分布：釧路沖以南の太平洋側　●釣り場：沖
- ●地方名：キンメ（各地）など

## 大きな眼が目立つ深海釣りの代表魚

　眼が大きく、新鮮なものは金色に輝くことからこの名がついた。体は鮮やかに赤みを帯び、若魚は背ビレの前部が著しく伸びる特徴をもつ。釧路沖以南の太平洋岸に分布し、インド洋・大西洋・地中海といった世界中の温帯・熱帯域で見ることができる。夜行性で水深500〜600mほどの深海に群れをつくり、甲殻類、小魚、イカなどを大量に食べる。エサを食いだめできるように胃が大きく発達しているのは、深海での不安定なエサ事情による。長生きする魚で、一説では15年との説があるが、全長は60cmほどにしかならない。

### 口からウキブクロを出して水面に登場

　深海釣りの2大魚種で、アコウダイと並ぶ人気を誇る。電動リールを使い、15〜20本のハリがついた仕掛けを1日2〜8回程度投入する特殊な釣りだ。すべてにハリがかりすることも夢ではなく、口から膨らんだウキブクロを出して水面に顔を出す。煮物を代表に刺し身、フライなどがよく合う白身魚だ。

**釣期**

| 月 |
|---|
| 1月 |
| 2月 |
| 3月 |
| 4月 |
| 5月 |
| 6月 |
| 7月 |
| 8月 |
| 9月 |
| 10月 |
| 11月 |
| 12月 |

## 海水の魚

# ナンヨウキンメ
[南洋金目]

- ●キンメダイ目キンメダイ科
- ●全長：35cm ●分布：相模湾以南
- ●釣り場：沖 ●地方名：イタキンメ（伊豆大島）など

## 伊豆諸島近海に多いキンメダイ一族の一種

　キンメダイに酷似しているが、体高が高く、体が平たいので区別は容易。キンメダイの若魚の背ビレの一部が長く伸びるように、本種の若魚は胸ビレと腹ビレの軟条が長く伸びることが知られている。相模湾以南の南日本に分布し、伊豆諸島近海に多く見られる。インド洋・大西洋・地中海にも分布。夜行性で、磯周辺の浅場でも釣れることがあり、深海に限らず生息するようだ。全長は35cmほどに達する。東京でヒラキンメとも呼ばれる。キンメダイより味は落ちるが、同様に調理されることが多い。

### 南日本にすむ仲間のキンメダマシ

　キンメダイ、ナンヨウキンメと同じキンメダイ科の仲間にキンメダマシがいる。南日本以南からインド・西太平洋域に分布する暖海性の魚で、側線が尾ビレ付け根で終わること、露出したウロコの内面に肉質のこぶ状物がない点などで異なる。前後の鼻孔が接近しているのも特徴といえる。

釣期：1月／2月／3月／4月／5月／6月／7月／8月／9月／10月／11月／12月
（1月〜3月）

# マトウダイ
[馬頭鯛]

- マトウダイ目マトウダイ科
- 全長：40cm ●分布：東北以南
- 釣り場：沖
- 地方名：ウマダイ（富山）など

沖の魚

## 馬の頭と的のどちらに似ているか？

　伸縮可能な大きな口をもち、まるで馬の頭のような顔なのでマトウ（馬頭）の名がついたという。また体側中央に白で縁取られた大きな黒円点があるが、これが弓矢の的のようなので富山ではマトダイと呼ぶ。この斑点は死ぬとはっきりしなくなり、消滅することもある。東北地方以南からインド・太平洋域までに分布。水深60〜100mほどの深めの砂泥底に好んですみ、200mの深海で漁獲されることもある。肉食性で小魚、小型甲殻類を捕食。北陸でクルマダイ、和歌山でマトハゲ、各地でバトウ、マトとも呼ばれる。

### まとまって釣れないマトウダイ

　沖合でのカワハギ、アラ、大サバなど底釣りの外道でハリがかりするが、まとまって釣れないのは群れをつくって生活していないから。ほとんど単独で行動しているようだ。秋から冬にかけての魚がおいしく、底引き網で多数漁獲されるのもこの頃。焼き物、煮物などが合っている。

釣期

| 1月 |
| 2月 |
| 3月 |
| 4月 |
| 5月 |
| 6月 |
| 7月 |
| 8月 |
| 9月 |
| 10月 |
| 11月 |
| 12月 |

海水の魚

# カガミダイ
[鏡鯛]

- マトウダイ目マトウダイ科
- 全長：50cm ●分布：福島県以南
- 釣り場：沖
- 地方名：カガミ（東京）など

## マトウダイより深場を好む近縁種

　マトウダイに酷似する姿形、生態などをもつが、やや深い水深100m前後にすむことが多い。幼魚も浅場に現れないようだ。体が銀灰色で、マトウダイ同様体側中央に黒丸斑があるが、不明瞭でまったくないものもいる。中・西部太平洋に分布する種で、日本では福島県以南に分布。神奈川・愛知・和歌山・高知でギン、ギンマト、東京ではマトウダイとの混称でカガミとも呼ぶ。マトウダイより大型化し、大きいものは全長70cmほどに達する。根魚狙いの沖釣りで釣れても扱いは外道。焼き物、煮物で食べるがマトウダイより味は落ちる。

釣期：1月/2月/3月/4月/5月/6月/7月/8月/9月/10月/11月/12月

### さらに深場にすむソコマトウダイ

　マトウダイ科の魚は深海にすむことが多いが、近縁種のソコマトウダイはカガミダイよりさらに深海に生息。水深200〜400mで普通に見られ、底引き網で漁獲される。さらに深海に生息する仲間にオオメマトウダイがおり、こちらの生息水深はなんと600〜1600m。しかし、日本では見られず、数も非常に少ない。

# メダイ
[目鯛]

沖の魚

- スズキ目イボダイ科
- 全長：90cm
- 分布：北海道以南　●釣り場：沖
- 地方名：メナ（高知）など

## 大きな眼に特徴がある暖海性の深海魚

　大きな眼を見れば名前の由来がわかるはず。タイの名がつくがイボダイの仲間で、食道にイボダイ科特有の内面に歯がある食道嚢をもつ。日本だけに分布する固有種で北海道以南に見られ、本州中部の太平洋岸と伊豆諸島周辺に多い。成魚は水深100～500mの底層にすむが、幼魚は流れ藻につくため浅場で見られる。小魚、エビ、プランクトンなどを捕食。三重・高知でダルマ、奄美大島では若魚をクロマツと呼ぶ。沖の大物釣りのターゲットとして人気があり、白身で味もよい。刺し身、焼き物、煮物、酢の物、鍋物など用途は豊富だ。

### 深場から伝わる強烈な引き

　全長90cmを超える大物もおり、深場から水面まで強烈な引きが衰えず、しかも美味なことから深場狙いの沖釣りの好ターゲットとなった。オキアミをエサに使った置きザオ釣りで誘い、寄せエサにもオキアミを使うのが一般的釣法。春から夏にかけてが旬で、南伊豆から専門の乗合船が出ているほどの人気。

釣期
1月
2月
3月
4月
5月
6月
7月
8月
9月
10月
11月
12月

## 海水の魚

# アカイサキ
[赤伊佐木]

- スズキ目ハタ科
- 全長：35cm
- 分布：南日本 ●釣り場：沖
- 地方名：アカイサギ（神奈川）など

オス

メス

## 雄と雌で異なる体色と斑紋

　南日本のやや深い岩礁域にすむ暖海性の魚。イサキの名をもつがイサキ類はイサキ科の種。本種はハタ科に属するため近縁とはいえず、イズハナダイ類が近縁だ。雄と雌で体色、斑紋が異なり、ピンク色の魚体で背ビレ後方に黒色斑をもつものが雄、黄赤色の魚体で背中に3～4個の不規則な暗褐色斑をもつものが雌。雌より雄のほうが大型化するようで、全長50cmを超えるものもいる。小魚、小型甲殻類などを好んで食べる肉食性。和歌山でアカタルミとも呼ばれ、アイアカイサキと呼ぶところもある。

### 深めの沖釣りで本命に混じるアカイサキ

　水深100m前後の岩礁域に多く、キンメダイ、オキメバル、イサキ、サバなどを沖で狙っていると本命に混じってハリがかりする。底引き網で漁獲され、刺し身、煮物、焼き物などにされるが、イサキよりも味は劣るようだ。ハワイ諸島、オーストラリア、チリにも分布している。

釣期
| 1月 |
| 2月 |
| 3月 |
| 4月 |
| 5月 |
| 6月 |
| 7月 |
| 8月 |
| 9月 |
| 10月 |
| 11月 |
| 12月 |

# サクラダイ
## [桜鯛]

沖の魚

- スズキ目ハタ科 ●全長：20cm
- 分布：南日本
- 釣り場：沖
- 地方名：キンギョ（静岡）など

## 雌から雄へ性転換することで有名

　成長して産卵を終えた雌は雄に性転換することが知られている。雌雄で体色が異なり、雄は鮮やかな紅色で体側にパール色の斑紋や斑点をもち、雌は橙赤色で背ビレの後方に1個の黒斑をもつ。日本固有種で南日本だけに分布。水深15〜50mの岩礁底に群れをつくって生活。定住性が強い。静岡でアカラサン、和歌山でウミキンギョ、オドリコダイとも呼ばれ、オウゴンサクラダイと呼ぶところもある。タイ、オキメバルなどと一緒に釣れるが、専門では狙わない。肉が水っぽく、味はいまひとつだが、焼き物、煮物にするといい。

### 仲間のイトヒキハナダイも日本固有種

　サクラダイの仲間のイトヒキハナダイも日本固有種で、高知県と相模湾の水深40〜50mの岩礁域だけに見られる。体が橙赤色で体側の各ウロコに黄色点があるが、この種の最大の特徴はヒレのトゲが糸状に長く伸びている点。腹ビレも長いが、第1背ビレのトゲが最も長く、泳ぐ姿は実に優雅だ。

釣期

| |
|---|
|1月|
|2月|
|3月|
|4月|
|5月|
|6月|
|7月|
|8月|
|9月|
|10月|
|11月|
|12月|

## 海水の魚

# アズマハナダイ

- スズキ目ハタ科
- 全長：15cm ●分布：南日本
- 釣り場：沖
- 地方名：アカハゼ（高知）など

## 赤色の横帯と斑紋が色鮮やかな体側

赤みを帯びた体の中央付近に濃赤色の横帯、尾の付け根に同色の斑紋があり目立つ。第2背ビレ、尾ビレ上部の軟条が糸状に伸びているのも特徴。日本だけに分布する種で、相模湾以南の太平洋側、新潟県以南の日本海側で見られ、南日本に多い。やや深場の岩礁域や砂礫底にすむ底生魚だ。神奈川でトシゴロ、高知でチュウチュウとも呼ばれる。沖合の深場釣りでハリがかりすることがあるが外道扱い。全長15cmまでと小振りで身が少ないからだろうが、焼き物、煮物などにすれば食べられる。底引き網で漁獲されるが、数は少ない。

### イズハナダイ属の特徴とは？

アズマハナダイが分類されるイズハナダイ属にはいくつかの特徴がある。頭が大きく、両眼の間隔が狭く平たいかわずかにくぼみ、口が大きい。背ビレがV字状にへこみ、腹ビレは胸ビレの付け根の前方につき、尾ビレ後縁がわずかに湾入するか円形。多くはやや深場に生息するなどがあげられる。

釣期：1月、2月、3月、4月

## 沖の魚

# アカムツ
[赤鯥]

- ●スズキ目スズキ科
- ●全長：20cm
- ●分布：本州中部以南 ●釣り場：沖
- ●地方名：アカウオ（高知）など

## エラブタに鋭いトゲをもつ肉食魚

姿形がムツ科の魚に似るためムツの名がつくが、実際はスズキ科の魚で、エラブタに鋭いトゲをもつ。赤色の体の腹部は銀白色で、口の中が黒い。東京と新潟県から鹿児島県までに分布する日本固有種で、太平洋側に少なく、日本海側に多く見られ、特に山陰沖でよく見かける。水深100〜200mほどの深海の大陸棚周辺にすむ肉食魚で、小魚、甲殻類などを捕食。広島・高知でキンギョ、北陸・山陰でノドクロ、ノドグロ、長崎でメブトとも呼ばれる。沖合の深場釣りでハリがかりすることがある。焼き物、煮物が合う魚だ。

### 仲間のスミクイウオはかまぼこの材料

スミクイウオという仲間がいる。北海道南部以南に分布する魚で本種より水温が低い海域に見られる。幼魚は一様に黒褐色だが、成魚は黒色で腹部が淡い。水深100〜800mの大陸棚周辺にすみ、甲殻類などの小動物を食べる肉食性。かまぼこの材料になり、底引き網で漁獲される。

釣期

| 1月 |
| 2月 |
| 3月 |
| 4月 |
| 5月 |
| 6月 |
| 7月 |
| 8月 |
| 9月 |
| 10月 |
| 11月 |
| 12月 |

## 海水の魚

# シロムツ
## [白鯥]

- ●スズキ目スズキ科
- ●全長：20cm ●分布：本州中部以南の太平洋側 ●釣り場：沖
- ●地方名：オキフナ（高知）など

## 太平洋側の深場だけにすむ暖海性の魚

　和名はワキヤハタだが、シロムツのほうが通りがよい。背中は淡い茶褐色で、腹部は銀白色の体色をもつ。眼と口が著しく大きいのが目立つ。房総半島から九州にかけての太平洋側だけに分布し、東シナ海でも見られる暖海性魚だ。水深50〜150mほどの砂泥底にすむ底生の肉食魚で小魚、エビ、カニ、イカなどを食べて成長し、全長は20cmほどに達する。高知ではタイショウアジとも呼ばれる。東京湾南部の深場で専門で狙う釣り船があるほど人気の釣魚で、味もよく、煮物、鍋物などの食材にされることが多い。

釣期
| 1月 |
| 2月 |
| 3月 |
| 4月 |
| 5月 |
| 6月 |
| 7月 |
| 8月 |
| 9月 |
| 10月 |
| 11月 |
| 12月 |

### よく似た仲間のオオメハタ

　オオメハタは本種によく似た仲間だが、尻ビレ付け根の長さが短いこと、尻ビレの軟条数と側線のウロコ数がそれぞれ異なる点で区別できる。太平洋側では東京湾以南、日本海側では新潟県以南から鹿児島までに分布する日本固有種で、眼が大きく目立つので、この名がついたようだ。

# 沖の魚

# アラ
[𩺊]

- ●スズキ目スズキ科
- ●全長：1m ●分布：関東以南
- ●釣り場：沖
- ●地方名：オキスズキ（高知）など

## ちゃんこ鍋の材料として知られる高級魚

　アラといえばちゃんこ鍋が思い浮かぶ。たいへん美味なうえに、最近は漁獲数が減ったため高級魚に位置付けられるが、東日本ではほとんど見かけなくなった。エラブタに毒をもつ鋭いトゲがあり、幼魚は体側に3本の褐色の縦帯があるが、成魚になるにつれ不明瞭となる。関東地方以南からフィリピンにかけて分布する日本近海の特産種。やや深めの水深の岩礁帯に生息し、エビ、カニ、イカ、魚類などを捕食。神奈川でキツネ、大阪・和歌山でホタ、島根・山口でイカケ、長崎・熊本でタラとも呼ばれる。淡泊な白身で、刺し身、煮物、焼き物、鍋物などに向く。

### 関東周辺では滅多に見られない大物

　水深100～250mの深所にすむため、中・深場の根魚五目釣りで狙える。魚の切り身をエサに用いた胴突仕掛けをたらすと、クロムツやオニカサゴに混じって釣れる。関東周辺では滅多に1m級の大物は見られず、せいぜい50cmクラスまで。大物狙いのファンはイカやアジなどの生餌で一発に賭ける。

釣期

| 1月 |
| 2月 |
| 3月 |
| 4月 |
| 5月 |
| 6月 |
| 7月 |
| 8月 |
| 9月 |
| 10月 |
| 11月 |
| 12月 |

**海水の魚**

# イシナギ
## [石投]

- スズキ目スズキ科
- 全長：2m ●分布：南日本を除く日本各地 ●釣り場：沖
- 地方名：オヨ（秋田）など

## 2mクラスに成長する巨大魚

イシナギというのは通称で、正式にはオオクチイシナギ（大口石投）の名がつけられている。全長2m、体重250〜300kg級に成長する大型種で、このクラスを釣り上げるのは漁師でも骨が折れるという。若魚は黒褐色の体に5本の白色縦帯をもち、老成魚になると一様に黒褐色になる。北海道から太平洋側は高知まで、日本海側は石川県までの沿岸に分布する日本特産種で、水深400〜600mの深場に生息。北陸でオオイオ、和歌山でダイシウオ、若魚を神奈川でカラスと呼ぶ。刺し身、煮物、焼き物、蒸し物などにするとうまい。

### 産卵期の成魚の肝臓に注意

ふだんは深海にすむが、春から初夏にかけての産卵期に水深100m前後に移動する頃が釣りの時期。船から頑丈なタックルで、イカやサバなどの生きエサを使った泳がせ釣りで狙う。この時期は味がよいため、釣り人に喜ばれるが、成魚の肝臓を食べると中毒を起こすことがあるので注意が必要。

釣期
| 月 |
|---|
| 1月 |
| 2月 |
| 3月 |
| 4月 |
| 5月 |
| 6月 |
| 7月 |
| 8月 |
| 9月 |
| 10月 |
| 11月 |
| 12月 |

沖の魚

# トゴットメバル

- カサゴ目フサカサゴ科
- 全長：20cm ●分布：東北以南
- 釣り場：沖
- 地方名：オキメバル（相模湾）

## 相模湾以南のオキメバル

　オキメバルの別名で知られるウスメバルの仲間で、よく似た姿形だが、体側にある暗褐色横帯の数や位置、濃度などが異なるので見分けは容易。頭の背面にあるトゲはいずれも弱い。岩手県以南の太平洋岸、新潟県以南の日本海岸から朝鮮半島までに分布し、相模湾以南で見られるのはほとんどが本種。水深50〜100mほどの沿岸の岩礁底に群れをなして生息。小魚や動物プランクトン、小型底生動物を主に食べる。卵胎生魚で、秋に交尾し、冬から春にかけて出産。サビキ仕掛けや胴突き仕掛けなどでよく釣れ、煮物、焼き物にされる。

### 本種が分類されるメバル属の特徴

　メバルなどと同じメバル属に分類される本種。メバル属の種の分類には、頭の背面のトゲ、涙骨と眼下骨のトゲ、尾ビレ後縁の形、体色と斑紋などが有効とされる。本種は頭のトゲ、斑紋などの他に、体が赤みを帯びた橙色、尾ビレの後縁が湾入形、涙骨下縁に2本の鋭いトゲがあるのも特徴といえる。

釣期
| 1月 |
| 2月 |
| 3月 |
| 4月 |
| 5月 |
| 6月 |
| 7月 |
| 8月 |
| 9月 |
| 10月 |
| 11月 |
| 12月 |

海水の魚

# ウスメバル
[薄目張]

- カサゴ目フサカサゴ科
- 全長：30cm　●分布：北海道南部から本州中部　●釣り場：沖
- 地方名：オキメバル（各地）など

## 本州中部以北のオキメバル

　トゴットメバル同様にオキメバルの名でおなじみ。相模湾以南で見られることが多いのはトゴットメバルで、千葉県以北や日本海で見られるのは本種であることが多い。トゴットメバルに似るが、体側の斑紋が薄く不鮮明で、数も少ないので区別できる。北海道南部から東京付近までの太平洋岸、対馬海峡までの日本海岸に分布し、朝鮮半島南部にまで至る。水深100mくらいまでの岩礁帯に多く、動物プランクトンや小魚などを捕食。沖釣りファンに人気の釣魚で、エサ釣りの他にサビキ釣りも楽しめる。美味で、刺し身、焼き物、煮物が合う。

釣期
1月
2月
3月
4月
5月
6月
7月
8月
9月
10月
11月
12月

### ウミタナゴと同じ卵胎生魚

　胎生魚ではウミタナゴが知られ、ウミタナゴが稚魚を腹の中で一定期間成育してから出産するのに対し、メバル類は輸卵管内でふ化した稚魚をすぐに出産するため卵胎生魚と呼ばれる。本種もトゴットメバル同様に卵胎生魚。産み出された稚魚は大きな群れをつくり、流れ藻について浮遊生活を送る。

沖の魚

# ヤナギメバル
[柳目張]

- カサゴ目フサカサゴ科
- 全長：40cm ●分布：宮城県以北の太平洋岸 ●釣り場：沖
- 地方名：アカウオ（宮城）など

## 東北地方以北の寒海域にすむ日本特産種

　北海道から宮城県までの太平洋岸に分布する寒海性の日本特産種で、日本海側には見られない。仲間のウスメバルより深場の大陸棚に生息。全長40cmほどに成長するので、ウスメバルよりやや大型になる。体は赤みが強く、黄色みを帯びているのが特徴。下アゴが突出し、尾ビレの後縁は湾入する。ヤナギノマイ、アカゾイの別名で呼ぶところもある。沖の深場釣りで混じって釣れることがある。おいしい魚で、刺し身、焼き物にもされるが、特に煮物がうまい。底引き網や延縄で漁獲される対象魚となっている。

### 分布が近い仲間のクロメヌケ

　クロメヌケという仲間は、岩手県以北、日本海北部に分布する種で、本種と分布域が重なるところがある。しかし、オホーツク海・ベーリング海にも分布するため、本種より寒海を好む。やや深海性の魚で、本種同様に底引き網や延縄で漁獲されるが、味はやや劣るようだ。

釣期
1月
2月
3月
**4月**
**5月**
**6月**
**7月**
**8月**
**9月**
**10月**
**11月**
12月

## 海水の魚

# ウケクチメバル
### [受口目張]

●カサゴ目フサカサゴ科
●全長：25cm ●分布：岩手県から高知県まで ●釣り場：沖 ●地方名：パンダメバル（神奈川）など

## パンダメバルとも呼ばれるのはなぜ？

キンメダイ類など、深海性の中・小型魚によく見られる紅色の体色が鮮やか。眼が大きいのも同様だ。下唇が上唇よりも閉じたときに突出するため、ウケクチ（受け口）の名がついたようだ。体側に4本の暗色横帯があり、目立つのはエラブタにある暗褐色斑。ここからパンダメバルの地方名がつけられたようで、相模湾周辺で呼ばれている。岩手県から高知県までの水深150〜300mほどに生息。普通オキメバルと呼ばれるのはウスメバルだが、本種も呼ばれることがあり、トゴットメバルと3種の総称で使われるようだ。

### メバル同様に美味な魚

やや深場の岩礁底を好むため、アラやムツなど深海性の底魚と一緒に狙えるウケクチメバル。身エサや擬似餌バリを用いた胴突き仕掛けで狙うことが多く数が釣れると楽しい。メバルやウスクチメバル同様に美味な魚で、刺し身、焼き物、煮物、揚げ物などに調理するとよい。

釣期
| 1月 |
| 2月 |
| 3月 |
| 4月 |
| 5月 |
| 6月 |
| 7月 |
| 8月 |
| 9月 |
| 10月 |
| 11月 |
| 12月 |

# 沖の魚

# ニセフサカサゴ
[贋総(房)笠子]

- カサゴ目フサカサゴ科
- 全長:40cm ●分布:千葉県から長崎県 ●釣り場:沖
- 地方名:オニカサゴ(関東)

## 40cmを超える大型もいるカサゴの仲間

普通は30cmほどだが、40cmを超える大物もいる大型のカサゴ類。近縁のフサカサゴに似るが、胸ビレはその後端が肛門を越えるほど長く、フサカサゴの雄の背ビレには明瞭な黒斑紋があるが、本種には雌雄どちらにもない。千葉県から長崎県までに分布する暖海性の日本特産種で、水深50〜150mほどの砂礫底、砂泥底に生息。小型魚類や小型甲殻類などを食べる。オコゼ、ガシラ、アカガシラなどのカサゴ類との混称でオニカサゴと呼ばれ、地方により専門の乗合船が出ているところもあるが、深場の根魚釣りで釣れることが多い。美味で調理法は豊富。

### 仲間のフサカサゴも美味な根魚

名前のとおり本種が似ているフサカサゴは、千葉から九州、釜山までに分布する近縁種。近縁種が多いため、完璧に見分けるには専門的知識が必要となるほど難しい。やや深場の岩礁帯や砂礫底にすむのは本種同様。捕食するエサも変わらない。味も同様に美味で、煮物、鍋物、焼き物、刺し身などにする。

釣期: 1月 2月 3月 4月 5月 6月 7月 8月 9月 10月 11月 12月

**海水の魚**

# アヤメカサゴ
[文目笠子]

●カサゴ目フサカサゴ科
●全長：25cm ●分布：本州中部以南 ●釣り場：沖
●地方名：アカゲ（茨城）など

## 黄色い虫食い模様が特徴の卵胎生魚

　赤色の体に黄色い虫食い状の不規則な斑紋があり鮮やか。太平洋側では房総半島以南、日本海側では佐渡島以南に分布し、東シナ海までに見られる。カサゴより深い沿岸の水深50～150mの岩場に生息。メバルなどと同様の卵胎生魚で、雌が体内で受精卵を保育し、ふ化すると産み出す。この時期の前にあたる冬の魚がいちばん美味だといわれ、人気が高い。和歌山ではアカガシラ、長崎ではオキアラカブ、高知ではガシラ、デガネ、鹿児島ではマダラホゴとも呼び、大型魚をカンコと呼ぶところもある。全長は25cmほどに達する。

### 胴突き仕掛けで狙う根魚

釣期：1月 2月 3月 4月 5月 6月 7月 8月 9月 10月 11月 12月

　本種を含めた根魚釣りが安定した人気を誇るのは、対象魚が豊富なうえに、どの魚もうまいことにつきる。カサゴ類は沖に点在する岩場の根周りを数本のハリが付いた胴突き仕掛けで狙うことが多い。イソメ類、生きエサ、切り身など、餌もバラエティーに富んでいる。

# ユメカサゴ
[夢笠子]

沖の魚

- ●カサゴ目フサカサゴ科
- ●全長：20cm ●分布：南日本
- ●釣り場：沖
- ●地方名：他のカサゴと混称

## 深海の砂泥底にすむ小型カサゴ

　南日本から朝鮮半島南部に分布し、沿岸の水深50～300mほどの砂泥底に生息。小魚、小型甲殻類、ゴカイ類などを主に食べて成長する。体は黄紅色で、4本の暗色横帯をもつ。全長は20cmほどで、沖合で釣れるカサゴ類の中では小型の部類。アカガシラ、オコゼ、ガシラなど、他のカサゴ類と混称される場合が多いようだ。沖釣りの仕掛けにハリがかりすることがあるが外道扱い。しかしおいしい魚で、刺し身、煮物、焼き物、鍋物、椀物など用途は広い。学者の間では分類に一考の余地があるとされ、再検討しているようだ。

### 仲間のオキカサゴ、ニセオキカサゴ

　本種が属するフサカサゴ科には他にオキカサゴ、ニセオキカサゴがいる。オキカサゴは本種と側線のウロコ数で区別でき、口の奥が黒いのが特徴。一方、ニセオキカサゴは側線のウロコ数が少ない。2種ともやや深い海にすみ、日本には生息しないが、水産資源として重要視されている。

釣期：1月／2月／3月／4月／5月／6月／7月／8月／9月／10月／11月／12月

## 海水の魚

# オニカサゴ
## [鬼笠子]

- カサゴ目フサカサゴ科
- 全長：30cm ●分布：本州中部以南 ●釣り場：沿岸、沖
- 地方名：オキガシラ、ガシラ

## 猛毒をもった平たい顔のカサゴ

分布は本州中部以南からインド洋、アフリカ、ポリネシアまで。分布地や生息環境の違いによって、体色や斑紋に著しい差異が見られる（多くは暗赤色や褐色）。体形は上下に扁平しており、特に頭部は両眼がほぼ上部を向くほど平たい。大きな口は受け口気味で、下アゴが突き出している。背ビレ、胸ビレ、腹ビレ、尻ビレの棘部には毒腺がある。猛毒で、刺されると激しい痛みに襲われる。ただし、タンパク性の毒なので、熱湯に患部を浸せば毒が固まって、それ以上毒が回るのを防ぐことができる。カサゴよりも深い岩礁帯に生息する。

釣期：1月～12月

### 毒があるため、素人捌きは難しい

ヒレに猛毒があるものの、食味は素晴らしく美味であり、高級魚として珍重される。釣りでは、オニカサゴだけを専門に狙う場合は少ないが、他の底物釣りや五目釣りの際に釣れることはよくある。鮮度のよい釣りたては刺し身が絶品。その他、鍋物や煮物、空揚げなどもうまい。市場価値も高い。

沖の魚

# アコウダイ
[赤魚鯛]

- ●カサゴ目フサカサゴ科
- ●全長：60cm ●分布：青森県から静岡県 ●釣り場：沖
- ●地方名：アカウオ、アコウ

## 深海釣りの超人気ターゲット

　「アコウ」として知られる深海釣りの人気釣魚。大きな眼は深海から釣り上げられるために飛び出してしまう。体色は体、各ヒレともに紅色で、体側の後方には黒色斑が１つあるものが多い。体長は最大で60cmほど。分布は青森県から静岡県までで、沖の大陸棚の深海にすむ。生息する水深は普通500～1000mだが、春の産卵期には200～400mの岩礁帯まで群れで回遊する。この時期が釣りの最盛期であり、電動リールを用いて効率的に釣る。枝バリに鈴なりにかかり、たくさんのアコウが海面に浮く様を「提灯行列」と形容する。

### たっぷり脂肪がのる冬場が旬

　アコウは白身で、やや赤味を帯びる。刺し身やあらいにして食すと、タイのような食味が楽しめる。旬は冬。脂肪がたっぷりとのり、煮物がうまい。他にも鍋物や粕漬け、味噌漬けなども美味。釣りでは、サンマやサバの切り身をエサに用い、数本のハリにできるだけ多数かけてから釣り上げる。

釣期
1月
2月
3月
4月
5月
6月
7月
8月
9月
10月
11月
12月

**海水の魚**

# オオサガ

- カサゴ目フサカサゴ科　●全長：60cm
- 分布：北海道南部から千葉県
- 釣り場：沖
- 地方名：コウジンメヌケ、オオメヌケ

## 深海に住むメヌケの大型種

　メヌケやアコウの類では最も大型化する種であると同時に、最も深海に生息する。分布は千葉県から北海道南部で、太平洋岸の大陸棚、水深450〜1000mの深海にすむ。体形はアコウによく似ているが、体色はさらに鮮やかな紅色。時折、体側の第1背ビレ下に大きな黒色斑が1つあるものも見られる。体色の鮮やかさは、死後、時間とともに薄くなっていく。体長は最大で60cm以上と大型だが、大きな群れをつくって回遊しており、海底からずいぶん上まで上がってくる。卵胎生で、初夏に子魚を多数産み落とす。

### ベニアコウとして知られる人気魚

　千葉県沖や三陸沖など大陸棚の深海釣りで釣ることができる。大型で食味もよいので、釣り人に人気のターゲットである。食味の旬は秋から冬にかけてで、脂のたっぷりのった白身は、ちり鍋や煮魚、焼き物にするとうまい。釣りたての鮮度のよいものであれば、刺し身にしてもよい。

釣期：1月、2月、3月、4月、5月、6月、7月、8月、9月、10月、11月、12月

沖の魚

# ムシガレイ
[虫鰈]

- カレイ目カレイ科
- 全長：40cm
- 分布：北海道南部以南
- 釣り場：沖
- 地方名：ミズガレイ、モンガレイ

## 美しい容姿の大型カレイ

　体高の低い（幅の狭い）スマートな体形のカレイで、口が大きいのが特徴。その大きな口には鋭く尖った歯が、上アゴで2列、下アゴで1列並んでいる。有眼側の体色は黄褐色で、眼状の暗色小斑が6つ側線に沿って並ぶ。容姿の美しいカレイである。分布は北海道南部以南で、暖海性。水深200m以浅のやや深い砂泥底に生息している。甲殻類の他、魚類やイカなども捕食する。産卵期は1～6月に行われ、南ほど早い。産卵は内湾の浅場で行われ、若魚のうちはそのまま内湾で過ごす。体長は最大で50cmにまで成長する。

### 釣れたらぜひ刺し身で食したい

　ほとんどが沖の深場にいるため、なかなか釣るチャンスはないが、産卵のために内湾に入ってきたときには時折、底物釣りの嬉しい外道としてハリにかかる。20cmに満たない若魚は湾内で比較的よく釣れる。食味がすこぶる優れており、鮮度のよいものは刺し身がうまい。他には煮物なども美味。

釣期
1月
2月
3月
4月
5月
6月
7月
8月
9月
10月
11月
12月

**海水の魚**

# メイタガレイ
## [目板鰈]

- カレイ目カレイ科　●全長：30cm
- 分布：北海道南部以南
- 釣り場：沿岸、沖
- 地方名：メイタ、メブト

## 突き出した両眼が特徴

　体側から突き出した両眼の間に小さな骨板が出ているところから、この名前がついた。カレイのわりには身が厚く、体高（幅）があるのが特徴。パッと見はヒラメに似ているが、ヒラメのように大きな口はもっていない。分布は北海道南部以南から東シナ海にかけてで、日本海に多い。沿岸の水深100m以浅の砂泥底に生息しているが、時に水深の深い堤防でも釣れることがある。主にゴカイ類や甲殻類といった底生動物を捕食している。産卵期は晩秋から初春にかけて行われ、体長は最大で30cm程度にまで成長する。

### 身が厚くて美味

　一部の地域を除いて、釣りの対象魚として専門に狙うことは少ない。多くは他のカレイ釣りの外道として釣れる。しかし、食べてうまい魚なので人気は高く、市場でも比較的高値で取引される。船釣りしたほうが釣れる確率は高いが、堤防でも釣れる。煮物や空揚げにして食すのが一般的。

釣期：1月／2月／3月／4月／5月／6月／7月／8月／9月／10月／11月／12月

沖の魚

# サメガレイ
[鮫鰈]

- ●カレイ目カレイ科
- ●全長：55cm ●分布：日本各地
- ●釣り場：沖
- ●地方名：オイラン

## 1000mの深海にすむ大型のカレイ

　「サメガレイ（鮫鰈）」という名前のとおり、有眼側の体表は「さめ肌」のように無数のイボ状突起に覆われている。このため、他のカレイ類との区別は容易である。また、この体皮がグロテスクなためか、漁獲された本種はあらかじめ皮が引かれて出荷される。分布は樺太から東シナ海までで、カナダのブリティッシュコロンビア州でも捕れる。日本国内では、北海道に多い。非常に深い海に生息するカレイで、水深150m以上、時には1000m以上の深海にまで見られる。体長は最大で55cmと、カレイとしては大型になる。

### 見た目は悪いが美味

　生息している水深が極めて深いので、あまり釣り人がハリにかける機会はないが、時折、他のカレイ釣りの外道として釣れることがある。オイラン、ヨシワラガレイといった別名がつけられるほど、見た目にはうまそうには見えないが、実は美味。煮物や焼き物、干物の他、刺し身にもする。

釣期

| 1月 |
| 2月 |
| 3月 |
| 4月 |
| 5月 |
| 6月 |
| 7月 |
| 8月 |
| 9月 |
| 10月 |
| 11月 |
| 12月 |

**海水の魚**

# ババガレイ
[婆鰈]

- カレイ目カレイ科 ●全長：60cm
- 分布：千島列島南部から日本海、駿河湾 ●釣り場：沖
- 地方名：ダラリ、アワフキ

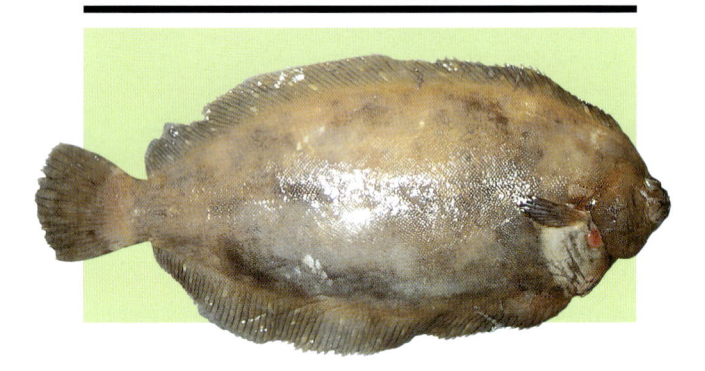

## 深海にすむ北方系のカレイ

　北方系のカレイで、分布は日本海以北、太平洋側は駿河湾以北から千島列島南部にかけて。北海道の太平洋側に多く見られ、春の産卵期には三陸沖まで南下して産卵する。水深50〜450mといった沖の深い砂泥底に生息し、ゴカイ類やヨコエビ類、クモヒトデ類なども捕食する。体形はヒラメに似た長楕円形だが、口は小さく、両顎歯ともに無眼側のみに発達している。背ビレ条は肥厚し、体厚も厚め。体色は淡褐色から褐色で、体全体が濃い体液で覆われている。体長は最大で60cmほど。カレイの仲間としては大型である。

### 狙う魚ではないが美味

　ほとんどは他のカレイ釣りの外道として釣れる。底引き網や底刺し網によっても漁獲されている。見た目が多少グロテスクなので決して人気のあるカレイとはいえないが、食味はかなり美味である。大型は煮物として、小型はフライや空揚げにするとうまい。外道で釣れたときにはぜひ食してみたい。

# 沖の魚

# タマガンゾウビラメ

- カレイ目ヒラメ科
- 全長：15cm ●分布：北海道南部以南から九州 ●釣り場：沖
- 地方名：ウスバガレイ

## 深場にすむ小型のヒラメ

　一見すると、ムシガレイにも似ているが、体形がより円形である点と、両眼が向かって左側に寄っている点（ヒラメ類の特徴）で簡単に見分けられる。分布は、北海道南部以南から南シナ海にかけてで、日本の南限は九州まで。沖のやや深い砂泥底に生息し、小型の底生動物を捕食する。眼のないほうの体側のウロコは円鱗で、眼があるほうの体側は櫛鱗。背ビレの前部軟条は前方に向かって短くなっており、体色は淡褐色地で、多数の暗色眼状斑が見られる。小型のヒラメであり、体長は15cm程度。体厚も極めて薄い。

### 沖の底物釣りでたまに釣れる

　底引き網などによって大量に漁獲されるが、沖の深場で底物を狙わない限り、釣り人がお目にかかる機会はない。専門に狙う魚ではなく、あくまでも外道。食用にはなるが、小さくて食べられる部分が少ないので、ほとんどは練製品や干物などにされる。釣り人の多くはそのまま海へ返しているようだ。

釣期：1月／2月／3月／4月／5月／6月／7月／8月／9月／10月／11月／12月

海水の魚

# ヒラメ
[鮃]

●カレイ目ヒラメ科 ●全長：80cm
●分布：千島、樺太以南から東・南シナ海 ●釣り場：沿岸、沖
●地方名：オオクチ

## ヒラメ釣りは数より型で勝負

　高級魚として、釣りの人気ターゲットとして有名な魚種。カレイに似た左右に平たい体形で、長楕円形。頭部が大きく、カレイの仲間とは異なり、右眼が頭部の左側に寄り、左眼の上方に位置しているのが特徴。「左ヒラメ、右カレイ」の言葉どおりである。両アゴには頑丈な犬歯状の歯が1列に並び、小魚を捕食する肉食魚であることを物語っている。ウロコは小さく、ザラザラとしており、側線は胸ビレの上で円を描いた後、体側中央を縦走する。背ビレは68～84軟条からなり、尻ビレは51～63軟条からなる。体色は有眼側が黒褐色で、

釣期
1月
2月
3月
4月
5月
6月
7月
8月
9月
10月
11月
12月

### 夏ビラメは猫も食わぬ

　高級魚として知られるヒラメだが、旬を外すと味が落ちる。食味の旬は秋口から翌春の産卵前まで。釣りたての活きのいいものは生食に限る。あらいや刺し身が最高。大きなヒラメは5枚におろす。淡泊な白身はどんな料理にも合う。また、独特の口当たりをもつ「えんがわ」もすこぶるうまい。

## 沖の魚

ソフトルアーにヒットしたヒラメ

豹紋状の暗色斑と白色小点が不規則に多数散らばる。無眼側は白色である。

分布は千島、樺太以南から東シナ海、南シナ海にかけてで、通常は50〜200mまでの大陸棚の海底に生息しているが、春の産卵期になると、水深40mまでの浅海まで上がり、直径1mm弱の浮遊卵を産む。幼魚の変態は体長10〜16mmで起こり、体長が100mmに届くあたりから魚食性が強まってくる。カタクチイワシやキス、アジといった小魚から、イカや甲殻類まで捕食する。夜行性なので、日中は底の砂に浅く潜って眼だけをギョロリと覗かせている。

マダイと並ぶ高級魚であるヒラメは、釣りの対象魚としても非常に人気が高く、体長80cmを超えるような大物は「ざぶとん」と呼ばれる夢の魚である。釣り方は船釣りと砂浜からの投げ釣りに大きく分けられる。船釣りでは、生きイワシやアジなどをエサにした食わせ釣りが主体。アタリが来ても、すぐにはアワセず、「ヒラメ40」といわれるように、十分に食い込ませてから大きくアワセることが重要。一方、砂浜からはルアーフィッシングがポピュラーで、最盛期になると、早朝や夕方には多くの釣り人が立ち並ぶ。いずれも数より型が勝負だ。

弓なりの竿でヒラメの釣趣を存分に満喫

**海水の魚**

# マアナゴ
[真穴子]

- ウナギ目アナゴ科
- 全長：1m ●分布：北海道以南
- 釣り場：砂浜、防波堤
- 地方名：ホシアナゴ

## 夏のむし暑い曇天暗夜が釣り日和

　アナゴ科のクロアナゴ亜科に属する。日本近海には約20種生息するが、釣りの対象になるのはほとんどの場合、本種であり、食味もいちばん美味。体色は灰褐色で、腹側は白っぽい。体色に白い点（側線孔）が2列並ぶのが大きな特徴。冬場は深場に移動するが、春頃から内湾の潮流の緩やかな砂泥地に入る。夜行性で、夜間に活発に活動し、小魚やカニ、エビ、多毛類などの底生動物を好んで食べる。ただし日中でも潮がにごっている場合などは活発にエサを追う。こういった習性から、釣りは夜釣り特に夏のむし暑いナギの夜がベストだといわれる。乗合船でのアナゴ釣りは、東京湾の夏の風物詩として根強いファンがいる。防波堤や沖堤からの夜釣りで夏場、専門に狙う釣り人もいる。エサが海底に着くとトントンとオモリを底で躍らせ、静かにサオを上げる。ハリはよく呑まれるので、新しいハリとハリスは前もって多めに準備しておくとよい。

釣期
1月
2月
3月
4月
5月
6月
7月
8月
9月
10月
11月
12月

沖の魚

# オキアナゴ
## [沖穴子]

- ウナギ目アナゴ科
- 全長：50cm ●分布：北海道以南
- 釣り場：砂浜、防波堤
- 地方名：ナマアナゴ

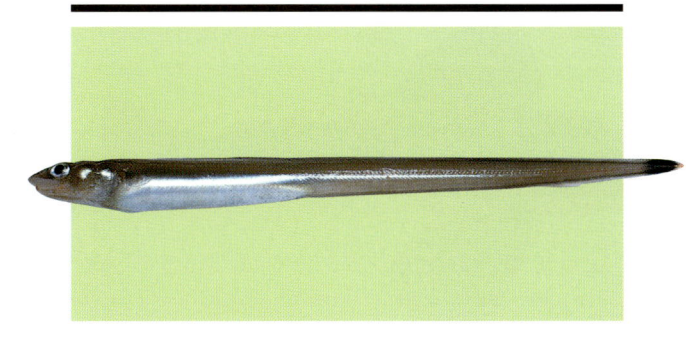

## 見た目も食味もいまひとつ

　アナゴ科のクロアナゴ亜科に属する。他のアナゴ類に比べると眼が大きく、全体にアンバランスな体形というイメージがある。背ビレと尻ビレ（尾端部）に及ぶ大きな黒斑がある。100～300mの深場の砂泥地に多く、時折深海底引き網に入る。食用価値は低く、専門に狙う釣り人はいないが、深場のアラやムツ釣りの外道で釣れることがある。マアナゴに比べると非常に深い海域に生息するため、昼と夜の食性にはマアナゴほど顕著な差異は認められない。食味はかなり水っぽく美味とはいえない。

### アナゴの出生にはまだまだ秘密が多い

　アナゴの産卵生態については、ウナギ同様まだ詳しくは知られていない。レプトケファルス幼生を経て、変態後は成魚と同様の形態となるが、この変態のとき、体長が約115ミリから70ミリへと非常に短くなる。幼期は動物性プランクトンを食べているが、成魚になると食性も魚類や多毛類、甲殻類へと変化する。

**海水の魚**

# ホウボウ
[魴鮄]

- カサゴ目ホウボウ科　●全長：40cm
- 分布：北海道南部以南
- 釣り場：砂浜、防波堤、沖
- 地方名：コトジ（島根）

## 胸ビレが変化した脚には味蕾もある

　胸ビレ内面は鮮やかな青緑色で非常に大きく美しい。胸ビレの下部が脚状に発達し、このヒレを使って海底をはい回りながらエビ・カニ類、シャコ類、多毛類、小魚などを食べる。脚ビレ下部軟条が変化したこの「脚」には多数の味蕾があり、これで海底を探りエサを発見する。冬はやや深場にいるが、夏には沿岸のかなりの浅場にも来る。産卵期は4～6月で、浮性卵を産む。小型のものはキス釣りの外道で、大型のものはマダイ釣りの外道でときどき釣れる。オスはウキブクロを収縮させてかなり大きな音を出すことができる。

釣期：1月、2月、3月、4月、5月、6月、7月、8月、9月、10月、11月、12月

### ホウボウの"鳴き声"とは？

　ホウボウは海中でかなり大きな音を発することが知られている。これはウキブクロに特殊な筋肉があり、これがウキブクロを収縮・振動させて音を出すもので、フグやカワハギ類のように歯をこすり合わせて音を発するものとは異なる。同種間の情報伝達、外敵への威嚇行為などが考えられる。

沖の魚

# カナガシラ
[金頭]

- カサゴ目ホウボウ科 ●全長：40cm
- 分布：北海道南部以南
- 釣り場：砂浜、防波堤、沖
- 地方名：キミヨ（秋田）

## ホウボウによく似るが派手さはない

　第1背ビレ後半部に深紅色の大きな斑紋がある。ホウボウによく似ているが、体色はやや赤味が強い。胸ビレ内面は赤く、ホウボウのような斑紋はない。胸ビレ下部軟条が変化した「脚」をもち、海底をはうようにしてエサを探す。内湾から水深200mほどの砂泥地にすむ。冬は深みにいて、春になると岸近くに移動して産卵する。ホウボウよりやや味は落ちるが、美味な高級魚であることに変わりはない。シロギスやアマダイ狙いの際に釣れることがある。大型は水深100m前後の深場で釣れることが多いようだ。

### 意外に多いカナガシラの地方名

　上記キミヨ（秋田）の他に、キントオ（宮城）、ゴオジ（愛知）、ガランド、ギス（和歌山）、ガンゾ、ハナガシラ（富山）、カナド、カナンド（高知）、メンズ（山口）、ガシラ（福岡）、ガッツ（五島列島）、ゴステン、スジホデリ、ヒガンゾウ（長崎）など多くの呼び名がある。

釣期

| 1月 |
| 2月 |
| 3月 |
| 4月 |
| 5月 |
| 6月 |
| 7月 |
| 8月 |
| 9月 |
| 10月 |
| 11月 |
| 12月 |

海水の魚

# カナド

- ●カサゴ目ホウボウ科
- ●全長：25cm
- ●分布：北海道南部以南
- ●釣り場：沖 ●地方名：ガラ（高知）

## 尾ビレの赤い横帯がイメージポイント

カナガシラと同様、本種もホウボウに非常によく似ている。胸ビレ下部の3本の軟条が「脚」のようになっていることや、胸ビレ内面が青緑色であることもホウボウとよく間違えられる理由である。しかし、尾ビレに2本の赤い横帯が入ること、胸ビレの大きさがホウボウに比べると大きく、頭でっかちに見える点などで区別できる。またホウボウ科の中で、本種は小型のほうである。食味は前述のホウボウ、カナガシラに比べるとかなり劣る。シロギス釣りの外道として釣れることが多い。

釣期：1月／2月／3月／4月／5月／6月／7月／8月／9月／10月／11月／12月

### カナド≒カナガシラ？

カナドとカナガシラは、ホウボウにたとえられるが、地方によってはこの両者を区別せず同じ名前で呼ぶこともある。カナドは眼の上や頭頂にトゲが多く、カブトをかぶったようなイメージがある。また第1背ビレのトゲはカナドが2番目のものが、カナガシラは3番目のものが最も長い。

沖の魚

# ヒメジ
[姫知]

- ●スズキ目ヒメジ科
- ●全長：20cm ●分布：日本各地
- ●釣り場：砂浜、防波堤、沖
- ●地方名：ベニサシ

# 1対2本の黄色いヒゲで餌を探す

　沿岸の砂泥地にすみ、ヒメジ科の中では最も多く見られるのが本種。下アゴには1対2本の黄色のヒゲ（触鬚）がある。ヒメジ科の魚に特有なこのヒゲには多くの味覚細胞があり、砂泥中の餌を探し出すのに役立っている。体の背方は暗赤色だが、側方は赤色、腹方は白くなる。背ビレおよび尾ビレの上部には赤と白色の横帯がある。シロギスやカレイ、メゴチ釣りなどの外道としてよく知られているが、産卵期の5～6月になるとよく釣れる。ヒラメやマゴチ釣りでは生き餌として本種を利用することも多い。食味に優れ、塩焼き、天ぷら、南蛮漬けなどに使われるが、高級練り製品の材料としても有名。古代ローマ帝国では高価な魚としてもてはやされたという。10～15cm程度のものがよく釣れるが、ときには25cmに及ぶものもいる。背ビレ棘が7本という特徴で、8本ある他種と区別することができる。地方名も多く、各地で親しまれてきた魚であることがわかる。

釣期

| 1月 |
| 2月 |
| 3月 |
| 4月 |
| 5月 |
| 6月 |
| 7月 |
| 8月 |
| 9月 |
| 10月 |
| 11月 |
| 12月 |

## 海水の魚

# オキナヒメジ
## ［翁姫知］

- スズキ目ヒメジ科
- 全長：35cm ●分布：日本各地
- 釣り場：砂浜、防波堤、沖
- 地方名：メンドリ（和歌山）

## 食味もよく、外道ながら人気の魚

　吻から体側に沿って3本の黄褐色縦帯が走るが不明瞭なことが多く、第2背ビレと尾ビレの中間に黒色の斑紋があることを近縁種との見分け方にするのが賢明。「味蕾」と呼ばれる味覚細胞が発達した1対2本のヒゲをもつことがヒメジ科の特徴だが、本種のそれはやや長い。沿岸付近の岩礁や周辺の砂泥地にすみ、数尾から10数尾の小さな群れで行動することも知られている。関東地方では、伊豆七島周辺でよく見られるが、紀伊半島沿岸などでもポピュラーな魚だ。サーフキャスティングだけでなく、イサキやマダイの船釣りの際も、外道としてよく釣れることがある。沖縄以南の亜熱帯海域にすむリュウキュウアカヒメジほど大きくはならないが、50cm近い大型魚が釣れることもある。刺し身や椀物にも利用されるが、あっさりとした食味でグルメの間では重宝される魚だ。魚信は鋭く明確で、大型キスのアタリと間違えることもあるが、その後の引きは弱い。

釣期
- 1月
- 2月
- 3月
- 4月
- 5月
- 6月
- 7月
- 8月
- 9月
- 10月
- 11月
- 12月

# オジサン
[御師さん]

沖の魚

- スズキ目ヒメジ科
- 全長：30cm ●分布：南日本
- 釣り場：砂浜、防波堤、磯、沖
- 地方名：ヒメイチ

## オジサンの名前は何といっても強烈

　本種はヒメジ科ウミヒゴイ属に属する南方系のヒメジ類で岩礁やサンゴ礁海域に多く見られる。体色は赤系を基調にするが個体差が大きい。体側にはわりと幅広の5本の暗褐色横帯があるが、不明瞭なものが多く、他種と識別するうえでの決定打とはならない。眼の前後（特に後ろが顕著）にも黒色の斑紋がある。沖縄や北マリアナ諸島など、南方海域のサンゴ礁域でよく見られる。五目釣りでフエフキなどに混ざって釣れることが多い。群れでいることは少なく、数釣りは望めない。ヒメジ科の魚は、外見上の特徴である1対2本の下アゴのヒゲから、名前が混同されたりすることが多いが、本種もメンドリ、カタカシ、ハタス、ヘールカタカシなど多くの地方名がある。南方海域の大物釣りでは、本種を生き餌にしてイソマグロなどを狙うことも多い。沖縄では追込網で漁獲され、煮物や空揚げなどにも利用されるが、ヒメジやオキナヒメジに比べると食味はかなり落ちる。

釣期

| 1月 |
| 2月 |
| 3月 |
| 4月 |
| 5月 |
| 6月 |
| 7月 |
| 8月 |
| 9月 |
| 10月 |
| 11月 |
| 12月 |

# 海水の魚

## イラ
[伊良]

- スズキ目ベラ科
- 全長：40cm ●分布：南日本
- 釣り場：防波堤、磯、沖
- 地方名：カンノダイ

## コブ状に突き出た頭部が一番の特徴

体は側扁し、体高は非常に高い。雄の成魚の前頭部の形態は特徴的で、前額部が高く張り出し吻部にかけて急に傾斜する。老成した雄はこの特徴が顕著で、同じベラ科のコブダイとともにカンダイの名で混称されることがある。背ビレから胸ビレの付け根に向かって暗褐色の帯が斜めに走るのも大きな特徴。本種は沿岸のやや深い岩礁にすむ。ベラの「居眠り」はよく知られているが、本種は特に岩陰、岩穴で眠ったりするようだ。食性は主に動物性で、貝類や甲殻類などの硬い殻を強い歯で割って食べる。その身は磯臭く、軟らかくて水っぽいため食味はいまひとつ。専門に狙って釣れる魚ではないが、沖の根魚釣りの外道として釣れることがある。その引きはかなり強く、パワフルな釣趣が楽しめる。別種のコブダイは日本産ベラ類の中では最も大きくなる種類だが、かつては磯の大物釣りの一翼を担っていたものの、近年はその数が激減している。

釣期：1月、2月、3月、4月、5月、6月、7月、8月、9月、10月、11月、12月

沖の魚

# テンス
[点魚]

- ●スズキ目ベラ科
- ●全長：30cm　●分布：南日本
- ●釣り場：防波堤、磯、沖
- ●地方名：エベッサン（和歌山）

## 背ビレ第1棘がアンテナ状に長い

　ベラ科の仲間では体が著しく側扁し、イラ同様に頭部が隆起する。背ビレの第1棘は糸状に長く伸び、アンテナのように見えることでイラとは簡単に見分けられる。眼は小さく、その位置は高く、口は小さい。両アゴの先端に2本の犬歯がある。体色は老若雌雄で個体差が大きい。胸ビレ上方の背側付近に、眼の大きさほどの円型斑紋が通常1個ある。第1背ビレの起点がかなり前方で、眼のやや後方から始まるのも大きな特徴である。水深30〜80mのやや深い砂泥地にすみ、イソメや小型の甲殻類などを食べる。他のベラ類と同様に、夜は砂に潜って休眠する。近くに岩礁や砂礫のある場所を特に好み、成長とともに深場に移動する。キス釣りやアマダイ釣りの外道として釣れたり、南方海域の根魚の五目釣りでもよく釣れる。食味はイラに比べるとかなりよく、煮物や塩焼きで美味。大きなものは50cmを超すこともあるが、通常は30cm前後のものが多い。

| 釣期 |
|---|
| 1月 |
| 2月 |
| 3月 |
| 4月 |
| 5月 |
| 6月 |
| 7月 |
| 8月 |
| 9月 |
| 10月 |
| 11月 |
| 12月 |

海水の魚

# テンスモドキ
## [点魚擬]

- スズキ目ベラ科
- 全長：20cm ●分布：相模湾以南
- 釣り場：防波堤、磯、沖
- 地方名：テス

## モドキとはいってもその違いは歴然

　テンスに似るが、背ビレが同じ高さで連続し、テンスのようなアンテナ状の長いトゲがないため容易にテンスとは識別できる。またテンスやイラのように頭部が突き出すこともない。雄の体色は雌より青味が強く、雌は赤味が強い。かなり浅場にすむが、成長するにつれ水深50mほどの沖合に移る。他のベラ類同様、夜は砂に潜って休眠する。かなり美味な白身魚で、専門に狙って釣れる魚ではないが、キスやイトヨリダイの釣れる海域では外道として釣れることがある。背ビレには小さな黒斑が混じることもある。

### スズキ目ベラ科とブダイ科の大きな違いは？

　ベラの仲間は世界に多くの種類がいる。大別すればベラ科とブダイ科の2系統に分かれるが、両者の大きな違いは歯で、ベラは鋸状、ブダイはオウムのような癒合した歯になっている。ともに極彩色の体色をもつものが多く、観賞魚としても広く人気があり、水槽飼育するマニアも多い。

釣期
| 1月 |
| 2月 |
| 3月 |
| 4月 |
| 5月 |
| 6月 |
| 7月 |
| 8月 |
| 9月 |
| 10月 |
| 11月 |
| 12月 |

350

# カワハギ
[皮剥]

沖の魚

- ●フグ目カワハギ科
- ●全長：30cm ●分布：北海道以南
- ●釣り場：防波堤、磯、沖
- ●地方名：ハゲ

## カミヤスリ状の硬い皮は簡単にはげる

　体は著しく側扁し、体高が高く、ひし形に近い。口は小さく、ハリに付いた餌をついばむように食べるため、なかなかハリにかからない。そのため「餌取り」「餌泥棒」とも呼ばれる。カワハギの名前は、硬いザラザラしたサメ皮のような皮をはいで料理することに由来する。第1背ビレ棘は1本で太く強大。雄は第2背ビレの第2軟条が糸状に長く伸びる。体色は灰褐色で、体側の前後に不定形の暗褐色斑紋が散在する。引きはかなり強く、簡単にハリがかりしないことから、専門に狙う釣り師も多く、カワハギ釣り専門の釣りクラブもあるほどだ。沿岸の砂地に点在する岩礁帯で、特に海藻の繁茂した水深5mから数10mの海域に群れでいることが多い。産卵期は6～9月頃で、ふ化した子魚の体形は細長く、成魚とはまったく似ない。白身でよく締まった身は刺し身にしても美味で、その肝は食通の間で人気。船釣りで、アサリのムキ身をエサにすることが多い。

釣期

| 1月 |
| 2月 |
| 3月 |
| 4月 |
| 5月 |
| 6月 |
| 7月 |
| 8月 |
| 9月 |
| 10月 |
| 11月 |
| 12月 |

海水の魚

# ウマヅラハギ
[馬面剥]

- フグ目カワハギ科
- 全長：40cm ●分布：北海道以南
- 釣り場：防波堤、磯、沖
- 地方名：ウマハゲ

## 名は体を表す──ウマヅラハギ

　顔が長く、馬の顔を思い起こすことからつけられた名前は誰もが納得。カワハギ同様、その口の形状から餌取り名人として知られる。本種はカワハギよりもやや沖合の砂泥地に点在する岩礁周りにすむが、カワハギに比べるとその活動水域は広い。5〜9月頃の産卵期にはかなりの浅場にまで移動し、防波堤や磯でもよく釣れることがある。第1背ビレ棘は長く太い。腹ビレは不動性で、短い1本の棘があるだけである。これに対しカワハギは可動性の腹ビレ棘をもつ。沿岸の定置網で大量に漁獲され、「みりん干し」にされることが多い。日本各地に貝類の養殖棚が増えた頃と時期を同じくして、各地の沿岸で本種を多く見かけるようになったと話す水産研究者もいるが、実際、1970年代には大発生した記録がある。食味はカワハギに次いで美味とされ、フグやカワハギの代用としてちり鍋によく使われる。時には50cmを超える大物が釣れることもあるが、刺し身にしてもうまい。

釣期：1月、2月、3月、4月、5月、6月、7月、8月、9月、10月、11月、12月

沖の魚

# ショウサイフグ
[潮前河豚]

- フグ目フグ科
- 全長：35cm ●分布：東北地方以南 ●釣り場：防波堤、磯、沖
- 地方名：ゴマフグ（東京）

## 釣りではショウサイフグが一番人気

　日本産フグ科魚類は8属38種と多く、毒性の強さもさまざまである。本種は釣り人の間では最もなじみの深いフグで、釣りの対象魚としても意外に人気がある。マフグとは外見も生態もよく似ていることから両種は混同されることが多い。マフグは胸ビレ上部に大きな黒斑があるが本種にはない。また、マフグの尻ビレはレモン色なのに対し、本種のそれは白いことなどが大きな相違点である。口は小さく、両アゴの歯は癒合してくちばし状となる。この鋭い歯で、ハリスを食いちぎられることがある。そのため、多めのエサの下にいかりバリを付け、エサを食べに集まってきたフグを、竿をシャクって引っかける釣法が一般的である。本種は沿岸で多く見られるフグの一つで、水深20m前後の砂泥地に群れでいる。産卵期は6〜7月。成熟には雄で1年、雌で2年を要する。精巣は無毒、肉は弱毒、皮と腸は強毒、肝臓と卵巣は猛毒なので素人料理は不可。

| 釣期 |
|---|
| 1月 |
| 2月 |
| 3月 |
| 4月 |
| 5月 |
| 6月 |
| 7月 |
| 8月 |
| 9月 |
| 10月 |
| 11月 |
| 12月 |

## 海水の魚

# マフグ
## ［真河豚］

- フグ目フグ科　●全長：40cm
- 分布：北海道以南
- 釣り場：防波堤、磯、沖
- 地方名：メアカ（高知）

## 食のトラフグ、釣りのショウサイフグ

　釣りの対象となるのはフグ科の魚で、本種をはじめショウサイフグ、ゴマフグ、サバフグ、コモンフグ、ヒガンフグ、トラフグなどがある。それぞれの体色、背中の斑紋は少しずつ異なるが、本種は、背が褐色がかった青灰色、黒っぽい斑紋と体側中央には黄色っぽい縦縞が走る。胸ビレの近くに黒褐色の大きな斑紋がある。尻ビレはレモン色。この2点がマフグの外見上の大きな特徴である。北海道以南、全国的に広く分布し、砂底からやや上層域にすむ。小魚や甲殻類を捕食するが、カワハギなどと同様、細かくついばむように門歯で食いちぎる。ショウサイフグや高級料理のトラフグと比べるとやや存在感に欠けるものの、フグ料理の食材としては重要な種類である。ショウサイフグを釣るときに本種も一緒に釣れるが、シロギス釣りの外道として釣れることもある。肉と精巣は無毒、皮と腸は強毒、肝臓と卵巣は猛毒。時には50cmに及ぶ個体もある。

| 釣期 |
| --- |
| 1月 |
| 2月 |
| 3月 |
| 4月 |
| 5月 |
| 6月 |
| 7月 |
| 8月 |
| 9月 |
| 10月 |
| 11月 |
| 12月 |

沖の魚

# ナシフグ
[梨河豚]

- ●フグ目フグ科 ●全長：25cm
- ●分布：関東地方以南
- ●釣り場：防波堤、磯、沖
- ●地方名：ショウサイ

## ショウサイフグに似るが食用は禁止

　体表は小棘に覆われないため、ざらつきがなく非常に滑らか。体色は背方が茶褐色で不規則な多数の淡色点がある。ショウサイフグとは体色がやや異なるものの、体形は非常によく似ている。胸ビレ後方に暗褐色斑があるが、個体差も大きく、明確に識別できないものもある。防波堤や砂浜のシロギス釣りで釣れることもある。フグ類共通の、体を風船のようにふくらませる習性はよく知られているが、これは胃の下面にある膨張嚢に水や空気を吸い込むためで、威嚇効果があるとされている。肉は弱毒、皮と腸は強毒、肝臓と卵巣は猛毒。

### 冬の味覚を代表するフグ。ベスト選手はトラフグ

　一般に食用にされるフグは、トラフグ、マフグ、ショウサイフグ、それにカラスフグなど。マフグやショウサイフグは大衆料理店のフグ鍋用や干物に使われる。数あるフグの中でもいちばんおいしいとされるのがトラフグ。旬は秋から冬。ヒレは熱燗でヒレ酒に。皮は煮こごり、白子は塩焼き、酢の物などに。

釣期

| 1月 |
| 2月 |
| 3月 |
| 4月 |
| 5月 |
| 6月 |
| 7月 |
| 8月 |
| 9月 |
| 10月 |
| 11月 |
| 12月 |

**海水の魚**

# ムシフグ
[虫河豚]

- フグ目フグ科 ●全長：20cm
- 分布：関東地方以南、日本海南西部
- 釣り場：防波堤、磯、沖
- 地方名：コモンフグ

## 毒性はよくわかっていないが身は安全

本種以外に紹介したショウサイフグ、マフグ、ナシフグの体表は非常に滑らかだが、ムシフグの体表は小棘に覆われ、細かなざらつきがあり、表皮はやや硬い感じがする。この点はフグ類の個体を確定していくうえでの一つのチェック事項でもある。背方の体色は暗緑色から暗褐色で灰褐色の斑点模様に覆われる。専門に狙うことはないが、シロギスやカワハギ釣りの際にたまに釣れることもある。一般的には20cm以下のものが多いが、25cmに及ぶものもいる。毒性はよくわかっていない。

### フグの毒 ── その化学式は$C_6H_{31}O_{16}N$

フグの毒性の強さは種数によっても、また体の部位によっても異なる。フグ毒はテトロドトキシン（$C_6H_{31}O_{16}N$）というもので、可溶性で熱に強く、下等動物の一部を除いた、ほとんどの動物に毒性を及ぼすとされる。人間では吐き気、しびれ感の後に、運動神経マヒから呼吸困難を引き起こす。

釣期：6月、7月、8月、9月

沖の魚

# タチウオ
[太刀魚]

- ●スズキ目タチウオ科
- ●全長：1.5m ●分布：南日本
- ●釣り場：防波堤、沖
- ●地方名：タチ

## 和名も英名も刀にちなむ銀白色の魚

　本種は側線が胸ビレの上方で急に斜めに曲がっていることが特徴。体形はリボン状で著しく側扁し細長い。後方にいくにしたがって体形はさらに細くなり、尾部はヒモ状になる。英名のサーベルフィッシュもこの体形をよく表現している。口は大きく歯は非常に鋭い。ウロコはないが体表はグアニン層で銀白色に光る。体に直接触れると白い粉がとれる。表皮中のこのグアニン粉を集めて、昔は模造真珠を作った。防波堤や船からの夜釣りが一般的だが、スズキのルアー釣りでヒットすることもある。産卵期の6月頃から浅場に寄りつき、夏が終わる頃には水深50cm前後の海域に移るが、通常は200m前後の深場にいて、朝夕や夜間に中層に浮上する。かなり獰猛なフィッシュイーターでミノー系のルアーにもよくヒットし、海のルアーマンにも人気だ。

釣期

| 1月 |
| 2月 |
| 3月 |
| 4月 |
| 5月 |
| 6月 |
| 7月 |
| 8月 |
| 9月 |
| 10月 |
| 11月 |
| 12月 |

海水の魚

# アカタチ
[赤太刀]

- スズキ目アカタチ科
- 全長：50cm ●分布：南日本
- 釣り場：砂浜、沖
- 地方名：チガタナ

## 赤い色をしたタチウオもどきの魚

　体は著しく側扁し、帯状で細長く、尾部はヒモ状となる。口は斜め上向きで、歯はかなり鋭い。体色はオレンジ色から赤まで個体差がある。生態はタチウオとあまり変わらないが、沿岸の比較的浅場の、砂泥底に岩礁が混ざる海域にすむ。底引き網によく入るが食用に利用されることは少ない。夜行性で底層を群れで回遊している。夜釣りに限らず、昼間のキス釣りや、マダイ釣りの際に釣れることもある。近似種のイッテンアカタチは、背ビレの前端に1個の黒斑があるので簡単に両種の識別ができる。

### 魚体でイメージする名前は各国共通

　タチウオの通称は太刀。福島県ではお巡りさんが腰につけた警刀と同じく「サーベル」という名前で呼んだらしい。朝鮮でカルチ、中国で帯魚や刀魚。ドイツでは軍刀魚の意味でデーゲン・フィッシュ。ロシアでも大刀を意味するサブラーヤ・ルイバと呼ぶが、タチウオに比べるとこのアカタチは迫力不足。

釣期

| 1月 |
| 2月 |
| 3月 |
| 4月 |
| 5月 |
| 6月 |
| 7月 |
| 8月 |
| 9月 |
| 10月 |
| 11月 |
| 12月 |

沖の魚

# ヒメ
[比女]

- ハダカイワシ目ヒメ科
- 全長：20cm ●分布：日本各地
- 釣り場：沖
- 地方名：トンボハゼ（和歌山）

## 姫とも書かれる色彩豊かな可憐な魚

やや沖合の砂泥底や岩礁周りにすむ。かなりの群れでいることが多く、イサキ釣りやオキメバル釣りの際に、外道として頻繁に釣れることがある。沖釣りではそれを生き餌にカンパチなどを狙うこともある。ヒメの類は一般に雑魚扱いされることが多く、さまざまな地方名と混称されてきた。関東でのヒメジ、関西でのトラギスなどがその例である。ただ、下アゴにヒゲがなく、背ビレ後方に脂ビレがあることなどから、ヒメジとは明確に区別することができる。干物などにも利用されるが、通常は練り製品の材料になることが多い。

### ハダカイワシ目のルーツは？

ハダカイワシ目のエソ科やヒメ科に属する魚は、海底をトカゲのような動きではうように動く。特にエソ科のアカエソなどはマーシャル諸島ではトカゲが海に入って魚になったと信じられていたほどである。日本でもエソは蛇が化身したものという伝説もある。あんな愛くるしい魚がなんでまた……？

釣期
| 1月 |
| 2月 |
| 3月 |
| 4月 |
| 5月 |
| 6月 |
| 7月 |
| 8月 |
| 9月 |
| 10月 |
| 11月 |
| 12月 |

**海水の魚**

# マエソ
## [真鱛]

- ハダカイワシ目エソ科
- 全長：50cm ●分布：南日本
- 釣り場：沖・砂浜・防波堤・磯
- 地方名：エソギス

## 最高級のカマボコ材料

　水深20～50mの浅海砂泥地にすむ。小魚などを好んで食べるフィッシュイーターで、口は大きく細いが丈夫な歯が並ぶ。エソ類の中では細身なほうで、体色も地味な灰褐色。1mを超す大物も記録されており、底引き網などで漁獲される。本種を使った練り製品は最高級とされているが、大型は刺し身や昆布締めが美味だが小骨が多いのが難。サーフキャスティングをしていると釣れたキスやニベが本種に襲われることもある。またヒラメ釣りでは生き餌のマイワシや小アジを食いちぎり、まれにハリにかかることもある。

### サーフの魚はどうしてもキスと比較される

　砂浜の投げ釣りではキスが一番のイメージ魚。そのせいかキスに似た体形の魚や、キスの外道として釣られるエソ類などは地方名もまぎらわしい。例えばマエソの地方名ではエソギス、イソギス（神奈川）など。オキエソの地方名ではトラギス（千葉）やマエソ同様にイソギス（神奈川）と呼ばれることもある。

釣期：1月/2月/3月/4月/5月/6月/7月/8月/9月/10月/11月/12月

# オキエソ
[沖鱛]

沖の魚

- ハダカイワシ目エソ科
- 全長：30cm ● 分布：南日本
- 釣り場：沖・砂浜・防波堤・磯
- 地方名：シマエソ

## 巨大な口で砂泥底の小魚を一気呑み

　浅海の砂地に生息し、シロギスやマゴチ釣りの外道として釣れる。トラギスに似ているが本種はやや体高があり、体側には数本の青色帯が入り、非常に大きい口に鋭い歯が並ぶことで容易に見分けがつく。日中は砂に潜っていることが多いせいか、眼は頭部の前方の上についている。やや上向きにつく口から本種の摂餌行動は容易に推察できる。かなり獰猛な肉食魚で、夜間は活発に餌を追う。小型のメタルジグで釣れることもある。高級な練り製品の材料として使われるが、小骨が多いものの淡泊な白身はかなり美味。

### 砂場の攻撃的な肉食魚にはジギングがおすすめ

　オキエソを専門に狙う釣り人はまずいないだろうが、小魚を好んで食べるフィッシュイーターにはルアーが有効だ。砂泥地で魚を待ち構えるオキエソには特に小型のジグが効果的。ジグヘッドにソフトベイトを刺して使うのも面白い。ただ、40cmクラスの大物でもファイトは意外と単調だ。

釣期

| 1月 |
| 2月 |
| 3月 |
| 4月 |
| 5月 |
| 6月 |
| 7月 |
| 8月 |
| 9月 |
| 10月 |
| 11月 |
| 12月 |

## 海水の魚

# ムツ
[鯥]

- スズキ目ムツ科　●全長：1m
- 分布：北海道南部以南
- 釣り場：沖
- 地方名：キンムツ

## 「むつこ」と呼ばれる卵巣は美味

　仔魚は表層の流れ藻などにつき、幼魚は沿岸の浅場の藻場に群れで育つが、成長するにつれて沖の深場に移動する。特に本種の大型魚は水深100～300mの深海域でよく釣れ、深場の根物釣りの代表魚として知られる高級魚。体色は黄褐色から銀褐色まで生息域によって変化があり、ギンムツの別名で呼ばれることもある。眼と口が大きく、鋭い犬歯状歯がある。この鋭い歯で深場のメバル釣りの釣果が襲われることもある。その際ハリスを切ってしまうのはこのムツであることが多い。非常に美味で、冬期は脂がのり、鍋料理が人気。

### ムツの名前の由来は？

　ムツは「寒むつ」といわれるほど、冬場はたっぷりと脂がのってうまくなる。脂があることで「むつっこい」とか「むっちり」と表現されてきたことから「ムツ」という名が定着したとされる。白身魚の中では確かに脂肪の豊富な魚で、切り身で選ぶときは血合いの赤みの鮮やかなものを。

釣期：1月、2月、3月、11月、12月

沖の魚

# クロムツ
[黒䱧]

- ●スズキ目ムツ科　●全長：90cm
- ●分布：北海道南部以南
- ●釣り場：沖
- ●地方名：カラス

## 釣趣と食味に優れた人気魚種

　生態、形態ともムツに似るが、本種の成魚はムツよりさらに深い岩礁にすみ、とくに大型は300〜600mの深海釣りでよく釣れる。ムツと同様、非常にアタリが強く、大型魚の強烈な引きは魅力である。釣趣、食味ともに優れていることがムツ釣りの人気を不動のものとしている。ムツと本種の見分け方はムツの上アゴの歯が13〜15個であるのに対し、本種のそれは9〜12個であることが決定的な違いである。またムツよりも大型化し、釣り上げた後の体色変化がムツよりも著しく黒褐色化することも、両種の違いとして挙げられる。

### さらなるムツとクロムツの見分け方

　体色の違い、上アゴの歯の数の違い、ムツよりクロムツのウロコのほうが細かくて多いといった違いの他に、ムツの産卵期は12〜1月、クロムツのそれは3〜4月といった違いもある。さらに側線上鱗が50〜56個がムツで、クロムツは60〜68個の違いがあるとされている。

釣期

| 1月 |
| 2月 |
| 3月 |
| 4月 |
| 5月 |
| 6月 |
| 7月 |
| 8月 |
| 9月 |
| 10月 |
| 11月 |
| 12月 |

## 海水の魚

# シマガツオ
[縞鰹]

●スズキ目シマガツオ科
●全長：60cm ●分布：本州太平洋岸 ●釣り場：沖
●地方名：エチオピア

## コミカルな体形だが引き味は強烈

体高は体長の50%近くあり、著しく側扁した特徴のある体型。そのため「ぺったんこ」という地方名もある。北太平洋の温帯海域にかけて広く分布するが、日本近海では150～400mの海底近くから中層にかけて群れで遊泳している。春から初夏にかけてはかなりの浅場まで回遊する。引き味が強く釣趣を楽しめるが、食味はさほどでもない。生きているときは銀白色の輝くような美しい体色だが、死後は急激に黒褐色に変色してしまう。イカやイワシなどの小魚を獰猛に追う食欲の旺盛な魚である。

釣期：5月～11月

### シマガツオとエチオピアの関係は？

エチオピアというしゃれた別名の由来はどこにあるのだろうか？　実はこのシマガツオ、日本では50年前、神奈川県三浦で急に大量の水揚げがあったことがある。漁獲後の体色は黒く、当時日本とエチオピアの友好関係が深まろうという時期と重なったため、この名がついたというが、さて当のエチオピアでは？

沖の魚

# マダラ
[真鱈]

- タラ目タラ科 ●全長：1m
- 分布：日本海から北日本太平洋岸 ●釣り場：沖
- 地方名：ホンダラ

## 専門に狙うならジギングが断然有利

　北方系の寒海性の魚だが、まれに房総半島の東岸で釣れることもある。背ビレは第3背ビレまで3つに分かれ、下アゴに1本のヒゲをもっている。純白でくせのない肉質の色を白雪で表現したのだろうか、漢字では魚へんに雪と書く。北海道では人気の高い釣り物で、狙う水深は100m前後から300mまでの深場となる。ジグという垂直方向にアクションを加える金属製のルアーで狙うジギングが人気。メバルやメヌケ釣りを重ねて釣ることも多いが、スケトウダラも一緒に釣れる。産卵期の冬期には浅場に移動する。

### 「きくこ」もうまいし「たらこ」もうまい！

　マダラの白子は「きくこ」と呼ばれ、グルメに好んで賞味される。スケトウダラの卵は栄養価の高い「たらこ」として人気の食材。オスのマダラかメスのスケトウダラか、グルメの釣り人は悩むわけだが、両種が同時に釣れた日には、食卓は一挙に華やいだものとなる。だから釣りはやめられない。

釣期

| 1月 |
| 2月 |
| 3月 |
| 4月 |
| 5月 |
| 6月 |
| 7月 |
| 8月 |
| 9月 |
| 10月 |
| 11月 |
| 12月 |

## 海水の魚

# スケトウダラ
[助惣鱈]

- ●タラ目タラ科 ●全長：60cm
- ●分布：日本海から北日本太平洋岸
- ●釣り場：沖
- ●地方名：スケソウ

## 魚名よりもその卵が有名な売れっ子

　同じタラ科のマダラは身を賞味するが、本種は身よりも卵の「タラコ」に人気がある。マダラよりも身は軟らかく、自己消化が早く、日もちがしない。しかし、新鮮なものは煮物や鍋物、また一般には練り製品に多用される。タラ科の仲間（他にマダラ、コマイがある）に共通の下アゴのヒゲは、本種においてはないか、あっても極めて短い。生息域は表層から水深1300mにも及び、北陸沖では春から初夏にかけてよく釣れる。水深200m前後の深場の岩礁周りを胴突き仕掛けで探る。エサはイカやサバの切り身がポピュラー。

### 明太魚から明太子は。朝鮮語がルーツ

　朝鮮半島での言葉、ハングルのミンタイ（明太魚）とはスケトウダラのこと。日本ではミンタイが訛ってメンタイとなり明太魚の卵が明太子と呼ばれている。スケトウダラの産卵期は12～4月。ビタミンB2が豊富に含まれている生のタラコが市場に出回るのは11月から3月頃まで。

| 釣期 |
|---|
| 1月 |
| 2月 |
| 3月 |
| 4月 |
| 5月 |
| 6月 |
| 7月 |
| 8月 |
| 9月 |
| 10月 |
| 11月 |
| 12月 |

沖の魚

# バラムツ

- ●スズキ目クロタチカマス科
- ●全長：2m ●分布：本州中央以南の太平洋岸 ●釣り場：沖
- ●地方名：アブラウオ（高知）

## 体一面の骨質のトゲに要注意

　釣り人の間ではタマカマスとも呼ばれる。また、アブラウオという地方名が示すように、その白身の肉質は極度の脂分に富み、食べると下痢を起こすことが多く、販売は禁止されている。一般には食用にしないものの、全長2mにも及ぶ巨大魚とのファイトを味わおうと専門に狙う釣り人も少なくない。それは同じクロタチカマス科でイソマグロに体形が似たアブラソコムツなどにも当てはまり、強烈な引きを楽しむために熱狂的なマニアもいるほどである。本種の大きな特徴はトゲ状の骨質鱗。体表全体に硬くて鋭いトゲが密生していることで、他のクロタチカマス科の魚と明確に識別できる。釣り上げた後、暴れる魚体に素手で触れると必ず指先を痛めるので要注意。マグロの延縄（はえなわ）漁で混獲されることも多いが、その肉質と体表のトゲにより厄介者扱いされることが多い。水深200m以上の深場の岩礁帯に主に生息するため、アカムツやキンメ狙いの外道として釣れることもある。

釣期
| 月 |
|---|
| 1月 |
| 2月 |
| 3月 |
| 4月 |
| 5月 |
| 6月 |
| 7月 |
| 8月 |
| 9月 |
| 10月 |
| 11月 |
| 12月 |

## 海水の魚
# クロシビカマス

- スズキ目クロタチカマス科
- 全長：60cm ●分布：南日本太平洋岸 ●釣り場：沖
- 地方名：サビタチ（静岡）

## 深場のギャングは別名「ナワキリ」

　バラクーダを思わせるような体形と鋭い歯から「ナワキリ」とも呼ばれる。また、銀褐色の体色が死後著しく黒色化することから「スミヤキ」とも呼ばれる。400mにも及ぶ深場の岩礁周りに生息するが、夜間には表層近くにまで浮上することが知られている。ムツ釣りなど、沖の深海釣りの外道として釣れることがある。深海魚の中では美味な部類に入るが、脂分の強い白身は食べすぎると下痢を起こすこともある。かまぼこなどの練り製品に利用されるが、塩焼きにするとかなり美味。高性能の電動リールの普及で、800mにも達する深海釣りが可能となったが、アコウダイやキンメダイを狙う釣り人のミチ糸を切ることが多いのが本種やバラムツ、アブラソコムツなどクロタチカマス科に属する魚である。前述したナワキリという別称が示すように、この科の魚は「牙状歯」と呼ばれる鋭い歯をもち、釣り上げられるアコウダイなどを見事な切れ味で襲うこともある。

釣期
1月
2月
3月
4月
5月
6月
7月
8月
9月
10月
11月
12月

沖の魚

# アブラボウズ
[脂坊主]

- ●カサゴ目ギンダラ科
- ●全長：1.5m ●分布：北日本太平洋岸 ●釣り場：沖
- ●地方名：クロウオ（神奈川）

## 沖釣りの大物としては魅力的だが…

　ギンダラ科には、北海道で多獲され冷凍で出荷されることの多いギンダラと本種がある。ギンダラは切り身、味噌漬け、また新鮮なものは刺し身にしても美味だが、本種の白身はワックス成分が非常に多く食用には適さない。体は太く、大型化することから大物釣りの醍醐味を存分に満喫できるものの、前記のような理由から専門に狙う釣りではない。幼魚は表層の流れ藻などの浮遊物について生活しているが、成長するにしたがって、しだいに深場の岩礁底に移りすむ。成魚は水深200m以上の大陸棚や大陸棚斜面の岩場に多く、2mに及ぶ大物もいるとされている。北の深場の大物釣りとしてスズキ科のイシナギに匹敵するという釣り人もいるが、ハリにかけた後の強烈な走りはイシナギに遠く及ばない。食性はイワシやイカ、それにカニやヒトデなど旺盛で雑多な肉食性。もし狙うとすれば竿は2.1〜2.7mの胴調子竿、オモリ負荷200号、リールはドラグ付きの大型両軸リールを準備したい。

釣期
1月
2月
3月
4月
5月
6月
7月
8月
9月
10月
11月
12月

海水の魚

# ギンメダイ
[銀目鯛]

- キンメダイ目ギンメダイ科
- 全長：35cm ●分布：相模湾以南の太平洋岸 ●釣り場：沖
- 地方名：マイマイ（高知）

## キンメダイに比較される不遇の魚

　関東では相模湾から伊豆諸島周辺の深海の岩礁地帯にすみ、アラやムツ釣りの外道として釣れることがある。深場から釣り上げてもアコウダイやバラメヌケのように眼や浮き袋が飛び出すことがない。体は側扁し、下アゴに2本の長いヒゲがある。背ビレ上部には黒い斑紋があり、食味は美味で知られるキンメダイに比べるとはるかに劣り、かまぼこなどの練り製品に使われる程度。マイマイの地方名の他に、デンデン、アゴナシ、メダイなどという地方名もあることから、深場釣りの外道としてはかなり釣られていることがわかる。

### 外道魚とは失礼なコトバだが……

　釣り人の間では、目的とする対象魚以外の魚を外道と呼ぶ。外道とはいえ美味な魚も多いが、クロムツ釣りでのシロムツ、キンメダイ釣りでのギンメダイなどは食味においても大きな差があることから、釣り上げた後も粗末に扱われることが多いのは残念。釣り人はすべての魚に愛をもって接すべし！

釣期
| 1月 |
| 2月 |
| 3月 |
| 4月 |
| 5月 |
| 6月 |
| 7月 |
| 8月 |
| 9月 |
| 10月 |
| 11月 |
| 12月 |

# ギス

沖の魚

- ●カライワシ目ソトイワシ科
- ●全長：60cm ●分布：北海道以南
- ●釣り場：沖
- ●地方名：オキギス（関東）

## カライワシ目とウナギ目は近縁

　シロギスに似ており、沖の深場で釣れることからオキギスとも呼ばれるが、本種はれっきとした深海魚。深場釣りでたまに釣れるが、体のヌメリが強く、その身には特有の臭いがある。食用としては練り製品に使用する程度。背ビレと尾ビレの先端には黒斑があり、口は小さく下位に位置する。レプトケファルス型幼期（葉形幼生期）があることから、ウナギ目と近縁であると考えられる。幼魚はウナギに似た体で延長し、成長するにしたがって体形は著しく変化する。側線は明瞭。

### レプトケファルスとは？

　ウナギの抱卵数は700万〜1300万粒。直径約1ミリの浮遊卵から生まれて約10日で6ミリとなり、透明で柳の葉の形に似た平たいレプトケファルスとなる。レプトケファルスの時代はコンニャクに似た質感で、水深400〜500ｍの深海の中層にまで浸透圧をうまく調整して移動し、夜間、表層でプランクトンを食べる。

釣期

1月
2月
3月
4月
5月
6月
7月
8月
9月
10月
11月
12月

海水の魚

# ムネダラ

●タラ目ソコダラ科 ●全長：1.5m
●分布：銚子以北の太平洋岸
●釣り場：沖
●地方名：コウゾ（北海道）

## 新素材系の登場とともにデビュー

　大型の深海魚として知られる。ポリエチレン系の細くて強度に富む新素材系が使われることで超深海釣りも可能となってきたが、本種もその際の外道として釣られることがある。頭から胴にかけては丸みを帯びた体形だが、胴中から尾にかけて、体側は著しく扁平し、背ビレと尻ビレが体の後端まで続き、尾ビレのないのが大きな特徴である。体色は茶褐色から黒味をおびた銀色で、食味は脂が強く水っぽい。一般には練り製品の材料にされる程度。1500mほどの超深場から100m以内の浅場に来ることもあるが、通常は大陸棚の泥底にすむ。

釣期：1月～12月

### 深海魚が高水圧に耐えられるのは？

　海は水深が10m深まるごとに1気圧ずつ圧力が増す。水深が1000mだと101気圧（プラス1気圧は大気の1気圧分）の水圧の条件下となる。ピンポン玉に重りを付けて沈めると水圧で簡単につぶれてしまうが、穴を開けて海水が入るようにすればつぶれない。魚も体の内外の圧力を同じにすることで体はつぶれない。

## 沖の魚

# イバラヒゲ
[茨髭]

- タラ目ソコダラ科　●全長：80cm
- 分布：江の島以北の太平洋岸
- 釣り場：沖

## アブラボウズに混じって釣れる深海魚

　ソコダラ科の魚は一般に超深場の海底を生活圏とし、日本の近海底としても50数種が報告されている。本種も他のソコダラ科の魚同様、下アゴに1本のヒゲとクリクリとした大きな目玉をもつ。体は腹部後端から極度に細くなり、鞭状の尾となる。尾ビレはない。その外見に似ず白身のあっさりとした食味だと評する釣り人もいるが、ムネダラ同様、練り製品の材料となる程度。この仲間は腹側に発光器をもち、そこに寄生する発光バクテリアによって光るが、その光を強めたり弱めたりする付属器官も発達している。

### 深海魚に寄生する発光バクテリアの利用法

　ポルトガルの漁師たちは、ある種のソコダラを釣り上げると、その腹部を押して肛門付近ににじみ出る発光バクテリアを釣り餌に塗り、光る餌で釣果を上げるという。ケミホタルならぬ「天然ホタル」というわけだが、深海魚と発光バクテリアの関係は多くの実例が報告されている。

釣期
| |
|---|
|1月|
|2月|
|3月|
|4月|
|5月|
|6月|
|7月|
|8月|
|9月|
|10月|
|11月|
|12月|

## 海水の魚

# アンコウ
[鮟鱇]

- アンコウ目アンコウ科
- 全長：100cm
- 分布：北海道以南　●釣り場：沖
- 地方名：アンコモチ

## 深場の魚だが時にはカモメをも襲う

　魚体は上下に扁平で、皮膚はぶよぶよの無鱗、もしくは細かなトゲや小骨板に被われる。一般にアンコウは深海の魚だと思われているが、意外にその生息域は広く、カレイやヒラメ釣りの外道で釣れることもある。また海面でカモメを襲ったりすることも知られている。グロテスクで獰猛な魚だが、その食味は素晴らしく、冬の高級魚として扱われる。体表のぬめりが強いため「吊るし切り」でさばかれる。上アゴに伸びたヒゲのような突起を動かして小魚を寄せ、瞬時にひと呑みにするときの動きは素早いが、通常の海底での動きは鈍い。

### アンコウの語意は「暗愚魚（あんぐうお）」？

　この言葉の意味は「のろま」「馬鹿者」といったところであろうか。その体形、大きな口からイメージされるものは、まさに言葉どおりであるが、その捕食方法は「知恵者」のそれである。本種の吻（口）上にある小魚を誘惑する突起は、背ビレの変形物で「日褶」と呼ばれる。

釣期：1月・2月・3月・11月・12月

沖の魚

# アカエイ
[赤鱏]

- エイ目アカエイ科 ●全長：120cm
- 分布：関東沿岸から南日本
- 釣り場：沖
- 地方名：アカエなど

## キスやヒラメ釣りの外道でヒット

　背面と尾部は茶褐色だが、腹面は乳白色となる。ムチ状の尾の中央部近くに毒腺をもった鋭いトゲがある。刺された際の痛みは強烈で、電気が走るようなショックを受ける。体形は平たく、ひし形に近く、砂泥底をはうように泳ぐ。腹面に小さな口がある。春から夏にかけて産卵のため内湾の浅場に移動するが、秋から冬にかけてはやや沖合の深場に戻る。シロギス釣りの外道で若魚が釣れることもある。またスピナーなどのルアーでもまれに釣れることがある。ヒラメ釣りの外道として大型の成魚が釣れることもある。

### 分類的にはサメと同じ軟骨魚綱

　軟骨性の骨をもつサメやエイは、他の大多数を占める硬骨魚類より原始的であると考えられていたが、現在は両者が全く別々に進化したか、硬骨魚類の祖先から二次的に生じたと考える研究者が多い。サメやエイはともに体内受精で、オスの腹鰭内縁には交尾のための交接器がある。

| 釣期 |
|---|
| 1月 |
| 2月 |
| 3月 |
| 4月 |
| 5月 |
| 6月 |
| 7月 |
| 8月 |
| 9月 |
| 10月 |
| 11月 |
| 12月 |

**海水の魚**

# アカイカ
## [赤烏賊]

- ツツイカ目ジンドウイカ科
- 胴長：40～50cm
- 分布：本州太平洋岸
- 釣り場：沖
- 地方名：クロイカなど

## 標準和名と釣りの世界の俗称に注意

釣りの世界で通常「アカイカ」というと、標準和名で「ケンサキイカ」とされているイカを示すことが多いが、標準和名で「アカイカ」というと本種を指す。釣り人の間ではムラサキイカ、ゴウドウイカと呼ばれることもある。本州の太平洋岸以南の暖海域に分布し、沖合の深場を群れで回遊する。他の沖合のイカ釣り同様、釣りでは夜、集魚灯をつけて表層に群れを集めて釣る。食味はアオリイカなどに比べるとやや劣るものの、ズシリとツノに乗ったときの強いアタリと引きは人気がある。

### イカ釣り竿は軽さが命

イカ釣りは、竿をシャクリ続けて釣るスタイルのため、長く重い竿では疲れてしまう。軽めでイカのノリもよくわかる先調子のものが使い勝手がよい。ただアカイカには胴調子のものなど狙うイカの習性や釣り場の状況に合わせてサオの調子を変えてみると、さらに釣果と釣趣を倍増するだろう。

釣期
| 1月 |
| 2月 |
| 3月 |
| 4月 |
| 5月 |
| 6月 |
| **7月** |
| **8月** |
| **9月** |
| **10月** |
| **11月** |
| 12月 |

沖の魚

# スルメイカ
[鯣烏賊]

- ツツイカ目イカ科
- 胴長：30〜50cm
- 分布：日本各地
- 釣り場：沖
- 地方名：ムギイカ（関東）など

## 日本近海では最もポピュラーなイカ

　体色は茶褐色から赤褐色。興奮の度合いによって体色は大きく変化する。胴部には黒っぽい1本の縦帯がある。ムギイカと呼ばれるのは初夏に浅海域で釣られるスルメイカの若い小型のものを指す。日本各地で釣れるが、夏場は日本海側に多いようだ。日本近海で捕れるイカは100種以上とされているが、その中でも最も漁獲量の多いのが本種である。昼間は水深100〜200mほどの深場にいるが、夜間はかなりの浅場にまで浮上する。釣りのスタイルは最もポピュラーなものだが、本種の遊泳層は広く中層から底層でもツノに乗ってくる。

### 大きく変化する体色は鮮度のバロメーター

　海中を泳ぐスルメイカは、内臓が見えるほど透明感にあふれているが、釣り上げられた途端に褐色に変化する。その後は金色がかった白からピンク色、赤紫色と変色していくが、海水に入れておくと白くなる。新鮮なスルメイカの背には黒褐色の小さな斑点があるが指で押してみて明滅するのは好鮮度の証拠。

釣期
| 1月 |
| 2月 |
| 3月 |
| 4月 |
| 5月 |
| 6月 |
| 7月 |
| 8月 |
| 9月 |
| 10月 |
| 11月 |
| 12月 |

## 海水の魚

# ヤリイカ
[槍烏賊]

- ツツイカ目ジンドウイカ科
- 胴長：40〜55cm
- 分布：日本各地 ●釣り場：沖
- 地方名：ヤリンボ（千葉）など

## 胴の先がとがっていることから命名

　雄の成体の体形は、槍先のように細長くとがるためこの名がついたとされる。雌は雄に比べるとやや太めながら他のイカと比較するとそのスリムさは際立っている。日本各地で釣れるが、広島や山口産のものが軟らかく甘みに富んでいて上質とされる。春から初夏にかけて産卵のために沿岸に近づく。通常、沖合の水深100〜200m底層にいるが、夜間は表層付近に移動するため、堤防や磯からの投げ釣りでも釣れる。食味もよく、冬の釣り物として不動の人気がある。スルメイカ同様の釣り方だが、ツノは小さめがベスト。

釣期：1月、2月、3月、4月、5月、10月、11月、12月

### ヤリイカとケンサキイカの見分け方は「足の長さ」

　細長いスリムな体形から両種の識別は難しいと思われがちだが、釣り上げた直後のケンサキイカの体色はヤリイカより赤味が強く、何よりも顕著な違いは2本の触腕の長さの違いにある。ヤリイカの足は胴長の4分の1以下、その触腕も胴長の半分ほどとケンサキイカに比べると「短足」である。

## 沖の魚

# ケンサキイカ
[剣先烏賊]

- ツツイカ目ジンドウイカ科
- 胴長：30〜50cm
- 分布：本州以南
- 釣り場：防波堤、磯、沖
- 地方名：アカイカ（伊豆諸島）など

## 釣り人の間では「アカイカ」と呼称

　ヤリイカ同様に胴の先端部がとがり、剣の先のように見えることからこの名がついた。釣り人の間では本種を「アカイカ」と呼ぶことが多いが、標準和名で「アカイカ」と呼ばれるものは本種のことではないので注意が必要。春から初夏にかけて産卵のために沿岸近くの水深10〜80mの浅瀬に群れが入り、マイボートでも気軽に狙える。関東地方では5月から7月にかけて磯や防波堤の夜釣りが人気。身はヤリイカなどに比べると軟らかなため、竿のシャクリやリーリングもソフトにすることが肝心。

### ソフトな誘いで釣果はアップ

　イカ釣りというとミチ糸のたるみを取ってシャクリに入ることを考えるが、ケンサキイカの場合はハードなシャクリは禁物。波に揺れるボートの動きで、ユラリユラリとスッテが動く程度で十分。置き竿でも狙えるのんびりとした釣り方が逆に効果的なメソッドとなる。スッテの数は5〜6本が一般的。

釣期
| 月 |
|---|
| 1月 |
| 2月 |
| 3月 |
| **4月** |
| **5月** |
| **6月** |
| **7月** |
| **8月** |
| **9月** |
| 10月 |
| 11月 |
| 12月 |

**海水の魚**

# コウイカ
## [甲烏賊]

- コウイカ目コウイカ科
- 胴長：30〜40cm
- 分布：本州以南
- 釣り場：防波堤、磯、沖
- 地方名：スミイカ（千葉、東京）など

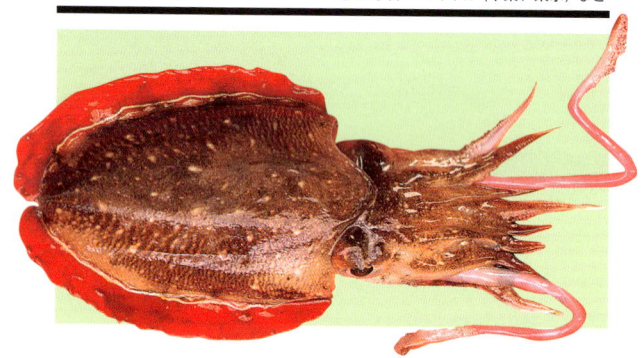

## 多量のスミを吐くことからスミイカ

　胴の内部に石灰質の舟形の甲羅をもっていることから甲イカと呼ばれる。甲の丸みに沿って背面がふくらみ、腹面は平らな独特の体形をもつ。他のイカに比べて墨袋が発達していることから墨イカとも呼ばれる。雄の背側には明確な横縞がある。春から初夏にかけてが産卵期で、内湾の浅い砂泥海域に入る。ただし釣期は秋から早春にかけて、しだいに深場に群れが移動する頃となる。釣り上げるときに多量のスミを吐き、衣服につくとなかなか汚れが取れないため注意が必要。東京湾の伝統的な釣りとしてマニアも多い。

### 釣り方はタコ釣りに似ている

　他のイカ釣りの場合は疑似餌にツノやスッテを使うが、コウイカ釣りは専用のテンヤにシャコを縛りつけて釣る。タナも海底すれすれを狙い、仕掛け、釣り方ともタコ釣りに非常に似ている。仕掛けが海底に着くとミチ糸のフケを取り、タコ釣りと同様のシャクリを開始する。テンヤにズシリとくればOK。

釣期：1月、2月、10月、11月、12月

## 釣魚料理ダイアリー

## 四季の旬を楽しむ

四季の旬を釣る楽しさと同時に、釣り人にはその旬をまっさきに味わう特権もあります。春夏秋冬の釣り場に想いをいたしながら、食材としてのイメージもふくらませてみてください。

## 上品な脂分と麺のコントラストの妙
# マダイのソーメン蒸し

材料は、三枚おろしの身と手延べソーメン。薬味としてミョウガ、スダチなど。つゆは、かつおだしに醤油とみりんで調味する。

真鯛の白身と麺類の相性は抜群だ。そんな両者のうまみを蒸すことによって抽出する小鉢の一品である。茹で上げたソーメンを白身で巻いて蒸し器に入れる。ポイントは、麺の茹で具合にあり、のびないように少々の硬さを残すのがコツ。蒸し上がりと同時に適度なしなやかさになれば、真鯛の上品な脂分と麺の歯応えが同時に楽しめる。温つゆで。

## 淡泊な目張をスパイシーに仕上げる
## メバルのサンショウ焼き

材料は、メバルの他に卵の黄身、サンショウ、塩、酒、醤油、みりん。つけ合わせは、椎茸のバター焼き、アンディーブなど。

春告魚とも書くメバルは淡泊でクセのない食味が身上。しかしサンショウのような強い香りの木の芽との組み合わせも、パンチがきいて美味である。手順は、三枚おろしの身に塩をふり、酒、醤油、みりんを混ぜたタレを塗る。最初に強火ののち、卵を塗って弱火。これを2～3度繰り返し、最後にサンショウで香りづけ。ワインにもよく合う。

釣魚料理ダイアリー 四季の旬を楽しむ 春

## サクッとした歯ざわりがたまらない
# イトヨリの野菜ロール

材料は、イトヨリの他に、卵、小麦粉、パン粉、醤油、みりん、コショウ、塩。野菜は青物の豆類や硬い繊維質のものが合う。

身皮で、お好みの野菜を巻き、カラリと揚げる。イトヨリのクセのない上品な風味が楽しめる家庭料理だ。塩とコショウで身皮に下味をつけたら、小麦粉を薄めにまぶして串を打つ。卵の黄身とパン粉をからませ、揚げる油温を一定に保つのがコツ。160〜180℃が適当だ。表面がきつね色になったら完成で、スダチやレモンをサッとひとふり。

## 饒舌な脂をワインでまろやかに
# イサキのワイン蒸し

材料は、イサキの他に赤ワイン100ccに、塩、コショウ。ソースとして枝豆をすりつぶし、添え物にシメジ、菊、アンディーブ、ふの子など。

春から夏にかけてが、もっとも脂ものって旬を迎えるイサキ。だが、その反面しつこさが嫌いという人には、ワイン蒸しがおすすめだ。酸味のきいた果実酒のスチームは、磯魚の臭みをまろやかにすると同時に、青くさい豆類のスープとベストマッチング。赤ワインの芳香と緑黄野菜のすっきりした味が楽しめる地中海料理の本格派だ。

釣魚料理ダイアリー
四季の旬を楽しむ

春

## 焼くことで香味を出す、女王の潮汁
# シロギスの火取り椀

材料は、白鱚の他に、塩、かつおだし、醤油。具として絹ごし豆腐、インゲンアスパラ。薬味には白ネギ、赤カブ、ショウガ。

渚の女王と呼ばれる白鱚も生息域によっては独特の磯臭さ、河岸の匂いがある。それを逆に「香味」として生かす潮汁がコレだ。三枚におろした身を強い遠火で焼き、焦げ目のついたあたりで汁ダネの完成。身をお椀に入れて、上から潮汁（かつおだし、塩、醤油少々）をかけて頂く。具や香り野菜の添え物はお好みで、味噌汁にしてもおいしい。

## 冷んやりシコシコと夏の季節感
# メゴチの酢味噌あえ

釣魚料理ダイアリー
四季の旬を楽しむ **夏**

材料は、メゴチの他に、酢、白味噌、塩（魚体のヌメリをとるために使う）。添え物として、大葉、白ネギ、ショウガ、赤カブ。

キス釣りの外道というイメージだが、メゴチは文句なしにうまい魚。天ぷら、造り、吸い物となんでもイケるが、夏は茹でて酢味噌がけが粋だ。塩もみでヌメリをとったら、頭を落とし、皮をはぎ、湯に入れる。ポイントは、湯通しに近いぐらいの茹で方で、身を硬くしないこと。生身に近いほうが、噛み応えもよく、季節感が楽しめる。

## 長く持続する口福が、高級根魚の証
# カサゴの白味噌たたき

材料は、カサゴ（三枚におろす）の他に、白味噌、大葉、細ネギ、シソの花など。ツマとして、人参や大根をそえる。

　高級根魚カサゴをたたきで食べる。その魅力は長く続く噛み応えだ。アジのたたきとは明らかに感触が異なり、新鮮なピンクの肉質はいくら包丁で叩いても、シコシコ感、コリコリ感が崩れない。そこに上品な風味の白味噌を練り込み、大葉と細ネギを刻んでまぶす。左党なら思わず冷酒をグビリ。下戸でも、温かい御飯が食べたくなるうまさ。

## 香ばしさを引き立てるカレー粉の粋
# アナゴの博多風天ぷら

材料は、35cm以上のアナゴ、小麦粉、卵、カレー粉、塩、コショウ。添える精進揚げとして、椎茸、ミョウガ、サツマイモ。

アナゴを食べる文化は、内湾、潟海といった閉塞的海域に集中している。なかでも天ぷらは、そんな生息域の弱点である「泥臭さ」を克服できる最も簡単な方法。薄いコロモでカリッと揚げて、カレー粉＆塩の食べ方は、博多湾がルーツとか。夏のアナゴのもつ上品なコク、天ぷらの香ばしさとカレーのマッチングは最高で、ビールもすすむ。

釣魚料理ダイアリー 四季の旬を楽しむ 夏

## 絶妙なダシを抽出する照りのマゴチ
# コチの盛夏炊き

材料は、マゴチ（頭を落としてワタを抜く）、かつお、昆布、醤油、塩、日本酒。添える具は、お好みのものを3〜4品。

照りのマゴチ……という言葉が示すとおり、夏に旬を迎える白身の底物。造りが一般的だが、盛夏の水炊きも疲労を乗り切るスタミナ鍋として注目できる。ポイントは、あらかじめ作っておいたかつおと昆布のだし汁を冷やしておくこと。ここにコチの身を入れて、再び煮立てていく。皮ぎしと中落ちから見事なダシが抽出、加味される。

## 一年の保存がきく夏の瀬音ゆかしき
# アユの甘露煮

釣魚料理ダイアリー 四季の旬を楽しむ　夏

材料は、アユの他に、タレの内訳として醤油、日本酒、砂糖。お茶は番茶、ほうじ茶などで、魚のヌメリをとる塩も用意する。

　鮎で知られる名川には、必ずといってよいほど甘露煮の手法が伝え続けられている。若鮎のもつ甘い香味とほろ苦さをキープする、保存食としての風土の味かもしれない。調理は、中骨を軟らかくするお茶煮が基本。素焼きをした魚体を丸ごと番茶やほうじ茶に入れて、弱火で2～3時間。そこにタレを注いで、さらに飴状となるまで煮つめる。

## シーバスの炒菜はアジア共通の美食
# スズキの広東風うま煮

材料はスズキ(三枚おろし)の他に、アスパラ、ブロッコリー、ネギ、ニンジン、栗など。味付けはカキ油ソースが白身に合う。

　少々乱暴に扱っても、身崩れしないのがスズキの白身。強火で野菜と一緒に炒め上げるスタミナ抜群の中国飲茶だ。ひと口大に切った身に片栗粉をまぶし、ひと茹でさせて、氷水で締める。これで補強は完璧で、フライパンで一気にアオっても大丈夫。野菜はあらかじめ湯通し、油通しを行い、白身と同様に炒め上げる時間を短くするのがコツ。

## 美しい菊花造りをかき回して食べる
# 錦秋イナダのユッケ

材料は、イナダ（三枚におろして菊花造り）、うずらの卵、山芋、つるむらさきの葉、ワサビ、醤油（しょっつるもよく合う）。

秋から初冬にかけて、イナダは豊満な脂肪をたくわえる。その身を三枚におろし、細かく平造り。さらにうずら卵を浮かべて食す、まさにユッケ風のスタミナ料理である。盛りつける椀の下には山芋の千切りとつるむらさきの葉。見た目も楽しんだあとはワサビ醤油をかけて、グチャグチャにかき回して食べる。天高く腹肥える豪華な食感だ。

釣魚料理ダイアリー 四季の旬を楽しむ　秋

## 臭いを消して、甘味を引き立てる
# イワシの長芋サンド

材料は、イワシ（大名開きにする）の他に、山芋、ワサビ、醤油。さつま芋をふかして挟んでも、甘いトロ味がイケる。

脂のよくのった秋のイワシは造りが一番。そのトロみに山芋のシャキシャキ感、まろやかさを加えた小鉢の一品だ。イワシは大名開きにしたあと、身を二つに切って山芋と重ね合わせるだけ。山芋を身で囲むサンドウィッチと考えればいい。小鉢の底には氷を敷き、グーンと冷やして食べるのが粋。ワサビ醤油でいいが、ポン酢、しょっつるもうまい。

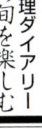

## ミネラル野菜と炒めるゲソのおいしさ
# イカのカキソース炒め

材料は、4ハイ分のゲソで約4人前が目安。塩、日本酒、砂糖、ショウガ、カキ油ソース。野菜は水気を多く含んだものが合う。

軟らかな身だけでなく、ゲソ（下足）まですべて野菜と一緒に炒めてしまう。カキ油ソースが食欲をそそり、栄養のバランスも抜群だ。ゲソはあらかじめ湯通しして、軟らかくしておく。赤ピーマン、ニンジンなどの野菜も同様。そして炒める時間はものの30秒程度に短縮させるのがコツで、生気を保った状態にカキ油ソースをかけて仕上げる。

釣魚料理ダイアリー　四季の旬を楽しむ　秋

## バッテラは秋サバで作ってこそ身上
# バッテラ

材料は、サバ（三枚におろして細かな骨は骨抜きでとる）。塩、米酢、米。押し合わせに菊花、大葉。添え物はお好みで。

秋サバは嫁に食わすな、の格言どおり、身の厚さ、脂ののりは秋にピークを迎える。シメサバを使ったバッテラづくりのポイントは、塩と酢の加減にある。身に塩をすり込んで2時間以上おき、生腐りや寄生虫を克服。続いて酢に30分。これも新しい酢に取り替えながら2〜3度繰り返す。長く浸けすぎないことが、うまみを残すコツだ。

## 濃い口のダシ汁で煮込む鯛のおかしら
## クロダイのカブト煮

釣魚料理ダイアリー
四季の旬を楽しむ

**秋**

材料はクロダイの頭の他に、かつおだし、醤油、砂糖、日本酒、片栗粉。野菜は玉ネギ、ピーマン、椎茸などを炒めて、あんかけに混ぜ合わせる。

　真鯛や黒鯛は、頭まで残さず食べられる。歯と歯の間からタテ半分に包丁を入れて、穴の通りをよくする。エラブタの脇にも入れておきたい。かつおのだし汁、醤油、砂糖、日本酒を入れた濃い口のだしに浸して、おたまで汁をすくってかけながら煮立てていく。最後は水で溶いた片栗粉をかけてあんかけ状に。翌日は、冷えたニコゴリまで楽しめる。

## 冬野菜と食通の白身とのハーモニー
# アイナメの炊き合わせ

材料に、アイナメ(三枚おろし)にかつおだし、薄口醤油、みりん、片栗粉。炊き合わせる野菜として、カボチャ、里芋など。

　京懐石の小鉢の一品で、アイナメの淡泊な味わいとプルプルした食感を楽しむ冬の旬である。細かく切れ目を入れた身に片栗粉をまぶし、湯通しのあと氷水につけて締める。身の表面にカンテン質がコーティングされて、うまみが逃げないのと同様に、独特の食感が味わえるわけだ。味付けは、かつおだし、薄口の醤油少々、みりんで、あくまでも薄口に仕上げる。

## 丸ごと蒸して熱い油をジュワッ!!
# メジナの清蒸し福建風

材料は、20cm以上のメジナが望ましい。味付けは油と醤油のみ。添え物としてネギ、ショウガ、ミョウガが合う。蒸す時間は30〜40分見当。

　清蒸しとは、メジナを丸ごと蒸したのち、熱した油をかけて食べる方法。クロ魚（メジナ）を好んでとる九州北部、西部から東シナ海沿岸では、とても喜ばれる大陸的な料理だ。潮温の低下とともに磯臭さが抜けてくるメジナだが、皮ぎしに残った匂いと熱した油によって消す。皮のはがれた白身に醤油、ネギ、ショウガをのせて豪快に食べる。

釣魚料理ダイアリー　四季の旬を楽しむ　冬

釣魚料理ダイアリー 四季の旬を楽しむ 冬

## 濃口の熱いつゆをかけて御飯と食べる
# ワカサギの天丼

材料は、小振りのワカサギ3〜4尾（1人前）。小麦粉、塩。つゆは醤油とみりんを少々強め加減に。添え物の精進揚げはお好みで。

ワカサギは大型よりも中小型（12cm以下）が珍重される魚。大型だと中骨や腹骨が硬くなり、調理に手間どるからだ。よくとれる10cm程度のもので、ワタを抜かずに唐揚げや天ぷらがいい。氷上の釣りの風物詩だが、温い御飯にのせて濃口のつゆで食べる天丼もおすすめだ。コロモは頭を残して身と皮だけにつけるのがミソで、火の通りをよくする。

# 魚の締め方と血抜きについて

　釣り上げられた魚は、放置しておくと悪血が回って鮮度が落ちたり、嫌な臭味を伴ったりする。「食べる」が前提ならば、スグに締めることが魚自身のためにもなる。基本は、中骨と平行して伸びる脊髄と動脈を前後2カ所にわたって断ち切ること。その場所を覚えたい。

**1** エラブタのちょうど真上が急所の一つ。思い切って刃を入れて、一瞬で仕留めてやる。

**2** もう一つの急所は尾ビレの付け根。ここまで伸びている中骨を断てば、活け締めは終了。

**3** 刃を入れたあと、頭と尾ビレを持って軽くこじれば、一気に血を抜くことができる。

**4** 頭を落とす場合は、1で刃を入れた箇所から胸ビレの付け根へ刃をひいて持ってくる。

## 釣りの基本は仕掛けにあり
## 仕掛けの基本は結びにあり
# 知っておきたい結びの基本

　仕掛けの基本は結びにある。そして、結びの威力を最大限に発揮するには、仕掛けのシステムについて熟知しておくことが要求される。

　注意しておきたいことは、同じ結びでも、結びの上手下手で結節強度に大きな差が出ることである。ラインの重なりや締め具合で、結びの強度は大きく変化することを知っておくべきである。同じ結びでも結節強度に差が出るということは、言い換えれば、10号のフィッシング・ラインを使った下手な結びと同等の強度を、上手に結んだ8号のフィッシング・ラインで実現できるということでもある。

　狙う魚が大型になるから、単純に釣りラインの号数を上げるというのではなく、まず、正確で、ゆっくりと完全に締めつけた結びを作ることを心がけるべきである。

　さらに、もう一つの考えとして、臨機応変に、素早く結べる方法もマスターしておくことも重要である。魚釣りは少ないチャンスをいかにモノにするかという点において、釣果に歴然たる差が出るものである。

## 知っておきたい結びの基本

　ナブラが立っていたり、食いが立っているときに速攻的に狙う釣りでは、悠長な状況はあってはならないことである。
　狙う魚の確実な釣果を上げるには、まず、その魚に適した仕掛け、そして各部を仕上げる結びを確実にすることである。

### まずはスプールにラインを結ぼう

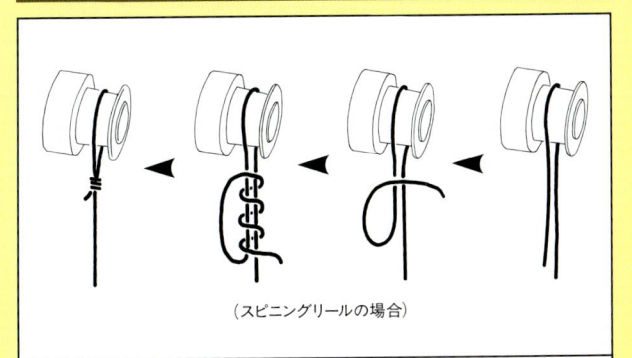

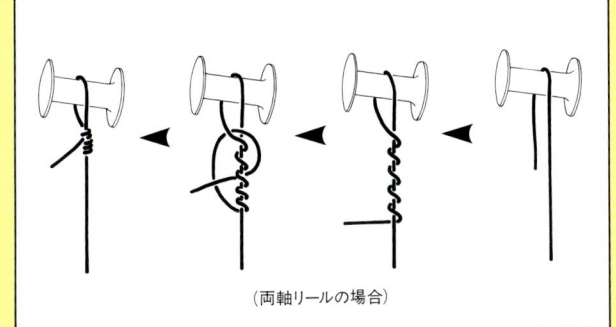

（スピニングリールの場合）

（両軸リールの場合）

# ハリとライン

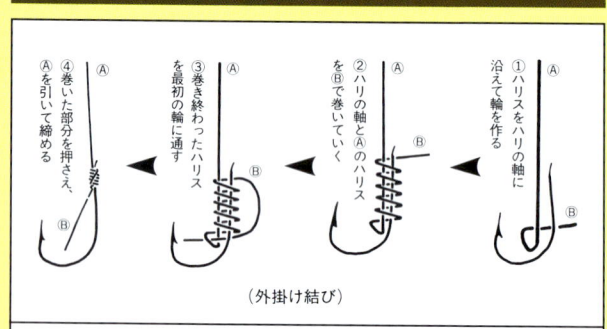

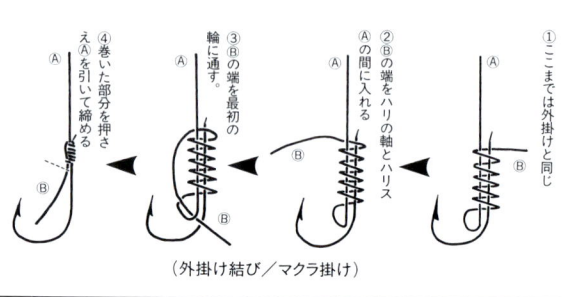

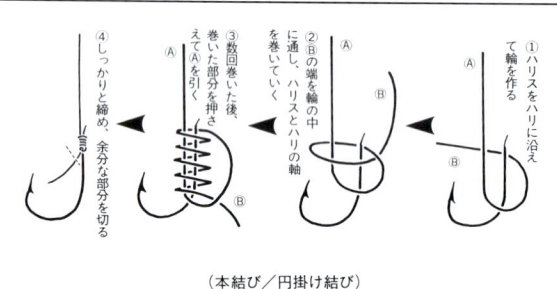

(外掛け結び)

① ハリスをハリの軸に沿って輪を作る
② ハリの軸をⒷで巻いていく
③ 巻き終わったハリスを最初の輪に通す
④ 巻いた部分を押さえ、Ⓐを引いて締める

(外掛け結び／マクラ掛け)

① ここまでは外掛けと同じ
② Ⓑの端をハリの軸とハリスの間に入れる
③ Ⓑの端を最初の輪に通す。
④ 巻いた部分を押さえⒶを引いて締める

(本結び／円掛け結び)

① ハリスをハリに沿えて輪を作る
② Ⓑの端を輪の中に通し、ハリスとハリの軸を巻いていく
③ 数回巻いた後、巻いた部分を押さえてⒶを引く
④ しっかりと締め、余分な部分を切る

## 枝ハリスの出し方

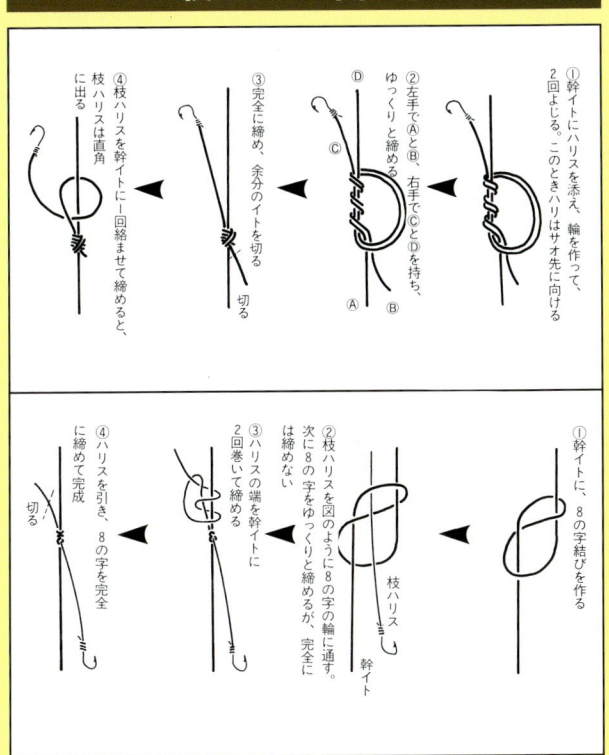

知っておきたい**結びの基本**

① 幹イトにハリスを添え、輪を作って、2回よじる。このときハリはサオ先に向ける

② 左手で④と⑧、右手で©と⑩を持ち、ゆっくりと締める

③ 完全に締め、余分のイトを切る

④ 枝ハリスを幹イトに一回絡ませて締めると、枝ハリスは直角に出る

① 幹イトに、8の字結びを作る

② 枝ハリスを図のように8の字の輪に通す。次に8の字をゆっくりと締めるが、完全には締めない

③ ハリスの端を幹イトに2回巻いて締める

④ ハリスを引き、8の字を完全に締めて完成

# ラインとラインの結び方

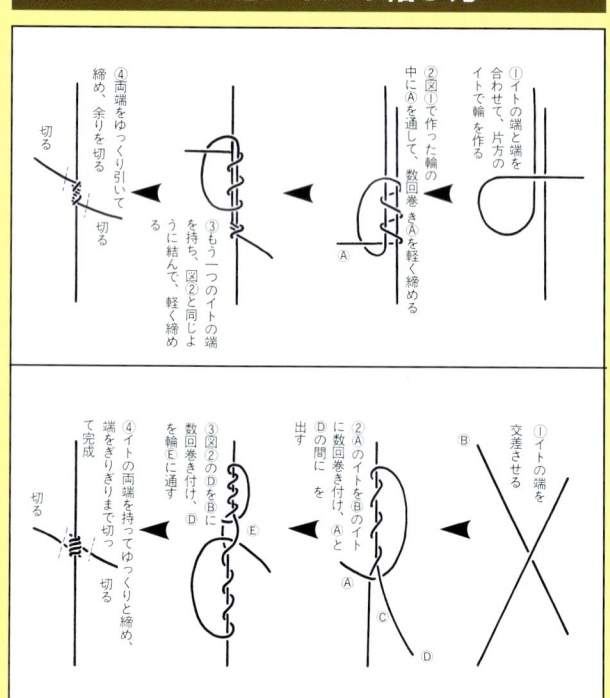

①イトの端と端を合わせて、片方のイトで輪を作る。

②図1で作った輪の中にⒶを通して、数回巻きⒶを軽く締める

③もう一つのイトの端を持ち、図2と同じように結んで、軽く締める

④両端をゆっくり引いて締め、余りを切る

①イトの端を交差させる

②ⒶのイトをⒷのイトに数回巻き付け、ⒶとⒹの間にを出す

③図2のⒹをⒷに数回巻き付け、Ⓓを輪Ⓔに通す

④イトの両端を持ってゆっくりと締め、端をぎりぎりまで切って完成

## ワイヤとハリの結び方

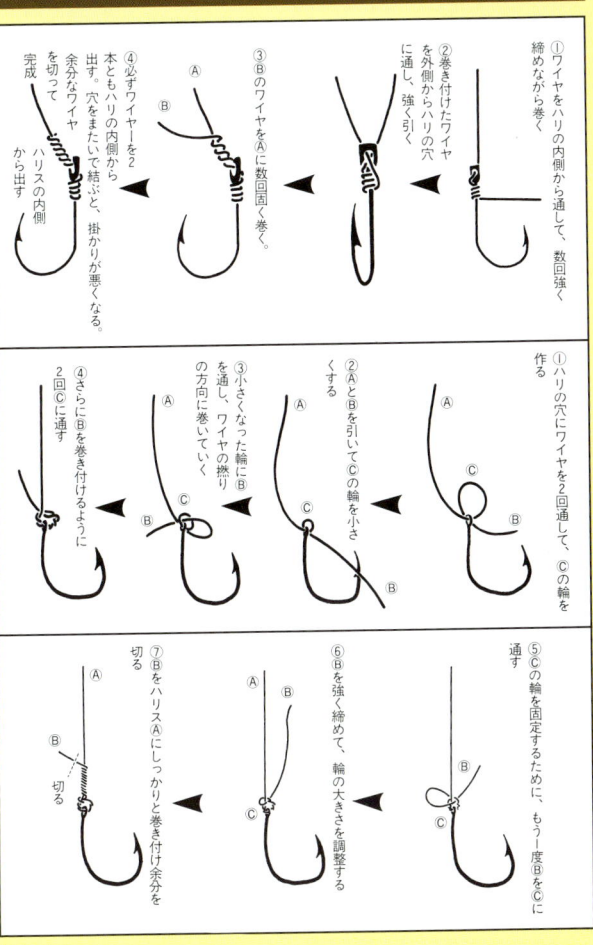

知っておきたい**結びの基本**

①ワイヤをハリの内側から通して、数回強く締めながら巻く

②巻き付けたワイヤを外側からハリの穴に通し、強く引く

③Bのワイヤを④に数回固く巻く。

④必ずワイヤを2本ともハリの内側から出す。穴をまたいで結ぶと、掛かりが悪くなる。

余分なワイヤを切って完成

ハリスの内側から出す

---

①ハリの穴にワイヤを2回通して、Cの輪を作る

②AとBを引いてCの輪を小さくする

③小さくなった輪にBを通し、ワイヤの撚りの方向に巻いていく

④さらにBを巻き付けるように2回Cに通す

---

⑤Cの輪を固定するために、もう一度BをCに通す

⑥Bを強く締めて、輪の大きさを調整する

⑦BをハリスAにしっかりと巻き付け余分を切る

切る

407

## ルアーとラインの結び方

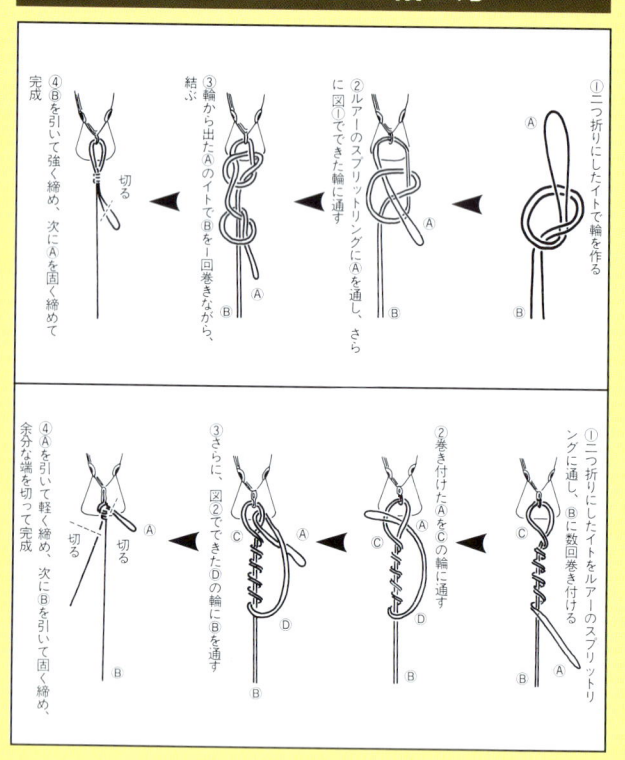

① 二つ折りにしたイトで輪を作る

② ルアーのスプリットリングにⒶを通し、さらに図①でできた輪に通す

③ 輪から出たⒶのイトでⒷを一回巻きながら、結ぶ

④ Ⓑを引いて強く締め、次にⒶを固く締めて完成

① 二つ折りにしたイトをルアーのスプリットリングに通し、Ⓑに数回巻き付ける

② 巻き付けたⒶをⒸの輪に通す

③ さらに、図②でできたⒹの輪にⒷを通す

④ Ⓐを引いて軽く締め、次にⒷを引いて固く締め、余分な端を切って完成

# ラインの補強

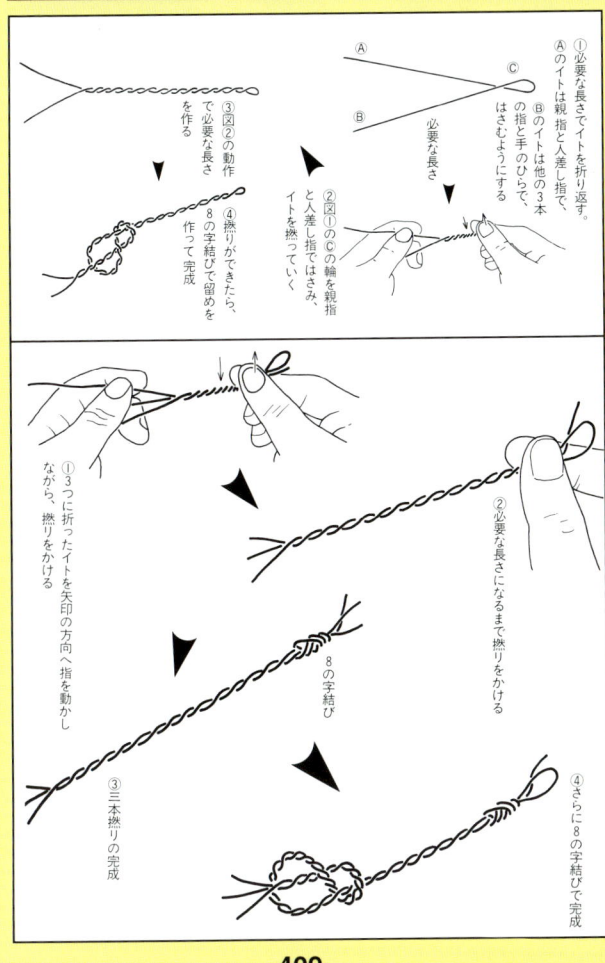

**知っておきたい結びの基本**

①必要な長さでイトを折り返し、Ⓐのイトは親指と人差し指で、Ⓑのイトは他の3本の指と手のひらで、はさむようにする

②図①のⒸの輪を親指と人差し指ではさみ、イトを撚っていく

③図②の動作で必要な長さを作る

④撚りができたら、8の字結びで留めを作って完成

①3つに折ったイトを矢印の方向へ指を動かしながら、撚りをかける

②必要な長さになるまで撚りをかける

③三本撚りの完成

8の字結び

④さらに8の字結びで完成

409

# INDEX
## 索引

### ■淡水上中流域■

| | |
|---|---|
| アマゴ | 18 |
| アメマス | 14 |
| アユ | 22 |
| ニッコウイワナ | 12 |
| サクラマス | 17 |
| サツキマス | 19 |
| ニジマス | 20 |
| ブルックトラウト | 24 |
| ヤマトイワナ | 13 |
| ヤマメ | 16 |

### ■淡水中下流域■

| | |
|---|---|
| アオウオ | 58 |
| アカヒレタビラ | 48 |
| アブラハヤ | 31 |
| イチモンジタナゴ | 46 |
| イトウ | 66 |
| ウキゴリ | 63 |
| ウグイ | 33 |
| ウナギ | 65 |
| オイカワ | 36 |
| オヤニラミ | 60 |
| カジカ | 30 |
| カネヒラ | 45 |
| カマツカ | 59 |
| カワムツ | 34 |
| キンブナ | 53 |
| ギンブナ | 52 |
| コイ | 54 |
| シロヒレタビラ | 47 |
| ゼニタナゴ | 50 |
| ソウギョ | 56 |
| タイリクバラタナゴ | 49 |
| タカハヤ | 32 |
| タナゴ | 43 |

| | |
|---|---|
| ナマズ | 64 |
| ニゴイ | 38 |
| ハクレン | 57 |
| ハス | 40 |
| マルタ | 39 |
| ミヤコタナゴ | 51 |
| ムギツク | 35 |
| モツゴ | 41 |
| ヤリタナゴ | 44 |
| ヨシノボリ | 62 |
| ワタカ | 42 |

■淡水・湖沼トビラ■

| | |
|---|---|
| アメリカザリガニ | 95 |
| カムルチー | 94 |
| ギンザケ | 78 |
| シナノユキマス | 80 |
| スモールマウスバス | 84 |
| タモロコ | 87 |
| テナガエビ | 96 |
| ヒガイ | 85 |
| ヒメマス | 76 |
| ブラウントラウト | 74 |
| ブルーギル | 81 |
| ヘラブナ | 88 |
| ホンモロコ | 86 |
| ラージマウスバス | 82 |
| レイクトラウト | 79 |
| ワカサギ | 90 |

■海水　砂浜トビラ■

| | |
|---|---|
| アカトラギス | 107 |
| イシガレイ | 118 |
| イシモチ | 121 |
| イトヒキハゼ | 126 |
| オキトラギス | 106 |
| オキヒイラギ | 130 |
| クラカケトラギス | 105 |
| コウライトラギス | 108 |
| コチ | 109 |
| サビハゼ | 123 |
| シロギス | 102 |
| スナガレイ | 120 |
| トビヌメリ | 113 |
| トラギス | 104 |
| ニシキハゼ | 128 |
| ニベ | 122 |
| ヌメリゴチ | 114 |
| ネズミゴチ | 111 |
| ハナメゴチ | 110 |
| ヒイラギ | 129 |
| ホシガレイ | 119 |
| マガレイ | 116 |
| マコガレイ | 115 |

| | | | |
|---|---|---|---|
| マハゼ | 124 | クロメジナ | 147 |
| ヤリヌメリ | 112 | コトヒキ | 192 |
| リュウグウハゼ | 127 | コノシロ | 185 |
| | | ゴンズイ | 193 |

■海水・沿岸の岩礁域■

| | | | |
|---|---|---|---|
| | | ササノハベラ | 180 |
| | | サッパ | 186 |
| アイナメ | 162 | サヨリ | 189 |
| アオリイカ | 199 | シマイサキ | 191 |
| アカカマス | 190 | シャコ | 196 |
| アミフエフキ | 144 | シロダイ | 142 |
| アミメウツボ | 195 | スズキ | 156 |
| イイダコ | 198 | タケノコメバル | 170 |
| イスズミ | 152 | トウゴロウイワシ | 187 |
| イトベラ | 179 | ハオコゼ | 175 |
| ウツボ | 194 | バラフエダイ | 146 |
| ウミタナゴ | 153 | ヒラスズキ | 158 |
| ウルメイワシ | 184 | フエフキダイ | 143 |
| エゾメバル | 168 | ホッケ | 165 |
| オオフエフキ | 145 | ボラ | 181 |
| オキタナゴ | 154 | ホンベラ | 176 |
| オハグロベラ | 177 | マイワシ | 183 |
| カサゴ | 172 | マダコ | 197 |
| カタクチイワシ | 188 | ミノカサゴ | 174 |
| キチヌ | 140 | ムスメベラ | 178 |
| キツネメバル | 169 | メイチダイ | 141 |
| クジメ | 164 | メジナ | 148 |
| クロソイ | 171 | メナダ | 182 |
| クロダイ | 136 | メバル | 166 |

# INDEX

## ■海水・沖磯■

| | |
|---|---|
| アイゴ | 210 |
| アカハタ | 223 |
| アカメフグ | 257 |
| アナハゼ | 258 |
| イシガキダイ | 208 |
| イシダイ | 206 |
| イソマグロ | 248 |
| イヤゴハタ | 226 |
| ウスバハギ | 251 |
| オヤビッチャ | 221 |
| カゴカキダイ | 218 |
| カスミアジ | 241 |
| カッポレ | 244 |
| カンパチ | 236 |
| キタマクラ | 254 |
| ギンガメアジ | 240 |
| クエ | 224 |
| クサフグ | 255 |
| コショウダイ | 216 |
| コバンアジ | 246 |
| コブダイ | 215 |
| ゴマテングハギモドキ | 213 |
| ゴマフグ | 256 |
| シマアジ | 239 |
| シラコダイ | 219 |
| スズメダイ | 220 |
| タカノハダイ | 217 |
| タカベ | 230 |
| ツムブリ | 247 |
| テングハギ | 211 |
| トビウオ | 250 |
| ナメモンガラ | 252 |
| ナンヨウカイワリ | 245 |
| ニザダイ | 212 |
| ハコフグ | 253 |
| バラハタ | 228 |
| ヒラマサ | 232 |
| ヒレナガカンパチ | 238 |
| ブダイ | 214 |
| ブリ | 234 |
| ホウセキハタ | 227 |
| マハタ | 222 |
| ルリハタ | 229 |
| ロウニンアジ | 242 |

## ■海水沖■

| | |
|---|---|
| アオダイ | 294 |
| アカアジ | 267 |
| アカアマダイ | 306 |
| アカイカ | 376 |
| アカイサキ | 316 |
| アカエイ | 375 |

413

| | | | |
|---|---|---|---|
| アカタチ | 358 | カナガシラ | 343 |
| アカムツ | 319 | カナド | 344 |
| アヤメカサゴ | 328 | カワハギ | 351 |
| アコウダイ | 331 | キアマダイ | 307 |
| アズマハナダイ | 318 | ギス | 371 |
| アブラボウズ | 369 | キダイ | 301 |
| アラ | 321 | キハダ | 282 |
| アンコウ | 374 | キンメダイ | 311 |
| イサキ | 292 | ギンメダイ | 370 |
| イシナギ | 322 | クロシビカマス | 368 |
| イトヨリダイ | 308 | クロマグロ | 280 |
| イバラヒゲ | 373 | クロムツ | 363 |
| イラ | 348 | ケンサキイカ | 379 |
| ウケクチメバル | 326 | コウイカ（スミイカ） | 380 |
| ウスメバル | 324 | ゴマサバ | 272 |
| ウマヅラハギ | 352 | サワラ | 279 |
| ウメイロ | 293 | サクラダイ | 317 |
| オオサガ | 332 | サメガレイ | 335 |
| オオスジイシモチ | 305 | シイラ | 286 |
| オキアジ | 270 | シマガツオ | 364 |
| オキアナゴ | 341 | ショウサイフグ | 353 |
| オキエソ | 361 | シロムツ | 320 |
| オキナヒメジ | 346 | スケトウダラ | 366 |
| オジサン | 347 | スマ | 278 |
| オニカサゴ | 330 | スルメイカ | 377 |
| カイワリ | 291 | タチウオ | 357 |
| カガミダイ | 314 | タマガシラ | 309 |
| カツオ | 276 | タマガンゾウビラメ | 337 |

# INDEX

| | | | |
|---|---|---|---|
| チカメキントキ | 310 | マダイ | 298 |
| チダイ | 300 | マダラ | 365 |
| テンス | 349 | マトウダイ | 313 |
| テンスモドキ | 350 | マフグ | 354 |
| トゴットメバル | 323 | マルアジ | 266 |
| ナシフグ | 355 | マルソウダ | 273 |
| ナンヨウキンメ | 312 | ムシガレイ | 333 |
| ニセフサカサゴ | 327 | ムシフグ | 356 |
| ネンブツダイ | 304 | ムツ | 362 |
| ハガツオ | 275 | ムネダラ | 372 |
| ハチビキ | 297 | ムロアジ | 269 |
| ババガレイ | 336 | メアジ | 268 |
| ハマダイ | 296 | メイタガレイ | 334 |
| バラムツ | 367 | メダイ | 315 |
| ヒメ | 359 | メバチ | 285 |
| ヒメジ | 345 | ヤナギメバル | 325 |
| ヒメダイ | 295 | ヤリイカ | 378 |
| ヒラソウダ | 274 | ユメカサゴ | 329 |
| ヒラメ | 338 | | |
| ヒレコダイ | 302 | | |
| ビンナガ | 284 | | |
| ブリモドキ | 290 | | |
| ヘダイ | 303 | | |
| ホウボウ | 342 | | |
| マアジ | 264 | | |
| マアナゴ | 340 | | |
| マエソ | 360 | | |
| マサバ | 271 | | |

写真・釣魚データ　**石川皓章**（いしかわ　ひろあき）

1934年、東京生まれ。海釣り歴50年以上。商業写真家として活躍すると同時に、自身で釣った400種におよぶ釣魚標本写真を撮影。ライフワークとしての釣魚撮影に対するこだわりの姿勢は、各界から高い評価を得ている。釣りに関する著書、およびVTR作品多数。現在、つり情報APC、㈱DUELフィッシング・アドバイザー。釣魚料理研究家としても知られる。

**参考文献**
『魚類図鑑―南日本の沿岸魚』東海大学出版会
『日本産魚類大図鑑』東海大学出版会
『日本産魚名大辞典』三省堂
『お魚おもしろ雑学事典』講談社
『釣りと魚大百科』（全4巻）ぎょうせい
『新版　魚類学』（上・下）恒星社厚生閣
『釣りの科学』岩波書店
『釣りの魚』玉川大学出版部
『淡水魚』山と渓谷社

写真協力●宇井晋介／大石裕之／谷岡義雄／
　　　　　ピーシーズ（内山りゅう、森文俊）／渡辺利彦
料理写真●青木　崇
料理原稿●阿部正人
ラインノット・イラスト●吉田育生
本文デザイン／ムーン・ドッグ・ファクトリー
　　　　　　（三宅政吉、小野瞳、一関麻衣子）
制作●　㈱八点鐘


## 釣った魚が必ずわかる カラー図鑑

編著者　永岡書店編集部
発行者　永岡純一
発行所　株式会社　永岡書店
　　　　東京都練馬区豊玉上1-7-14
　　　　〒176-8518
　　　　tel.03（3992）5155　（代表）

印刷　横山印刷
製本　ヤマナカ製本

ISBN978-4-522-21372-8 C2076
落丁・乱丁本はお取替えいたします。㉞
本書の無断複写・複製・転載を禁じます。